Angewandte Philosophie. Eine internationale Zeitschrift/
Applied Philosophy. An International Journal

Herausgegeben von/Edited by
Jörg Hardy, Oliver R. Scholz

Editorial Assistants: Sarah Michel, Christian Quast

Advisory Board: Ruben Apressyan, Kurt Bayertz, Dieter Birnbacher,
Dagmar Borchers, Shan Chun, Wolfgang Detel, Stefan Gosepath,
Thomas Gutmann, Christoph Horn, Michael Quante, George Rudebusch,
Peter Schaber, Reinold Schmücker, Gerhard Schurz, Ludwig Siep,
Roman Svetlov, Holm Tetens

Call for papers.
Applied Philosophy is a peer-review journal. The journal is published annually.
Deadline for papers is July 31. The languages of publication are English, German,
and French. Please send articles and correspondence regarding editorial matters
to either: Oliver R. Scholz: oscholz@uni-muenster.de,
or Jörg Hardy: jhardy@zedat.fu-berlin.de

Angewandte Philosophie. Eine internationale Zeitschrift/
Applied Philosophy. An International Journal

Heft/Volume 1|2014

herausgegeben von/edited by
Jörg Hardy

V&R unipress

Bibliografische Information der Deutschen Nationalbibliothek

Die Deutsche Nationalbibliothek verzeichnet diese Publikation in der Deutschen
Nationalbibliografie; detaillierte bibliografische Daten sind im Internet über
http://dnb.d-nb.de abrufbar.

ISBN 978-3-8471-0270-0
ISBN 978-3-8470-0270-3 (E-Book)
ISSN 2198-8404

Gedruckt mit freundlicher Unterstützung der Stiftung „Menschenwürde weltweit" in der Verwaltung
der Deutschen Stiftungsagentur GmbH, Neuss.

Inhalt / Contents

Vorwort

Die Zeitschrift „Angewandte Philosophie" widmet sich der angewandten Philosophie als eines Bereichs der wissenschaftlichen philosophischen Forschung. Angewandte Philosophie ist die philosophische Analyse und Kommentierung öffentlich relevanter Themen, und öffentlich relevante Themen seien hier solche Themen, die im öffentlichen Raum intensiv diskutiert werden und für viele Menschen eine entscheidende Rolle in ihrer eigenen Lebensgestaltung spielen. Die Bürger der modernen Gesellschaften sind sich darüber im klaren, dass sie mehr über die Zusammenhänge, die sich hinter wichtigen öffentlichen Diskussionen verbergen, wissen können als das, was ihnen diejenigen sagen, die jeweils eine Diskussion bestimmen. Die Philosophie verfügt nun über vielfältige analytische Möglichkeiten, mit deren Hilfe sie den Menschen ein Orientierungswissen zu vermitteln vermag, das keine andere spezielle Wissenschaft und auch keine andere kulturelle Instanz zur Verfügung stellt.

Philosophen wenden sich verstärkt öffentlich relevanten Themen zu. In einigen angelsächsischen Ländern ist diese Entwicklung schon weit vorangeschritten. In Großbritannien hat sie zur Gründung der *Society for Applied Philosophy* (SAP), Herausgeberin des *Journal of Applied Philosophy* und in Australien zur Gründung eines *Center for Applied Philosophy and Public Ethics* (CAPPE) geführt. Die Grundlage der angewandten Philosophie ist – nach der Überzeugung der Herausgeber dieser Zeitschrift – die in der akademischen Philosophie etablierte Theoriebildung und Methodenreflexion. Methodologisch umfasst die angewandte Philosophie das gesamte Spektrum der philosophischen Disziplinen. Im philosophischen Nachdenken bemühen wir uns in besonderer Weise um Präzision, Klarheit und Wahrhaftigkeit; wir möchten den logischen Raum unserer Gedanken über ein bestimmtes Thema sorgfältig und genau klären, übernehmen so eine gedankliche Verantwortung für unsere Meinungen und verschaffen uns auch darüber Klarheit, welche Bedeutung ein Thema für unsere Lebensführung hat. Mit anderen Worten: Das philosophische Nachdenken besteht darin, *Gedanken* über ein Thema auf eine nachdrückliche Art und Weise *ernst* zu nehmen. In der angewandten Philosophie geht es nun zum einen um diejenigen Fragen, die nicht allein aus der internen philosophischen Theoriebildung entstehen und zum anderen auch um das metaphilosophische Nachdenken darüber, wie man solche Fragen angemessen zu beantworten vermag. Angewandte Philosophie bietet so auch die Möglichkeit, die philosophische Grundlagenforschung zu bereichern.

Gemeinsame Interessen und gemeinsames Verstehen

Die Welt, in der wir leben, wollen wir verstehen. Das Verstehen hat mehrere Aspekte: Wir möchten uns angemessene Meinungen bilden, möchten unsere je eigenen Überzeugungen und Wünsche in einen (für uns selbst und andere) insgesamt verständlichen Zusammenhang bringen und wir möchten mit anderen Personen auf der Grundlage geteilter Überzeugungen und Absichten gemeinsam handeln können. Personen handeln aus Gründen; sie verknüpfen Überzeugungen mit Wünschen, wägen alternative Handlungsmöglichkeiten ab, verfolgen Ziele und treffen Entscheidungen. Begründete Entscheidungen zu treffen macht uns zu rationalen Wesen. Jede rationale Handlung einer Person ist in eine komplexe Struktur von Überzeugungen und Wünschen eingebettet, und mit jeder einzelnen Handlung verfolgen wir stets auch allgemeine, vorrangige, langfristige Ziele. Als rationale, gedanklich selbstbestimmte Personen haben wir die Fähigkeit, unser Urteilen und Wollen im Blick auf vorrangige Lebensziele zu lenken. Individuelle gedankliche Selbstbestimmung ist auch eine notwendige Bedingung für erfolgreiches gemeinsames Handeln. Worauf es ankommt, ist das gemeinsame Verstehen der Diskussionen über öffentlich relevante Themen. Wenn wir uns eine Meinung über einen Sachverhalt bilden, der für unsere eigene Lebensführung eine vorrangige Bedeutung hat, setzen wir uns in vielen Fällen mit Themen auseinander, die für einen Großteil unserer Mitbürger ebenfalls lebensweltlich relevant und insofern von einem öffentlichen Interesse sind. Das heißt freilich nicht, dass es in den modernen Gesellschaften keine Privatheit des Lebens und Entscheidens gäbe. Vielmehr dürfte die Möglichkeit, individuelle, private Lebensentwürfe zu verwirklichen, in vielen gegenwärtigen Gesellschaften größer sein als je zuvor. In nahezu jede Überlegung über ein Thema, das für das je individuelle Leben von entscheidender Bedeutung ist, gehen gleichwohl Meinungen über öffentlich relevante Themen ein, so etwa in Überlegungen über den Umgang mit der menschlichen und außermenschlichen Natur, mit modernen Technologien, den Zugang zu Informationen und Bildungsgütern oder die Verteilung von Ressourcen.

Der Blick auf Zusammenhänge

Spezielle Fragen und Probleme sind in größere Zusammenhänge eingefügt. Verstehen heißt Zusammenhänge zu erkennen. Was zunächst wie eine Binsenweisheit klingt, ist für das verständliche Handeln gleichwohl, wie die Philosophie stets wusste, von größter Bedeutung. Der Blick auf Zusammenhänge macht oftmals erst die Konflikte deutlich, die sich hinter speziellen Fragen verbergen. Zusammenhänge zu verstehen verschafft Klarheit über die Fragen, die man zu beantworten hat, um Konflikte mit guten gemeinsamen Gründen lösen zu können. Fragen nach den Vor- und Nachteilen der Präimplantationsdiagnostik oder

der verbrauchenden Embryonenforschung verweisen etwa auf den Zusammenhang zwischen dem Wunsch nach einer technischen Optimierung natürlicher Prozesse und dem Selbstverständnis von Menschen als natürlicher Wesen und ebenfalls auf den möglichen Konflikt zwischen der Selbstbestimmung erwachsener Menschen und den Rechten ungeborener Menschen. Das Problem der Regulierung der globalen Finanzmärkte weist auf vielfältige Konflikte zwischen der Maximierung individueller Interessen und der einzelstaatlichen fiskalpolitischen Souveränität hin. Um sich an öffentlichen Diskussionen beteiligen zu können, braucht man Klarheit über zentrale Themen wie Würde, Freiheit, Selbstbestimmung und soziale Verantwortung, die der Sache nach in öffentlichen Diskussionen eine wichtige Rolle spielen, oftmals jedoch nicht hinreichend klar zur Sprache kommen.

Öffentliche Aufklärung

Die Diskussion öffentlich relevanter Themen wird meist von Experten bestimmt. Die Teilnahme an öffentlichen Diskussionen erfordert deshalb auch die Fähigkeit, die Verlässlichkeit von Expertenmeinungen prüfen und das Expertenwissen in das eigene Verstehen einbetten zu können. Das *eigene* Verstehen gibt uns die Möglichkeit, die Abhängigkeit von Expertenmeinungen zu überwinden. Angewandte Philosophie tritt nicht in Konkurrenz zu anderen Wissenschaften. Vor ungerechtfertigten Wissensansprüchen ist sie deshalb gefeit, weil die kritische Bewertung von Wissensansprüchen das philosophische Lebenselixier ist. Philosophische Enthaltsamkeit tut öffentlichen Diskussionen nicht zuletzt deshalb nicht gut, weil Vertreter anderer Disziplinen sich durchaus zutrauen, Antworten auf Fragen zu geben, die jeden Menschen beschäftigen. Darauf hat Jürgen Habermas in seinem Essay *Die Zukunft der menschlichen Natur* (2001) im Blick auf die Psychoanalyse hingewiesen. Habermas stellt die Frage „warum die philosophische Ethik das Feld für jene Psychotherapien räumen sollte, die sich bei der Beseitigung psychischer Störungen der klassischen Aufgabe der Lebensorientierung ohne große Skrupel annehmen". Diese Frage betrifft nicht nur das Verhältnis der Philosophie zu den anderen Wissenschaften, sondern die Rolle der Philosophie in der modernen Gesellschaft. Die Philosophie kann zur Lebensorientierung und zum Verstehen der sozialen Welt mehr beitragen als andere Disziplinen. Viele öffentliche Meinungsführer und Experten leisten ihren jeweiligen Beitrag zu einer Diskussion, aber keine umfassende Aufklärung. Umfassende und unparteiliche Aufklärung ist seit jeher eine Aufgabe der Philosophie. Angewandte Philosophie leistet öffentliche Aufklärung, indem sie Zusammenhänge deutlich macht, verschiedene Erklärungen komplexer Sachverhalte analysiert und Möglichkeiten der Problemlösung vorstellt.

Preface

Philosophers seek in many different ways to contribute to both understanding and resolving problems of public relevance. In Anglo-Saxon countries, this development is already well advanced: There is the *Society for Applied Philosophy* (SAP), which edits the *Journal of Applied Philosophy* in the United Kingdom, and there is the *Centre for Applied Philosophy and Public Ethics* (CAPPE) in Australia. People living in modern societies are well aware that they can know more about all that lies behind important public discussions than what they are told by those who dominate such debates. Philosophy can provide the public with orientation knowledge of a kind that no other special science or any other cultural institution can provide. Imparting this knowledge and taking a stand on topics of public relevance are the tasks of applied philosophy. This journal aims to be a forum for philosophical analysis and comment upon public issues.

Common interests and common understanding

We desire to understand the world we live in. Understanding comprises several aspects. We want to have true beliefs about the world, we want to gain a comprehensive understanding of our own person (our beliefs, desires, and emotions), and we want to be able to act in common with other people on the basis of shared convictions and intentions. People act for reasons. Acting for reasons and making well-reasoned decisions are what make us rational beings. An individual person's rational acts are embedded in a complex structure of beliefs and wishes, and with every single act we are pursuing general, supreme goals. As rational, self-determined beings, we have the ability to guide both our judging and wanting in the light of supreme goals of our lives. The ability of self-determination is also a necessary condition for rational cooperative action. What matters to social rationality is a common understanding of public debates. When we form a certain belief on any matter that concerns our way of living, we very often find ourselves dealing with issues that are also of relevance to the lives of a large number of our fellow citizens. That does not mean that there is no privacy in life or in decision-making in modern society. The possibility to pursue diverse individual ways of life is probably greater in many modern societies than it has ever been before. Nevertheless, many topics that are important for individual person's lives are topics of general public interest, too. Nearly all our thinking about topics that are of crucial importance for our own individual lives includes opinions about public issues – for instance, our attitude and approach to human and extra-human nature, modern technologies, access to information and educational assets, or the distribution of resources.

Considering contexts

Specific problems are embedded in broader contexts. Understanding means recognizing how things interrelate. What might sound trivial is nevertheless, as philosophy has always known, of major importance for rational action. It is only by seeing the wider picture that the conflicts lurking beneath many specific questions become clear. For example, in health care, there are techniques for producing, implanting, and destroying embryos. Such techniques raise issues about the technical optimization of natural processes and the self-understanding of human beings as natural beings, as well as the possible conflict between the right to self-determination of adult individuals and the right to life of unborn humans. The problem of regulation of the global financial markets draws attention to the interconnection between economic and financial policy and the many conflicts between the maximization of individual interests and the sovereignty of the state's fiscal policy. In order to participate in public debate, people need clarity on key issues such as human dignity, liberty, self-determination, and social responsibility. Issues of that kind play an important role in many public discussions, but arc quite often not clearly stated.

Informing the public

Debates about public issues tend to be dominated by experts. Participation in public debate also calls for the ability to assess the reliability of expert opinions and to embed expert knowledge in one's own understanding. Our *own* understanding helps us to overcome dependency on expert opinions. Applied philosophy does not compete with the various special sciences, since the critical assessment of knowledge claims is the heart of philosophy. For philosophers to refrain is not good for public debate, if only because the representatives of other disciplines do give answers to questions that concern the people's way of life. In his essay *The Future of Human Nature* (2001), Jürgen Habermas asks "why philosophical ethics should vacate the stage in the face of those psychotherapies which, in dealing with psychological disturbances, have little scruple in arrogating to themselves the classical task of providing life orientation." This question concerns the role of philosophy in modern society. Philosophy can contribute more to life orientation and to an understanding of the social world than any other discipline. Many public opinion leaders make valuable contributions from their own perspective to a certain debate, but they do not provide the public with comprehensive analytical information. To provide comprehensive orientation knowledge has always been one of the central tasks of philosophy. Applied philosophy informs the public by pointing out interrelations, analysing the different explanations for complex matters and presenting options for resolving problems.

11

Angewandte Philosophie?
Versuch einer Orientierung auf unübersichtlichem Terrain

Dagmar Borchers

In this essay I discuss several methodological dimensions of Applied Philosophy, focussing on the question of how theoretical philosophical research can contribute to a comprehensive understanding of topics of public debate.

1 Einleitung

In einem Interview hat der Philosoph Gerhard Vollmer das Philosophieren als „Denken auf Vorrat" charakterisiert – dort denke man über Fragen nach, die im Alltag noch gar keine Rolle spielten. Solange über die Bedeutung von Begriffen, die Wahrheit von Sätzen und die Geltung von Normen Einigkeit bestünde, gäbe es eigentlich keinen akuten Bedarf nach philosophischer Reflexion. Dessen ungeachtet sei es aus philosophischer Perspektive nicht nur sinnvoll, sondern auch reizvoll, zu fragen:

„,Angenommen wir wären uns über die Bedeutung eines Begriffes *nicht* einig, wie könnten wir uns denn dann weiter vortasten? Was könnten wir tun?' ‚Angenommen wir wären uns über die Wahrheit bestimmter Sätze *nicht* einig, was könnten wir dann unternehmen?' ‚Angenommen wir wären uns über die Geltung einer oder mehrerer Normen *nicht* einig, wie könnten wir dann argumentativ weiterkommen?'"[1]

Natürlich bestünde die Gefahr, dass man Vorräte anlege, die keiner braucht:

„Insofern gibt es natürlich auch zu recht das Bild von Philosophen, die völlig unnötige oder unsinnige Dinge machen. Aber man darf das auch nicht so sehen, dass man schon wüsste, dass man es *nie* brauchen wird. Es kann vielleicht schon einige Zeit auf Vorrat liegen und dann doch noch abgefragt werden."[2]

Das Philosophieren als Denken auf Vorrat zu verstehen, weist ihm insgesamt einen *Praxisbezug* zu, denn hier wird implizit vorausgesetzt, dass die fehlende Einigkeit über die Bedeutung eines Begriffes oder die Unklarheit über die

---

1 Vollmer in Borchers /Brill / Czaniera 1998: 185.
2 A. a. O.

Wahrheit eines Satzes oder ein Streit über die Geltung einer Norm ein Problem *außerhalb* der Philosophie darstellen könnte. Fehlende Einigkeit in diesen Fragen kann – das scheint die Idee Vollmers zu sein – möglicherweise Entscheidungen blockieren und somit negative Auswirkungen auf individuelles und kollektives Handeln haben. Antworten und damit auch mögliche Lösungen vermutet man *in* der Philosophie. Dort sollten Vorschläge entwickelt werden, mit welchen Methoden und Verfahren die genannten Schwierigkeiten gelöst werden könnten. Die von der Philosophie bereit gestellten Vorräte machen, so Vollmer, ihre Relevanz aus, und das selbst dann, wenn diese Vorräte niemals abgerufen werden und sich somit im Einzelfall als irrelevant für das öffentliche Leben erweisen sollten. In diesem ganz allgemeinen Sinne ist das Philosophieren nicht nur wertvoll für jene, die es tun, sondern auch für jene, die es nicht tun.

Dies ist durchaus keine unstrittige Charakterisierung der Philosophie. Viele Philosophinnen und Philosophen sehen sich nicht als Wissenschaftler, die Vorräte anlegen; jedenfalls betrachten sie dies nicht als ihre explizite Aufgabe, sondern bestenfalls als eine Art Epiphänomen ihres genuinen Erkenntnisstrebens. Wenn wir nun weiterfragen, wie vor dem Hintergrund der Vollmerschen Ausführungen die *Angewandte* Philosophie zu charakterisieren sei, ist noch weniger mit allgemeiner Zustimmung zu rechnen, denn bezogen auf die Angewandte Philosophie ließen sich Vollmers Überlegungen zuspitzen: Sein Blick auf die Philosophie sieht den Philosophen als einen Denker, der seiner Zeit voraus ist, ihr gewissermaßen vorauseilt und präventiv nach Erkenntnis strebt. Will man dieses Bild für die Angewandte Philosophie modifizieren, so könnte man vermuten, dass es auf folgende Konzeption hinausläuft: Angewandte Philosophie lässt sich als „Denken auf Zuruf" beschreiben. Sie ist ihrer Zeit nicht voraus, sie ist nicht auf die Zukunft ausgerichtet. Die Angewandte Philosophie ist *ihrer Zeit* verbunden. Sie legt keine Vorräte an, sondern macht ihre Forschungsergebnisse „just in time" zugänglich. *Sie kann mit einer gewissen Berechtigung davon ausgehen, dass ihre Antworten sofort Beachtung finden, weil sie jene Fragen bearbeitet, die die Gegenwart an sie richtet.* Die Angewandte Philosophie ist dann so charakterisiert, dass sie über jene Fragen nachdenkt, die im Alltag *gerade* eine Rolle spielen – sie reagiert auf einen akuten Bedarf nach philosophischer Reflexion.

„Denken *auf Zuruf*"? „Forschungsergebnisse *just in time*"? Das klingt bizarr, vielleicht sogar unseriös – ist dies wirklich eine adäquate Beschreibung des philosophischen Denkens im Kontext der Angewandten Philosophie und des mit ihr verbundenen Anspruches? Insgesamt vier Thesen zur Angewandten Philosophie möchte ich im Folgenden vorstellen und diskutieren:

(1) Angewandte Philosophie ist in weiten Teilen keine „Anwendung" von Theorien, Prinzipien, etc. aus der Grundlagenforschung, sondern ein eigenständiger Forschungsbereich, der seine Methoden, Theorien und Konzepte in Auseinandersetzung mit den ihr eigenen Fragen neu entwickelt. (*Eigenständigkeitsthese*)

(2) Zwischen der Angewandten Forschung und der philosophischen Grundlagenforschung bestehen komplexe, enge Wechselbeziehungen. Davon profitieren beide Bereiche in hohem Maße. Ohne diese enge Anbindung an die Grundlagenforschung ist eine wissenschaftlich seriöse, inhaltlich fruchtbare Angewandte Philosophie nicht möglich. (*Interaktionsthese*)

(3) Das bedeutet auch: Die Angewandte Philosophie ist intern heterogen. Die interne Heterogenität umfasst neben den hier Verwendung findenden Methoden auch das Selbstverständnis, mit dem geforscht wird, die Ausrichtung der Forschungsinteressen sowie die Themen und Fragestellungen. Diese Tatsache ist durchaus positiv zu bewerten. (*Heterogenitätsthese*)

(4) Um ihr Profil zu schärfen braucht die Angewandte Philosophie perspektivisch einen Metadiskurs über ihre Methoden und ihr Selbstverständnis, u. a. mit dem Ziel, eine Metatheorie der Applikation philosophischen Denkens zu entwickeln. (*Reflexionsthese*)

Ich möchte zeigen, dass sich ein vor dem Hintergrund der vier Thesen ergebendes differenziertes Verständnis der Angewandten Philosophie mit der oben skizzierten ersten Einschätzung nicht ohne weiteres verträgt. Zwar gibt es zweifellos einen themenbezogenen Gegenwartsbezug, dieser ist aber nicht so zu verstehen, dass hier ein Denken auf Zuruf stattfindet. In einigen Bereichen der Angewandten Philosophie findet sich ein explizites Bestreben, Lösungen für konkrete Konfliktlagen zu erarbeiten und diese Vorschläge in die einschlägigen Diskurse und Kontroversen einfließen zu lassen; dies macht aber nicht die Forschung in Gänze aus. Auch die Angewandte Philosophie legt Vorräte an.

Das von mir im Folgenden dargelegte Verständnis dessen, was Angewandte Philosophie beinhaltet und leisten kann, versteht sich selbstredend als Näherung und als vorsichtige Sondierung eines weitläufigen und relativ unübersichtlichen Terrains. Gleichwohl möchte es auch ein Plädoyer sein, das zeigen soll, wie attraktiv, interessant und vielfältig dieser Teilbereich der Philosophie ist. Um dies leisten zu können, empfiehlt sich zunächst ein Blick auf die skeptischen Einwände.

2 Anwendung als Provokation: Interne & externe Skepsis

Das Selbst-Verständnis kontinuierlich zu hinterfragen, die eigenen Methoden, Motive, Ansprüche und Ziele immer wieder kritisch zu prüfen und sich darüber klar zu werden, was die Disziplin im Kern ausmacht und welchen Stellenwert sie insgesamt im Spektrum der Wissenschaften, aber auch als gesellschaftliche Kraft für sich beanspruchen kann, gehört zur Philosophie wie zu keiner anderen Wissenschaft. Die interne Heterogenität führt dazu, dass die Diskussion insgesamt eher die Vielfalt und die inneren Spannungen, die teilweise widersprüchlichen Intentionen und Arbeitsauffassungen innerhalb der Philosophie dokumentiert als einen Konsens bzw. ein gemeinsames Grundverständnis zu entwickeln. Für die

14

Angewandte Philosophie gilt dies in noch viel stärkerem Maße. Denn allein schon die – wie auch immer interpretierte, aber gleichwohl wesentliche – *Anwendung* ist vielen Philosophinnen und Philosophen *per se* äußerst suspekt. Fakt ist: Es ist sowohl philosophieinterne als auch –externe Skepsis zu verzeichnen.

Die *interne Skepsis* ist zum einen *grundsätzlicher* Art: Sie formuliert die Befürchtung, dass die explizite Ausrichtung der philosophischen Forschung auf die Anwendung den genuinen Charakter des Philosophierens überhaupt verkennt. Philosophie sei von jeher auf Erkenntnis ausgerichtet, die ihrerseits mit einem Wahrheitsanspruch philosophischer Urteile einhergeht. Hannah Arendt spricht von „Vernunftwahrheiten", zu denen auch wissenschaftliche und mathematische Wahrheiten gehören im Unterschied zu „Tatsachenwahrheiten", die sich auf (historische) Fakten beziehen.[3] Die Politik hingegen, wie auch ganz allgemein „der Bereich menschlicher Angelegenheiten, in dem die Sterblichen sich gemeinhin aufhalten, ist dadurch gekennzeichnet, dass er sich in einem ständigen Fluss befindet, und diesem Zustand der Veränderung entsprechen die gängigen Meinungen der Menschen, die ebenfalls einem ständigen Wechsel unterworfen sind."[4] Schon bei Platon wurde, so Arendt, die Meinung als der eigentliche Gegensatz der Wahrheit etabliert. Die Politik und die Gesellschaft leben von und mit Meinungen; der Philosoph vertritt die Wahrheit. Arendt und andere sind nun der Ansicht, dass die Politik den Antagonismus zwischen Wahrheit und Meinung dringend benötigt, Vernunft- und Tatsachenwahrheiten seien ein absolut notwendiges Korrektiv für die Politik. Heute allerdings bestünden die zentralen Konflikte nicht mehr zwischen Politik und Vernunftwahrheiten, sondern zwischen der Politik und Tatsachenwahrheiten, die von ihr geleugnet oder ignoriert würden. Worin besteht nun aber das Problem für eine Philosophie, die sich in die Politik, in die Gegenwartsgesellschaft einbringen will? Für Raymond Geuss liegt es darin, dass der große Traum der abendländischen Philosophie, einschließlich der Ethik, darin bestünde, „sich von dem chaotischen und moralisch unsauberen Bereich der Politik zu befreien. [Die Wissenschaft] ist eine Art Zeughaus oder Schatzkammer der Vernunft, in der zeitlose Wahrheiten oder ein gesichertes System erwiesener Sätze aufbewahrt werden. [...] Der Wunschtraum der [...] Philosophie zielte auf die Abschaffung der wirklichen Politik, genauer gesagt: auf die Ersetzung der Politik durch eine wissenschaftlich informierte und organisierte Verwaltung."[5] Insbesondere die Ethik würde dabei dann zwei Funktionen übernehmen: Zum einen die „systematische und apodiktische Darstellung der letzten Ziele des menschlichen Lebens und der letzten Prinzipien menschlichen Handelns"[6], zum anderen verstünde sie sich als „Grundlage einer rhetorischen und psychotherapeutischen Praxis, der darum zu tun ist, diejenigen Menschen, die

---

3 Arendt 1976: 13.
4 A. a. O.: 16.
5 Geuss 2011: 6.
6 A. a. O.: 7.

nicht unmittelbar an den vernünftigen Verwaltungsverfahren beteiligt sind, durch probate Erklärungen mit diesen und ihren Resultaten zu versöhnen." Kurz: Sie sei zugleich „abstrakteste Wissenschaft" und „Volkspredigt".[7] Doch die Idee einer Politik nach Maßgabe der Vernunft sollte man seines Erachtens aufgeben: Es sei zweifelhaft, ob die Ethik wirklich absolutes Wissen um die letzten Ziele bereitstellen könne und ob die Kenntnisse einzelner Experten dieses Wissen jeweils repräsentieren. Hinzu komme die Tatsache, dass politisches Handeln unter Zeitdruck stattfände und diversen sachfremden Zwängen unterworfen sei. Die Politik könne, wenn sie denn auf wissenschaftlich-philosophische Erkenntnis zurückgreife, immer nur eine „Momentaufnahme" von Wissenschaft zur Kenntnis nehmen:

„Folglich ist die Politik gar nicht auf eine vermeintlich zeitlose Wissenschaft angewiesen, sondern darauf, welche Ergebnisse gerade im politischen Entscheidungshorizont, das heißt relativ auf einen bestimmten situativen Zeitrahmen, sozusagen am Lager vorrätig sind und daher verwendet werden können."[8]

Diesen aktuellen Inhalten käme somit ein kontingentes, ja beliebiges Moment zu, das in einem gewissen Widerspruch zum absoluten Wahrheitsanspruch wissenschaftlicher Erkenntnis stehe. Nach Ansicht vieler interner Skeptiker laufen philosophische Inhalte also grundsätzlich Gefahr, auf dem Feld der Politik – als *einem* Kontext der Anwendung – zur bloßen Meinung zu degenerieren. Die Philosophie täte sich damit keinen Gefallen.

Die interne Skepsis ist zum anderen aber *methodisch-heuristischer* Art: Sie hegt keine grundsätzlichen Zweifel darüber, ob es überhaupt sinnvoll sei, Angewandte Philosophie betreiben zu wollen, sondern sie stört sich vielmehr an der Art und Weise, *wie* Angewandte Philosophie oftmals betrieben wird. So wird moniert, dass die Anbindung an die Grundlagenforschung leichtfertig aufgegeben oder nicht intensiv genug gesucht werde; dass also die Philosophinnen und Philosophen verkennen würden, wie entscheidend die Auseinandersetzung mit Grundlagenfragen im Einzelfall für die Bearbeitung der von ihnen untersuchten Fragestellungen seien. Die Folge dieser unbeabsichtigten oder auch programmatischen Ignoranz seien oberflächliche Ergebnisse, die wesentliche Aspekte eines Problems nicht in den Blick nähmen oder voreilig übergingen. Der Verdacht der Anspruchslosigkeit richtet sich zudem gegen die Anwendung als solche:

„Applied Philosophy also courts the danger of not being philosophical (or not being philosophical enough for other philosophers). This is because, as the title suggests, it implies the application of principles, already known and established as independendly true, to particular domains. Application, as opposed to the establishment of first prin-

---

7 A. a. O.

8 A. a. O.

ciples, would seem to require no great – or even distinctively philosophical – skills, beyond a recognition of which principles apply to which domain, and with what consequences."[9]

Angewandte Forschung habe oftmals die Tendenz, dem Zeitgeist hinterherzulaufen und selbst schnelllebige intellektuelle Moden zu kreieren: In dem Bestreben, öffentlich wirksam sein zu können, würden aktuelle Fragestellungen eilig aufgegriffen und zu philosophischen Themengebieten erklärt, eine Zeit lang intensiv bearbeitet und dann als „abgegrast" oder „nicht mehr aktuell" zugunsten neuer, vermeintlich interessanterer Themen aus dem Themenspektrum wieder verabschiedet. Mit dem Anspruch auf wissenschaftliche Seriosität lasse sich dies nicht vereinbaren.

Auch die *externe Kritik* weist in zwei unterschiedliche, ja fast widersprüchliche Richtungen – die einen erwarten *zu wenig*, die anderen *zu viel* von der Angewandten Philosophie.

„Der Begriff ‚Philosophie' hat den Beigeschmack des Unpopulären: unpraktisch, weltfremd, verschroben."[10]

Die generelle Annahme derjenigen, die der (Angewandten) Philosophie wenig bis gar nichts zutrauen, besagt, Philosophen seien wahlweise weltfremd oder sachfremd. Ihr Generalverdacht: Im Hinblick auf öffentliche Kontroversen sind Philosophen nur bedingt einsatzfähig, im Hinblick auf ihre innerakademischen Diskurse präsentieren sie sich als geschlossene Gesellschaft:

„To some people of a conservative, traditional or down-to-earth disposition, philosophers are seen as the supreme exemplars of intellectualism – the term used pejoratively – and are thus objects of distrust and suspicion: they are regarded as subversives, corruptors to the social order, liable to undermine the moral standards of the nation. To many other people the philosopher is often seen as an eccentric, unwordly figure, the epitomy of the absent-minded professor, but for the most part quite harmless. To some ‚hard-headed' scientists philosophers are people who ask funny sorts of questions and come up with many different answers – or none at all. Critics of three kinds tend to concur in the judgement that philosophers are not particularly useful members of society – or even parasitic on it."[11]

Aus dieser Perspektive ist nicht zu erkennen, inwiefern die Hinwendung zu Fragestellungen der Angewandten Philosophie an dieser grundlegend weltfremden Haltung der Philosophie etwas ändern sollte. Selbst wenn die Themen etwas näher an die Lebenswelt der Menschen und deren Alltag heranrückten, müsse das nicht bedeuten, dass die Überlegungen der Philosophen dies auch täten,

---

9   Archard 2009: 238.
10   Blackburn 1999 / 2000.
11   Harrison-Barbet 1990: 12.

dass sie besser nachvollziehbar und transparenter seien als hochabstrakte Ausführungen zu rein akademischen Fragen. Der parasitäre Charakter philosophischer Reflexion könne – so die zugespitzt formulierte Skepsis – auch im Kontext der Angewandten Philosophie erhalten bleiben.

Umgekehrt entsteht eine externe Skepsis vor dem Hintergrund *zu großer*, enttäuschter Erwartungen – auch dies klingt im obigen Zitat an. Philosophen sollten idealerweise, so die Idee vieler Außenstehender, klar sagen, was richtig und falsch sei, welche Handlungsoption sie empfehlen würden. Kurz, man wünscht sich die eine richtige Antwort. Tatsächlich macht die interessierte Öffentlichkeit aber allzu oft die irritierende Erfahrung, dass Philosophinnen und Philosophen sich entweder weigern, die eine richtige Antwort zu geben oder gleich mehrere mögliche Antworten philosophisch gut begründet werden können. Philosophische Expertise generiere in diesen Fällen quasi ein neues Entscheidungsproblem und schaffe damit tendenziell einen zusätzlichen Diskurs, der schnell eine eigene Dynamik bekommt und sich ggf. sogar weit von der Ausgangsfrage entfernen könne. Auch diejenigen also, die große Erwartungen an die Angewandte Philosophie richten, können zu Skeptikern werden, wenn aus ihrer Perspektive nicht nachvollziehbar ist, wie sich die philosophische Tätigkeit vollzieht und welchen internen Maßstäben und Kriterien sie folgt.

Was besagt dies nun für eine Konzeption von Angewandter Philosophie, die diesen skeptischen Einwänden entgehen bzw. zeigen will, dass sie nicht adäquat sind? Es ist ein komplexes Verständnis von „Anwendung" zu konzipieren, dass einerseits aufzeigt, inwiefern eine interessierte Öffentlichkeit Hilfestellung erwarten kann, andererseits aber auch deutlich macht, dass die philosophische Tätigkeit nicht nur auf die gesellschaftliche Praxis hin orientiert ist, sondern auch ein Interesse an einer umfassenden theoretischen Analyse mit Selbstzweckcharakter hat. Idealerweise würde auch für die internen Skeptiker klar ersichtlich, dass Angewandte Philosophie eben nicht dem Zeitgeist verpflichtet ist, sich nicht anbiedern will und ihre eigenen inhaltlichen Interessen und Methoden ausbildet. Dem Vorwurf der Sezessionsbestrebungen müsste dadurch begegnet werden, dass die engen Verbindungen zur Grundlagenforschung dargelegt werden, die nicht nur ein empirisches Faktum, sondern vielmehr ein programmatischer Bestandteil der Angewandten Philosophie sind. Und schließlich wird man konzedieren müssen, dass die Vermittlung ihrer methodischen Zugänge, ihres Anspruches und ihres Selbstverständnisses ein integraler Bestandteil der Angewandten Philosophie sein sollten – nach innen und außen gleichermaßen.

3   Was heißt „Anwendung"? Die Eigenständigkeitsthese

Die *Eigenständigkeitsthese* besagt, dass die Angewandte Philosophie in weiten Teilen keine „Anwendung" von Theorien, Prinzipien, etc. aus der Grundlagenforschung, sondern ein eigenständiger Forschungsbereich sei, der seine Methoden, Theorien und Konzepte in Auseinandersetzung mit den ihr eigenen Fragen neu entwickle. Die Eigenständigkeit der Angewandten Philosophie zu behaupten, leuchtet nicht ohne weiteres ein, scheint sie doch gleich nach zwei Seiten einen Input von außen zu benötigen – Fragen ‚von außen‘, aus der Gesellschaft und den anderen Wissenschaften, und Methoden ‚von innen‘, aus der Grundlagenforschung, der reinen Philosophie. Möglicherweise ist dieses Verständnis der Angewandten Philosophie einfach nicht komplex genug und daher nicht angemessen. Was „Anwendung" genau heißt, wird erst dann klar ersichtlich, wenn wir die *Inhalte* gemeinsam mit den *Methoden* und den *Intentionen* in den Blick nehmen. Um diese Auffassung zu widerlegen, ist also zunächst ein Blick auf die Inhalte geboten, auf die Methoden und schließlich auf das Interesse der Angewandten Philosophie.

In Anlehnung an eine Unterscheidung, die „insbesondere aus der Mathematik und der Physik bekannt ist" kann man „vielleicht die reinen Disziplinen als methodengesteuert, die angewandten als problemorientiert kennzeichnen" – so ein Vorschlag des Naturphilosophen Manfred Stöckler.[12] Leider ist der Terminus der „Problemorientierung" aber noch erläuterungsbedürftig, denn, so ließe sich einwenden, ist die Philosophie nicht generell problemorientiert? Ja, das ist sie, allerdings sind es ganz unterschiedliche Probleme, die in den reinen und den angewandten Disziplinen eine Rolle spielen: Die Probleme, die die angewandten Disziplinen beschäftigen, kommen *von außen*, sie werden aus unterschiedlichen gesellschaftlichen Kontexten und aus den anderen Wissenschaften an sie herangetragen. Es sind zum einen Fragen, die sich u. a. in Institutionen wie Krankenhäusern, Gerichten, öffentlichen Verwaltungen und Medien stellen, aber auch in politischen, rechtlichen, sozialen und moralischen Auseinandersetzungen über Institutionengrenzen hinweg. Es sind zum anderen Fragen, die in den verschiedenen Einzelwissenschaften entweder im Hinblick auf konkrete Forschungsergebnisse oder auch in Bezug auf Methoden virulent werden, dort selbst aber nicht untersucht werden.

Auch im Hinblick auf die Themen und Fragestellungen kann man die u. a. von Stöckler formulierte Idee, man könne das Verhältnis von Angewandter Philosophie zur Philosophie in etwa so beschreiben, wie das Verhältnis von reiner Mathematik zu Angewandter Mathematik, für plausibel halten: Das Aufgabenspektrum der Angewandte Mathematik umfasst Analysen (z.B. für die Wirtschaft, aber auch für andere Wissenschaften wie die Biologie), Prognosen (im Hinblick auf das Wetter, wirtschaftliche Entwicklungen, in der Medizin, der Astronomie usw.), Berechnungen von Chancen und Risiken (für Banken, Versicherungen oder Spielcasinos), Planung und Logistik (im Projektmanagement, der Produktion, dem Personalmanagement oder für Verkehrsnetze) sowie Simulationen (etwa für den Kraftfahrzeugbau oder die Pilotenausbildung). Ähnliche Beispiele kann man auch für die Angewandte Philosophie anführen: Auch

---

12 Stöckler 1989: 7.

hier geht es teils um Analysen (zum Beispiel die Überlegungen der analytischen Ontologie zu den Gegenständen der Quantenfeldtheorie oder Raum und Zeit in der Relativitätstheorie), die Eruierung von Chancen und Risiken (etwa in Bezug auf die Gentechnik oder die Kernenergie) und die Genese von konzeptionellen Grundlagen für Planungen (zum Beispiel der Rationierung im Gesundheitswesen).

Ein zentraler Bereich ist die philosophische Sondierung von Konfliktlösungen in Bezug auf ethische, aber auch soziale und politische Problemlagen (Sterbehilfe, Präimplantationsdiagnostik, Tierversuche, Minderheitenrechte, Generationengerechtigkeit). Zum Kanon der philosophischen Forschung innerhalb der Angewandten Philosophie gehören neben der Entscheidungsforschung (kollektives Entscheiden in Gremien, Entscheiden unter Risiko) Methodenfragen in den Einzelwissenschaften (etwa die Einführung von Begriffen in den empirischen Wissenschaften) und auch Begriffsklärungen (zum Beispiel zur Abgrenzung der aktiven und passiven Sterbehilfe, zum Begriff der Erklärung oder des Naturgesetzes in den Wissenschaften). Diese disparaten Beispiele zeigen zweierlei:
- schon im Hinblick auf die Themen und Forschungsfelder der Angewandten Philosophie ist eine beträchtliche interne Heterogenität zu verzeichnen,
- nur ein Teil der hier genannten Fragen, Themen und Aufgaben ist unmittelbar auf die Partizipation an öffentlichen Diskursen und Kontroversen gerichtet und im engeren Sinne lösungsorientiert.

Beide Einsichten legen es nahe, innerhalb der Angewandten Philosophie verschiedene Teilbereiche, wenn nicht gar Typen zu unterscheiden.[13]

Die von Stöckler vorgeschlagene Unterscheidung zwischen reinen und angewandten Disziplinen legt nun den Gedanken nahe, dass sich die Dynamik und damit das Profil der Angewandten Philosophie vollständig aus dieser vornehmlich nach außen gerichteten Problemorientierung ergibt. Sie selbst ist dieser Lesart zufolge nicht der Ort, an dem philosophische Methoden weiterentwickelt werden. Dies sei, so kann man Stöckler interpretieren, das eigentliche Anliegen der reinen Philosophie, der Grundlagenforschung. Hier beschäftigt sich die Philosophie ausschließlich mit sich selbst: Sie entwickelt ihre Theorien und Modelle weiter, sie feilt an ihren Methoden, sie vertieft ihr Selbstverständnis und sie beschäftigt sich intensiv mit ihrer eigenen Ideen-Geschichte. Die Probleme, die in diesem Teilbereich der Philosophie von Interesse sind, werden nicht von außen an die Philosophie herangetragen, sondern haben sich im Verlauf der philosophischen Forschung erst ergeben. Es sind Schwierigkeiten, die auftreten, wenn Fragestellungen überdacht und zugespitzt, Begriffe präzisiert, Argumentationen verbessert und neue Fragestellungen, die sich im Zusammenhang philosophischer Kontroversen ergeben haben, zu Überlegungen zwingen, die von der Ursprungsfrage ggf. noch weiter wegführen können, aber zu deren vertiefter Analyse

---

13 Vgl. dazu den fünften Abschnitt zur Heterogenitätsthese .

unumgänglich sind. Die philosophische Forschung folgt hier vollständig ihren eigenen inhaltlichen, methodischen und formalen Bedürfnissen und es ist nicht von Interesse, ob die hier anstehenden Probleme außerhalb der eigenen Disziplin überhaupt als solche wahrgenommen werden (können) und welchen außerphilosophischen Stellenwert sie haben. Die Disziplin ist im besten Sinne ‚ganz bei sich' und lässt sich nicht durch einen Blick nach oder von außen in ihrem Erkenntnis- und Wahrheitsstreben irritieren. Man kann dies durchaus als „methodengesteuert" beschreiben.

Eine Eigenständigkeitsthese kann, was die Inhalte betrifft, also eher von der reinen Philosophie, der Grundlagenforschung, als von der Angewandten Philosophie behauptet werden. Deren Eigenständigkeit ist tatsächlich weniger in den Quellen ihrer Problemstellungen und Themen zu sehen. Sie ergibt sich statt dessen *erstens* aus ihren Methoden, *zweitens* aus der internen inhaltlichen Eigendynamik ihrer Forschung, die sich wiederum auch einer engen inhaltlichen Verknüpfung von theoretischer und praktischer Philosophie verdankt, und *drittens* aus der Tatsache, dass auch das Erkenntnisstreben innerhalb der Angewandten Philosophie aus der Perspektive der Philosophinnen und Philosophen einen Eigenwert hat und auch hier philosophische Vorräte angelegt werden, von denen zunächst offen bleibt, ob sie abgefragt werden oder nicht.

Die Methoden kommen von innen, aber das heißt nicht, dass sie zur Gänze aus dem Bereich der reinen Philosophie stammen. Innerhalb der angewandten Disziplinen herrscht ein *Methodenpluralismus*, der sich auch der Tatsache verdankt, dass die Angewandte Philosophie eigene Methoden entwickelt und sie nicht nur aus der reinen Philosophie importiert. Zwei Beispiele seien hier genannt: Da ist zum einen die von den amerikanischen Medizinethikern Tom Beauchamp und James Childress entwickelte Prinzipienethik[14], die konkrete medizinethische Konflikte durch die Anwendung von vier Moralprinzipien zu strukturieren sucht, die ihrerseits nicht direkt mit einer Moraltheorie korreliert sind. Sie hat einen pragmatischen, anwendungsorientierten Zug, ohne sich von der moralphilosophischen Diskussion um die Adäquatheit der verschiedenen Moraltheorien abzukoppeln. Da ist zum anderen der Versuch, sog. „Ethiktools" zu entwickeln, die die Entscheidungsfindung in Ethikkommitees und Tierversuchskommitees systematisieren und vereinfachen sollen.

Neben der Entwicklung innovativer methodischer Zugänge ergibt sich die Eigenständigkeit der Angewandten Philosophie natürlich auch daraus, dass sie sowohl im theoretischen als auch im Bereich der praktischen Philosophie jeweils ihre *eigene Dynamik* entfaltet, mit einer großen Bandbreite an Themen, Diskursen und Forschungsfeldern. Als Beispiel lassen sich hier u. a. die sehr komplexen, abstrakten und spezialisierten Diskurse im Kontext der Philosophie der verschiedenen Einzelwissenschaften (Philosophie der Physik, der Biologie oder der Mathematik) anführen.

---

14 Beauchamp / Childress 1979. Vgl. auch Rauprich / Steger 2005.

Gerade innerhalb der Angewandten Philosophie kommt dem Brückenschlag zwischen der theoretischen und der praktischen Philosophie als ein eigener Bereich besondere Bedeutung zu – viele Fragen der Angewandten Philosophie lassen sich nur unter Rekurs auf die Wissenschafts-, Erkenntnis- oder Sprachphilosophie fundiert bearbeiten. Dass die (Meta-)Ethik auf die Sprachphilosophie und Erkenntnistheorie rekurriert, ist selbstverständlich; innerhalb der Angewandten Philosophie ergeben sich aber auch fruchtbare Brückenschläge in andere Bereiche der Theoretischen Philosophie. Ein Beispiel: Untreue und Betrug – inwiefern kann das Individuum für Verfehlungen dieser Art zur Verantwortung gezogen werden? Diese Ausgangsfrage zieht weitere Überlegungen nach sich, die direkt in die Wissenschaftstheorie führen: Wie weit ist unser Handeln durch natürliche, in der Evolution entstandene Antriebe bestimmt? Gibt es evolutionsbiologische Erklärungen für diese Verhaltensweisen? Welche Eigenschaften des Menschen sind einer evolutionären Erklärung zugänglich, vielleicht auch ästhetische Präferenzen, so etwa bei der Partnerwahl? Welche Arten von Erklärungen findet man in der Soziobiologie? Welche Rolle kann die Soziobiologie in der Moralphilosophie spielen?[15]

Im Zuge einer intensiven Auseinandersetzung mit Fragen dieser Art legen auch Angewandte Philosophinnen und Philosophen Vorräte an, von denen zunächst nicht von Interesse ist, was mit ihnen passieren wird. Die Angewandte Philosophie generiert ihre eigenen Diskurse, Forschungsfelder, Theorien und Modelle, unabhängig sowohl von der reinen Philosophie als auch von dem aktuellen gesellschaftlichen Umfeld und dessen philosophischen Reflexionsbedarf. *Dass die Fragen von außen kommen, bedeutet nicht notwendigerweise, dass die Antworten für den Export gedacht sind.*

4 Grundlagen & Anwendung: Die Interaktionsthese

Die *Interaktionsthese* besagt, dass zwischen der Angewandten Forschung und der philosophischen Grundlagenforschung komplexe, enge Wechselbeziehungen bestehen. Davon profitieren beide Bereiche in hohem Maße. Ohne eine enge Anbindung an die Grundlagenforschung sei eine wissenschaftlich seriöse, inhaltlich fruchtbare Angewandte Philosophie nicht möglich. Die Interaktionsthese tritt damit denjenigen skeptischen Einwänden entgegen, die Sezessionsneigungen innerhalb der Angewandten Philosophie zu erkennen meinen und vor den zweifellos negativen Folgen einer solchen Ablösung warnen. Reine Philosophie und angewandte Philosophie ergänzen sich und befruchten sich wechselseitig. Die Interaktionsthese zeichnet folgendes Bild dieses Verhältnisses:

Dass die Angewandte Philosophie die Entwicklung kontextspezifischer, be-

---

15 Diese Beispiele rekurrieren auf aktuelle Forschungsfragen von Manfred Stöckler und stammen von ihm.

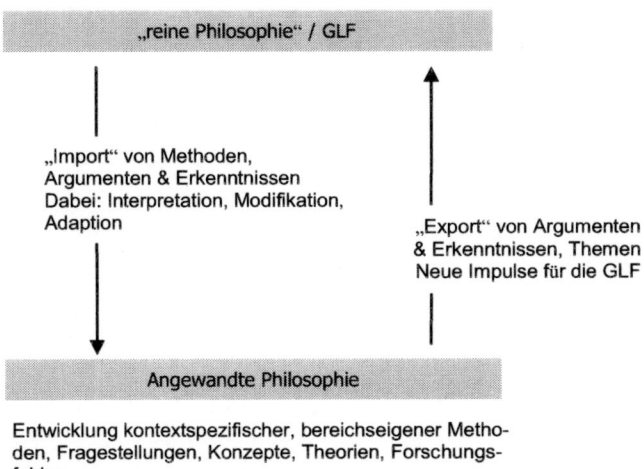

Abb. 1: Das Verhältnis zwischen reiner und Angewandter Philosophie

reichseigener Methoden, Fragestellungen, Konzepte, Theorien, Forschungsfelder vorantreibt, haben wir oben gesehen. Nun ist zu klären, wie der zweifellos unverzichtbare „Import" von Methoden, Argumenten und Erkenntnissen aus der reinen in die Angewandte Philosophie aussieht; aber auch deutlich zu machen, dass es gleichzeitig einen „Export" von Argumenten, Erkenntnissen und Themen aus der Angewandten- in die Grundlagenforschung gibt. Die Interaktionsthese betont die wechselseitige Befruchtung von Grundlagenforschung und Angewandter Forschung und zugleich die Eigenständigkeit der Methoden der Angewandten Forschung. Es weist damit zwei anderslautende konkurrierende Ansichten zurück:

Das *erste* zurückzuweisende Modell, das der Wissenschaftsphilosoph Martin Carrier als „*Kaskadenmodell*" bezeichnet,[16] geht von der grundsätzlichen Idee aus, dass das Wissen von den Grundlagen zu Vorrichtungen und Verfahren fließt – praktische Erfolge beruhen ihm zufolge auf theoretischer Durchdringung. Das bedeutet, dass in diesem Modell eine systematisch betriebene Grundlagenforschung als unabdingbare Voraussetzung für erfolgreiche Technologieentwicklung gilt. Wie in einem Brunnen das Wasser von unten nach oben steigt und sich in die verschiedenen Stufen ergießt, so ergießt sich gewissermaßen die Erkenntnis und das Wissen der Grundlagenforschung in die verschiedenen Anwendungsbereiche. Theorien, Konzepte und Erkenntnisse der reinen Philosophie werden demzufolge angewandt auf konkrete Konfliktlagen und Probleme, die sich in lebensweltlichen Kontexten ergeben haben. Es hat sich aber gezeigt, dass dies eine

---

16 Vgl. Carrier 2007: 7.

naive, wenn nicht anmaßende Vorstellung der internen Forschungszusammen-
hänge ist, die verschiedene Fakten ausblendet. So ist aus der Wissenschaftspraxis
klar, dass es keine „Anwendung" der Resultate, Methoden, Theorien etc. der
Grundlagenforschung ohne Adaption, Interpretation und Modifikation geben
kann. Der Begriff der Anwendung umfasst weit mehr als es das Kaskadenmodell
nahe legt – so auch die Einschätzung der Philosophin Loretta M. Kopelman:

> „‚Apply' might seem to some of us a poor word to describe philosophical fields that often
> use new and innovative approaches. But if we are stuck with ‚apply' to describe these
> fields, perhaps we should agree that the meaning of ‚apply' will have to include the
> possibility that what is applied can be reevaluated, challenged, rethought, reinterpreted,
> or clarified, and that the so-called applied fields are not fundamentally derivative."[17]

Das *zweite* zurückzuweisende Modell, das Carrier als „*Flickenteppich-Modell*"
bezeichnet, betont den Primat des Besonderen gegenüber dem Allgemeinen und
hält umfassende, allgemeine Theorien für ungeeignet für die Lösung konkreter
Detailprobleme.[18] Dieses Modell empfiehlt eine Heuristik, derzufolge die For-
schungsarbeit am Detail, an der konkreten Wirklichkeit ansetzen sollte, um dann
in einem zweiten oder dritten Schritt zu Aussagen über Teilbereiche der Wirklichkeit zu gelangen. Es dreht das Verhältnis gewissermaßen um: Die Angewandte Forschung geht hier dem, was wir als Grundlagenforschung bezeichnen.
Aber: Man wird auch für die Philosophie konstatieren können, dass dieses Modell
zu kurz greift. Das inhaltliche und methodische Potential der Angewandten
Philosophie speist sich wesentlich aus Konzepten, Methoden und Resultaten der
Grundlagenforschung sowie der Geschichte der Philosophie. Das, was den Philosophen als Experten für Fragen ‚von außen' qualifiziert, sind methodische,
systematische und historische Grundlagenkenntnisse. Sie ermöglichen ihm, einen
Weg aufzuzeigen, wie ein Konflikt entschärft oder eine normative oder nicht
empirisch entscheidbare Frage untersucht werden kann. Eine Angewandte Philosophie, die sich von diesen Quellen abschneidet, wird die in sie gesetzten Erwartungen nicht erfüllen können.

Damit liegt es nahe, das Verhältnis zwischen ihnen in Anlehnung an den
Wissenschaftstheoretiker Martin Carrier[19] positiv als ein *interaktives Verhältnis* zu
deuten: Das interaktive Modell geht davon aus, dass praktische Erfolge auf
theoretischer Durchdringung beruhen: Systematisch betriebene Grundlagen-

---

17 Kopelman 1990: 215.
18 Vgl. dazu die theorieskeptischen, ja zum Teil sogar theoriefeindlichen Positionen
der als „Antitheoretiker" in die jüngere Philosophiegeschichte eingegangenen Philosophinnen und Philosophen wie Baier 1985; Birchall 1978; Rorty 2001; aber auch Vieth
2006: 46, der Moraltheorien aus verschiedenen Gründen für hinderlich und irrelevant in
Anwendungskontexten hält.
19 Carrier 2007.

forschung ist eine unabdingbare Voraussetzung für erfolgreiche Technologie-entwicklung – das gilt auch für das Verhältnis der Angewandten Forschung zur Grundlagenforschung in der Philosophie. Gleichwohl sieht sich die Angewandte Forschung mit völlig anderen Herausforderungen konfrontiert als die Grundlagenforschung. Sie bildet andere Untersuchungsinteressen aus. Dementsprechend kann sie gar nicht anders als auch eigene Fragestellungen, Methoden, Konzepte und Theorien zu entwickeln und sich insgesamt als ein eigenständiger Bereich zu etablieren, der eine spezifische interne Forschungsdynamik entwickelt. Daraus ergeben sich aber wiederum innovative Rückkopplungseffekte auf die Grundlagenforschung, die durchaus zu einer Vertiefung des Wissens beitragen und auch für diesen Bereich neue Impulse setzen können. Entscheidend ist allerdings für Carrier, dass auch eine eigenständige, produktive Angewandte Forschung keine Sezessionsbestrebungen entwickeln sollte – eine von der Grundlagenforschung entkoppelte Angewandte Forschung zerstört sich selbst, so eine weit verbreitete, vermutlich nur allzu berechtigte Einsicht:

„Grundlagenforschung geht danach der Anwendungsforschung sowohl sachlich als auch zeitlich voran; jene bildet den Nährboden für diese. Konzentrierte man sich auf bloß praktische Aufgaben, so verzehrte man gleichsam das Saatkorn und beeinträchtigte dadurch die künftige Ernte. Angewandte Forschung drängte aus eigenem Anwendungsinteresse heraus auf die Gewinnung gehaltvoller Erkenntnis."[20]

In diesem Sinne muss auch die Angewandte Philosophie an einer prosperierenden Grundlagenforschung im Bereich der reinen Philosophie allergrößtes Interesse haben.

5 Pluralismus als Potential: Die Heterogenitätsthese

Die *Heterogenitätsthese* besagt, dass die Angewandte Philosophie intern einen Pluralismus im Hinblick auf Themen und Fragestellungen, Methoden sowie Selbstverständnis zu verzeichnen hat. Unübersichtlich wird die Themenvielfalt vor allem dadurch, dass die Theoretische und die Praktische Angewandte Philosophie jeweils ihre eigenen Diskurse und Forschungsfelder haben. Als Beispiele lassen sich in der Theoretischen Philosophie meines Erachtens vor allem die bereits angesprochenen verschiedenen Philosophien der Einzelwissenschaften und der Naturphilosophie, in der Praktischen Angewandten Ethik die bioethischen, medizinethischen und ökologischen Forschungsbereiche anführen, die jeweils ihre autarken, hochspezialisierten Diskurse ausgebildet haben. Hinzu kommen weitere, neuartige Themenfelder wie die Musik- oder Filmphilosophie, die im Überschneidungsbereich zwischen Praktischer und Theoretischer Ange-

---

20 Carrier 2005: 11.

wandter Philosophie anzusiedeln sind. Diese inhaltliche und methodische Vielfalt hat vielerlei Konsequenzen: Sie macht *erstens* eine einheitliche Charakterisierung schwer. Was immer man als Kerncharakteristikum der Angewandten Philosophie im Hinblick auf typische Inhalte oder Fragestellungen anführen möchte, lässt sich vermutlich leicht mit vielen Gegenbeispielen in Zweifel ziehen. Man kann bestimmte Methoden nennen, die aber nicht unbedingt charakteristisch für die Angewandte Philosophie sind. Man kann versuchen, das Selbstverständnis derjenigen zu beschreiben, die Angewandte Philosophie betreiben, aber auch das ist ein fragwürdiges Unternehmen. Die interne Heterogenität legt *zweitens* die Vermutung nahe, dass ,Anwendung' für die unterschiedlichen Forschungsvorhaben unterschiedliches bedeuten wird: Mag sich für einige die Anwendung darin erschöpfen, dass die Fragen von außen kommen, verstehen es andere so, dass sie tatsächlich ganz konkrete Entscheidungshilfen vorlegen und sich in aktuelle öffentliche Debatten konstruktiv einbringen möchten. Die interne Heterogenität legt *drittens* die Einschätzung nahe, dass die skeptischen Einwände zum Teil auf einer selektiven Wahrnehmung dieser internen Vielfalt beruhen und möglicherweise dadurch entkräftet werden können, dass man dazu einlädt, das gesamte Tableau der Themen, Diskurse und Methoden in den Blick zu nehmen.

Ich möchte vor diesem Hintergrund vorschlagen, innerhalb der Angewandten Philosophie Teilbereiche zu unterscheiden, die von divergierenden, wenngleich sich ergänzenden Intentionen geprägt sind. Man kann sich diese Binnendifferenzierung folgendermaßen vorstellen:

In der Angewandten Philosophie des Typs 1 geht es um die Entwicklung kontextspezifischer, bereichseigener Methoden, Fragestellungen, Konzepte und Theorien. Beispiele finden sich sowohl in der Praktischen als auch in der Theoretischen Angewandten Philosophie: In der Praktischen Angewandten Philosophie könnte man u. a. die vielen verschiedenen theoretischen Positionen in Bezug auf die Frage, ob und inwiefern Tierversuche ethisch zulässig sind, anführen; in der Theoretischen Philosophie die verschiedenen Konzepte zur Interpretation von Raum und Zeit im Kontext der Quantenmechanik oder zu Erklärungen in der Biologie oder auch die unterschiedlichen Theorien zur Ontologie von musikalischen Kunstwerken. Hier steht eine Frage im Zentrum des Interesses, die jeweils von außen – etwa aus anderen Wissenschaften – an die Philosophie herangetragen wird. Die philosophische Auseinandersetzung mit dieser Frage findet aber ,um ihrer selbst willen statt' und ist von einem intrinsischen Erkenntnisinteresse motiviert. Die Angewandte Philosophie des Typs 1 weist eine große Nähe zur reinen Philosophie auf und unterscheidet sich von dieser nur im Hinblick auf die Quelle ihrer Forschungsfragen. In diesem Teilbereich der Angewandten Philosophie kommt es denn auch vornehmlich zur bereits erwähnten Entwicklung eigenständiger Diskurse sowie für spezifische Anwendungskontexte generierter Methoden. Die Diskurse im Bereich der Angewandten Philosophie des Typs 1 entfalten eine inhaltliche Dynamik, die ihrerseits dazu führen kann, dass man sich intensiv der reinen Philosophie bzw. der Grundlagenforschung zuwendet, um dort

26

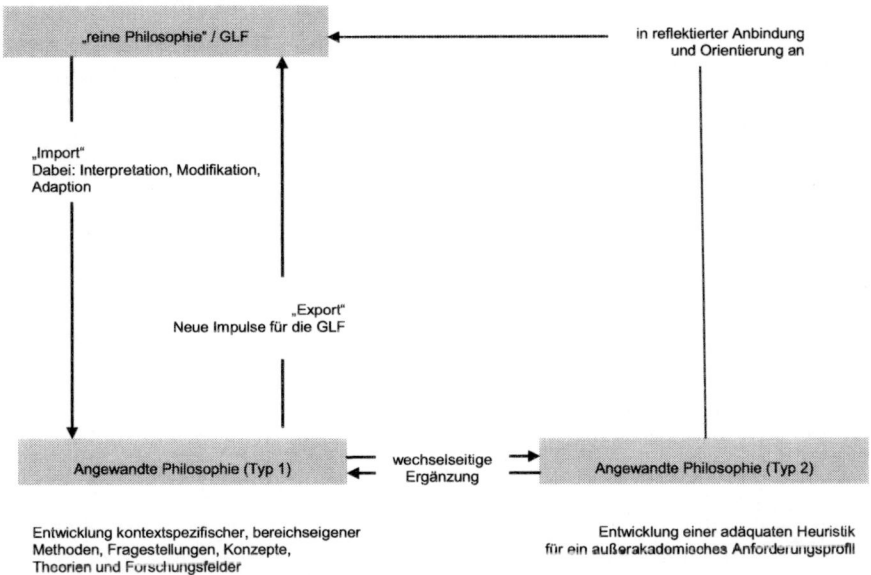

Abb. 2: Teilbereiche der Angewandten Philosophie

jene inhaltlichen und methodischen Ressourcen zu finden, ohne die ein Weiter-denken nicht möglich wäre. Wer etwa über Sterbehilfe nachdenkt, wird von der notwendigen Begriffsklärung der aktiven und passiven Sterbehilfe ausgehend schnell erkennen, dass man zur Vertiefung des Verständnisses des Ausgangs-problems darüber nachdenken sollte, inwiefern man auch für Unterlassungen moralisch verantwortlich zu machen ist und ob es angemessen ist, Personen für Handlungen in viel stärkerem Maße zur Verantwortung zu ziehen als für Unter-lassungen.[21] Man kommt im Zuge einer Reflexion dessen, was es heißt, selbst-bestimmt zu sterben, auch dazu, grundsätzlich den Begriff der Autonomie und der Selbstbestimmung zu durchdenken. Und damit ist man dann mitten in der reinen Philosophie, der Grundlagenforschung angekommen.

Die Angewandte Philosophie des Typs 2 ist viel stärker in öffentliche Kon-troversen und Diskurse eingebunden und auf diese hin orientiert. Die hier im Zentrum stehenden Fragen ergeben sich aus Kontexten wie Ethikkommitees, Expertengremien, öffentlichen Anhörungen und Anfragen von Seiten der Politik, unterschiedlicher öffentlicher und privater Institutionen oder den Medien. Hier liegt die Herausforderung darin, Einzelfälle genau und kontextintensiv zu un-tersuchen und zeitnah passgenaue Lösungsvorschläge oder Impulse für anste-hende politische oder rechtliche Entscheidungsprozesse zu entwickeln, die in der Praxis akzeptiert werden (können). Es kann im Sinne der von den Antitheore-

---

21 Vgl. dazu exemplarisch Birnbacher 1995.

tikern formulierten Einwände durchaus sinnvoll sein, sich in diesen Kontexten von den theoretischen Grundlagen der reinen Philosophie und der Angewandten Philosophie des Typs 1 zu lösen, ohne sie allerdings in ihrer grundsätzlichen Relevanz in Frage stellen zu wollen.[22] Diese Art der Forschung kann man mit Carrier gewiss in einem nicht-pejorativen Sinne als „Dienst am Kunden" verstehen.[23] Es spricht meines Erachtens für das innovative Potential der Philosophie, dass sie auch diese Komponente hat.

Viele der von den externen und internen Skeptikern geäußerten Einwände lassen sich entkräften, wenn man zwischen unterschiedlichen Teilbereichen innerhalb der Angewandten Philosophie unterscheidet und auch zwischen verschiedenen Konzepten von ‚Anwendung'. Dann wird deutlich, dass weite Bereiche der Angewandten Philosophie keineswegs einem oberflächlichen und verengten Anwendungsbegriff anhängen und die philosophische Tätigkeit dort nicht in einem allzu pragmatischen Sinne, losgelöst von der Grundlagenforschung, interpretiert wird. Man kann nachvollziehen, dass es eine große Nähe, wenn nicht sogar einen fließenden Übergang zwischen reiner und Angewandter Philosophie gibt und dass zwischen den beiden Teilbereichen der Angewandten Philosophie und der Grundlagenforschung vielfältige und komplexe wechselseitige Austausch-, Unterstützungs- und Anregungsbeziehungen bestehen, die insgesamt zu einer engeren Verzahnung der verschiedenen Territorien führen, als es angesichts der unterschiedlichen Grundausrichtungen den Anschein haben mag. Darin liegt zugleich das Potential der Angewandten Philosophie. Die interne Heterogenität erhöht nicht nur die Plausibilität der Eigenständigkeitsthese, sie unterstreicht zugleich die Interaktionsthese. Allerdings verweist sie auch auf die Notwendigkeit einer fortgesetzten Diskussion über das Profil, die Methoden und das Selbstverständnis der Angewandten Philosophie insgesamt und legt damit die Reflexionsthese nahe.

6   Gegen die interne und externe Skepsis: Die Reflexionsthese

Die *Reflexionsthese* besagt, dass die Angewandte Philosophie perspektivisch einen Metadiskurs über ihre Methoden und ihr Selbstverständnis braucht, um ihr Profil zu schärfen; u. a. mit dem Ziel, eine Metatheorie der Applikation philosophischen Denkens zu entwickeln. Warum könnte dies ein attraktives Unterfangen sein?

Der Grund liegt meines Erachtens darin, dass man die Angewandte Philosophie insgesamt als eine „Ja-aber-Philosophie" betrachten kann: Wie die skeptischen Einwände zeigen, kann man ihr gegenüber eine Reihe von „Ja-aber-Einwänden" formulieren. Sie ist ein etablierter, prosperierender Teilbereich der

---

22 Vgl. u. a. Nussbaum 2000.
23 Carrier 2007.

Philosophie, aber sie ist intern nicht unumstritten, wie sich gezeigt hat. Die Reflexionsthese antwortet auf dieses interne Unbehagen. Der Metadiskurs könnte eine Möglichkeit sein, die skeptischen Einwände, die sich gegen die vermeintliche Oberflächlichkeit, Seichtheit und Anspruchslosigkeit der Angewandten Forschung in der Philosophie richten, zu entkräften und aufzuzeigen, dass insbesondere im Teilbereich der Angewandten Philosophie des Typs 1 sowohl in der Theoretischen als auch in der Praktischen Philosophie Forschung betrieben wird, die sich methodisch und inhaltlich nicht vom wissenschaftlichen Niveau der Grundlagenforschung unterscheidet. Dabei geht es nicht nur um ein Rechtfertigungsvorhaben. Es geht vielmehr darum, sich die Bandbreite der Themen und Methoden vor Augen zu führen, um das Potential der Angewandten Philosophie besser einschätzen zu können. Das betrifft zum einen die genauere Kenntnis dessen, was innerhalb der Theoretischen Philosophie in der Angewandten Forschung getan wird, und zum anderen die Vernetzung der Theoretischen und der Praktischen Philosophie innerhalb der Angewandten Forschung. Angewandte Philosophie ist viel mehr als nur Angewandte Ethik oder gar Praktische Philosophie. Während man aber in der Regel über deren Inhalte recht gut informiert ist, liegt im Blick auf die Angewandte Theoretische Philosophie viel weniger Transparenz vor. Was genau ist hier neben der Wissenschaftsphilosophie bzw. -theorie und vielleicht der Argumentationstheorie noch einschlägig? Gibt es eine Angewandte Erkenntnistheorie oder Sprachphilosophie? Ontologische Fragestellungen spielen innerhalb der Wissenschaftstheorie oder auch der Musikphilosophie eine Rolle, aber gibt es auch eine Angewandte Ontologie oder gar Metaphysik? Dass man viele Fragen der Praktischen Philosophie nicht ohne Rückgriff auf die Theoretische Philosophie beantworten kann, ist bekannt und trivial. Aber gibt es aktuell Fragestellungen oder gar Forschungsbereiche, in denen es zu einem bisher nicht bekannten Brückenschlag zwischen Theoretischer und Praktischer Philosophie kommt? Zeichnen sich hier interessante Perspektiven für das Profil der Angewandten Philosophie ab?

Auch von Skeptikern wird durchaus zugestanden, dass die Angewandte Philosophie ein hohes innovatives Potential enthalte, *aber* dennoch eigentlich keine Neuheit sei – dies ist sicherlich richtig. Angewandte Philosophie gibt es genau so lang wie die Philosophie selbst. Angewandte Philosophie braucht den Anspruch auf eine exklusive Neuheit gar nicht zu erheben. Die Reflexionsthese macht allerdings darauf aufmerksam, dass ein Metadiskurs auch eine Art ‚Ortsbestimmung‘ sein kann, der offen legt, wo man sein innovatives Potential sieht und mit welchem Selbstverständnis die philosophische Tätigkeit stattfindet.

Die Angewandte Philosophie stößt auf Seiten der Öffentlichkeit auf großes Interesse, weil sie Orientierungswissen generiert, aber sie muss sich auch vor überzogenen Erwartungen schützen. Die Selbstvergewisserung kann dementsprechend auch eine Grundlage sein, auf der man die nicht einlösbaren Ansprüche der Öffentlichkeit zurückweist und deutlich macht, was genau möglich und was nicht möglich ist und worin die philosophische Tätigkeit besteht. Ein wichtiger Aspekt könnte dabei die Differenzierung der Teilbereiche des Typs 1 und des Typs 2 sein, mit ihren jeweils unterschiedlichen Erkenntnisinteressen, Orientierungen und internen Dynamiken. Zur Angewandten Philosophie gehört meiner Ansicht nach Kommunikationsbereitschaft im Hinblick auf die philosophische Arbeit, ihren (wissenschaftlichen) Anspruch und ihre Möglichkeiten und Grenzen. Die Diskussion und Kommunikation mit der interessierten Öffentlichkeit hat dementsprechend nicht nur eine inhaltliche, sondern auch eine sehr wichtige methodologische Komponente.

Erschwert wird dies dadurch, dass die Angewandte Philosophie zwar eine große Vielfalt in Forschung und Lehre aufweist, das Selbstverständnis derjenigen, die sie betreiben, jedoch weitgehend opak ist. Allgemeiner gesprochen: Sie ist für die Philosophie von großer Relevanz, *aber* ihr Profil ist unscharf. Einige Gründe dafür, warum dies kein *status quo* ist, mit dem man sich zufrieden geben sollte, habe ich angeführt. Der Metadiskurs könnte nach innen und außen fruchtbare Auswirkungen haben und die Attraktivität der Angewandten Philosophie noch deutlicher machen: Die Angewandte Philosophie ist methodisch und inhaltlich gut geeignet, die der Philosophie zugewiesene Orientierungsfunktion zu erfüllen; sie ist ein Weg, um auch die in der Philosophie angelegten „Vorräte" an den richtigen Punkten zugänglich und allgemein verfügbar zu machen.

7   Schluss

Ausgehend von intern und extern formulierten Zweifeln im Blick auf die Seriosität, das Leistungsvermögen und die grundsätzliche Notwendigkeit der Angewandten Philosophie habe ich vier Thesen formuliert, mit deren Hilfe ihr Profil deutlich werden sollte. Mag es auch auf den ersten Blick aussehen, als stünden die Interaktionsthese und die Eigenständigkeitsthese in einer gewissen inhaltlichen Spannung, ja vielleicht sogar in einem Widerspruch zueinander, hoffe ich gezeigt zu haben, dass sie sich gut vereinbaren lassen. Sowohl die Eigenständigkeit als auch die gleichzeitige Anbindung an die Grundlagenforschung sind zentrale Charakteristika der Angewandten Philosophie. Ihre Heterogenität erklärt, warum und auf welche Weise beides miteinander vereinbar ist: Es lassen sich innerhalb der Angewandten Philosophie Teilbereiche mit divergierenden Ansprüchen und Orientierungen unterscheiden. Diese Binnendifferenzierung zeigt darüber hinaus, dass „Anwendung" jeweils etwas Unterschiedliches bedeuten kann und auch in Bezug auf diesen zentralen Begriff innerhalb der Angewandten Philosophie unterschiedliche Konzepte wirksam werden können, ohne dass dies problematisch wäre. Ein Metadiskurs bzw. eine kritisch-konstruktive Auseinandersetzung mit ihren Inhalten, Methoden, Ansprüchen, Möglichkeiten, aber auch Grenzen wäre aus vielen Gründen ein wünschenswertes Unternehmen.

Angewandte Philosophie ist ein äußerst vielseitiger und vielschichtiger Teilbereich der Philosophie, mit neuen Perspektiven für die philosophische Tätigkeit:

Der Philosoph kann als Verbindungsglied zwischen Theoretischer und Praktischer Philosophie einerseits und Grundlagenforschung und Anwendung andererseits als innerphilosophischer Grenzgänger neue Themenfelder erschließen. Er kann als Moderator für die Vermittlung philosophischer Ideen und Konzepte auf der einen Seite sowie aktueller Themen und Fragestellungen der modernen pluralistischen Gesellschaft auf der anderen Seite öffentliche Wirksamkeit entfalten. Und er kann schließlich als Interpret von Methoden und Resultaten der modernen Naturwissenschaften und deren intellektueller, politischer, ethischer und sozialer Bedeutung wichtige philosophische Aufklärung im besten Sinne leisten.

Literatur

Archard, D. 2009. „Applying Philosophy: A Response to O'Neill", in: *Journal of Applied Philosophy* 26, 3: 238–244.

Arendt, H. 2006 (1967). *Wahrheit und Politik*, Berlin.

Beauchamp, T. L. / Childress, J. ⁵2001 (1979). *Principles of Biomedical Ethics*, Oxford.

Baier, A. 1985. „Doing Without Moral Theory?", in: Dies.: *Postures of the Mind: Essays on Mind and Morals*, London.

Birchall, C. 1978. „Moral Life as the Obstacle to the Development of Ethical Theory", in: *Inquiry* 21.

Birnbacher, D. 1995. *Tun und Unterlassen*, Stuttgart.

Carrier, M. 2007. „Wissenschaft als Dienst am Kunden", in: Falkenburg, B. (Hg.): *Philosophie im interdisziplinären Dialog*, Paderborn: 15–55.

– 2005. „Verwertungsdruck und Erkenntnisgewinn. Philosophische Reflektion angewandter Forschung", in: *Information Philosophie* 3: 7–19.

Geuss, R. 2011. „Wer das Sagen hat. Einige Überlegungen zum politischen Status von Autorität", Vortragsmanuskript.

Harrison-Barbet, A. 1990. *Mastering Philosophy*, Hampshire.

Kopelmann, L. 1990. „What is ‚Applied' about Applied Philosophy?", in: *The Journal of Medicine and Philosophy* 15: 199–218.

Nida-Rümelin, J. 2006. *Demokratie und Wahrheit*, München.

Nussbaum, M. C. 2000. *Vom Nutzen der Moraltheorie für das Leben*, Wien.

Rauprich, O. / Steger, F. 2005. *Prinzipienethik in der Biomedizin. Moralphilosophie und medizinische Praxis*, Frankfurt a. M.

Rorty, R. 2001. „Gefangen zwischen Kant und Dewey. Die gegenwärtige Lage der Moralphilosophie", in: *Deutsche Zeitschrift für Philosophie* 49, 2.

Stöckler, M. 1989. „Was kann man heute unter Naturphilosophie verstehen?", in: *Philosophia naturalis* 26: 1–18.

Vieth, A. 2006. *Einführung in die Angewandte Ethik*, Darmstadt.

Vollmer, G. 1998. „Denken auf Vorrat". Ein Interview, in: Borchers, D. / Brill, O. / Czaniera, U. (Hg.) *Einladung zum Denken. Eine Einführung in die Analytische Philosophie*, Wien.

Philosophische Begriffsanalyse. Ein Vorschlag

Jörg Hardy

In this essay I propose a model of philosophical conceptual analysis that might also serve as a common methodological basis for the various forms of applied philosophy. I elucidate the linguistic, the logical, and finally the social dimension of conceptual analysis, and I also try to show how it contributes to personal autonomy and conflict management.

> Der Zweck der Philosophie ist die logische Klärung der Gedanken.
> (Ludwig Wittgenstein, *Tractatus logico-philosophicus* 4.112)

> Die für uns wichtigsten Aspekte der Dinge sind durch ihre Einfachheit und Alltäglichkeit verborgen. ... Die eigentlichen Grundlagen seiner Forschung fallen dem Menschen gar nicht auf. Es sei denn, daß ihm *dies* einmal aufgefallen ist. – Und das heißt: das, was, einmal gesehen, das Auffallendste und Stärkste ist, fällt uns nicht auf.
> (Ludwig Wittgenstein, *Philosophische Untersuchungen* I, 129)

Ich möchte hier das Modell einer philosophischen Begriffsanalyse vorstellen, das auch als eine gemeinsame methodologische Grundlage der verschiedenen Unternehmungen einer angewandten Philosophie dienen mag.[1] Den Ausgang meiner Überlegungen bilden die philosophischen Fragen.[2]

1. Die philosophischen Fragen

Philosophen stellen die allgemeinsten Fragen, die wir stellen können. Sie lauten etwa: Was ist Wissen? Was ist Moral? Was ist Freiheit? Was ist Gerechtigkeit? Was ist Bedeutung? Durch solche allgemeinen Fragen machen Philosophen Selbstverständlichkeiten zu philosophischen Themen. Philosophen verwandeln das, was zunächst selbstverständlich zu sein scheint, mit Hilfe ihrer sehr allgemeinen Fragen in etwas Staunenswertes und Rätselhaftes, und die Rätsel, die sie konstruieren, suchen sie durch die Analyse unseres Sprachgebrauchs wiederum zu lösen.

---

1 Instruktive Einzelstudien zur Methodologie und zu speziellen Themen einer angewandten Philosophie versammelt der Band von Runtenberg / Rohbeck 2012.

2 Ich variiere hier Überlegungen zur philosophischen Begriffsanalyse aus Hardy / Schamberger 2012: 13–37.

Selbstverständlichkeiten kommen im gewöhnlichen Sprachgebrauch zum Ausdruck. Wir erkennen sie daran, dass sie Gegenstand von Wörtern sind, die wir problemlos, ohne Anstrengung oder gar Verwunderung in vielen Situationen immer wieder gebrauchen – und von unseren Mitmenschen sogleich verstanden werden. Wenn wir grundsätzlich verständliche Wörter und Sätze hören, bilden wir uns eine bestimmte, oft zunächst unscharfe Vorstellung des Gesagten, und diese Vorstellung ist eine Meinung, die sogleich Verbindungen mit vielen anderen Meinungen eingeht. Wir können gar nicht anders: Verstehen ist die Identifikation semantischer und logischer Information.

Sobald ein Phänomen aber zu einem philosophischen Thema geworden ist, verliert es seine Selbstverständlichkeit und wird zu einem staunenswerten Rätsel. Wenn Philosophen nun den Versuch unternehmen, ihre besonderen Fragen zu beantworten, möchten sie das zunächst Selbstverständliche mit Hilfe der Analyse unseres Sprachgebrauchs, d. h. der Art und Weise, wie wir über ein bestimmtes Thema sprechen, genauer verstehen. Mit anderen Worten: Philosophen möchten die Gedanken und Meinungen, die in unserem Sprachgebrauch zum Ausdruck kommen, möglichst genau klären und Gedanken so auf eine besondere, nachdrückliche Art und Weise *ernst* nehmen.[3]

Führen wir uns einige Selbstverständlichkeiten vor Augen. Es versteht sich von selbst, dass wir denken und unsere Gedanken mitteilen können. Es versteht sich von selbst, dass wir etwas wissen, unsere Wissensansprüche auch korrigieren und etwas Neues lernen können. Es versteht sich von selbst, dass wir Zeit erleben, so dass wir jetzt, in diesem (und jedem anderen) Augenblick (unseres Lebens, das wir *als* ein Leben *er*leben) eine Gegenwart erleben und vergangene und mögliche zukünftige Ereignisse mit dieser Gegenwart verknüpfen können. Es versteht sich von selbst, dass wir handeln können, mit unseren Handlungen bestimmte Ziele verfolgen und unsere Handlungen einen Sinn haben. Es versteht sich von selbst, dass wir mit einem freien Willen handeln, wenn wir jedenfalls keinem Zwang willfahren. Philosophen nennen solche Selbstverständlichkeiten auch Phänomene (es spricht nichts dagegen, auch komplexe Sachverhalte in diesem Sinne Phänomene zu nennen). Wir können uns freilich auch *fragen*, ob wir wirklich *wissen*, was wir meinen, wenn wir mit Selbstverständlichkeit Wörter gebrauchen, mit denen wir uns auf bestimmte Phänomene beziehen. Wenn wir das tun, machen wir das zuvor Selbstverständliche und auch unsere Meinungen ausdrücklich zum

---

3 Die philosophische Klärung von Gedanken ist nicht lediglich eine Angelegenheit der speziellen akademischen Disziplin namens „Philosophie", sondern vielmehr für jeden Menschen interessant und attraktiv, denn die Philosophie beschäftigt sich mit Themen, „die für unser Selbstverständnis, d. h für die Frage, wie wir uns selbst, unsere Situation und daher auch unsere Handlungsmöglichkeiten sehen, von entscheidender Bedeutung sind" (Schneider 2002: 191).

Thema. Die Phänomene verlieren dann ihre Selbstverständlichkeit und werden zum Gegenstand von Erklärungen und Hypothesen.[4]

Philosophische Fragen haben meiner Auffassung nach drei entscheidende Eigenschaften:

1. Philosophische Fragen sind die allgemeinsten Fragen, die wir stellen können. Diese Fragen haben die sprachliche Form „Was ist etwas?" bzw. „Was ist F?", wobei „F" ein genereller Terminus, d. h. ein Wort ist, das als Prädikat von Satzmengen fungiert. Wer danach fragt, was etwa Bedeutung, Wissen oder das Handeln ist, möchte wissen, was Bedeutung, Wissen oder das Handeln im Allgemeinen ist. Fragen dieser Art beziehen sich auf die gemeinsamen Eigenschaften der je besonderen Sachverhalte, die wir jeweils als „F" bezeichnen.
2. Philosophische Fragen entstehen durch eine größtmögliche gedankliche Distanz zu den Phänomenen und sind nicht in bestimmte Handlungskontexte eingebunden. Sie beziehen sich nicht auf ganz bestimmte Erfahrungen, sondern auf die allgemeinen Bedingungen, unter denen wir Erfahrungen machen. Philosophische Fragen beziehen sich, mit anderen Worten, auf den begrifflichen Hintergrund, vor dem sich unsere Erfahrungen insgesamt abspielen.
3. Philosophische Fragen beziehen sich auf die Art und Weise, in der wir im Alltag und in den Wissenschaften über bestimmte Phänomene sprechen und nachdenken.[5]

Philosophen beantworten ihre Fragen durch die spezifisch philosophische, höchst allgemeine und gleichwohl exakte Analyse der Art und Weise, in der wir über die Themen unserer allgemeinsten Fragen sprechen. Im philosophischen Nachdenken explizieren wir die allgemeinen, oftmals unausgesprochenen Überzeugun-

---

4 Man mag einwenden, dass Themen wie Gott und Unsterblichkeit, die gewiss zu den großen Themen der Philosophie gehören, keine Selbstverständlichkeiten wie etwa Raum und Zeit, Handlungen und Moral sind. Doch auch Gott und Unsterblichkeit sind in dem hier relevanten Sinne Selbstverständlichkeiten, nämlich in dem Sinne, dass viele Menschen, vor allem Philosophen, ganz selbstverständlich über diese Themen reden und eine recht klare, vertraute Vorstellung von Gott und Unsterblichkeit haben.

5 Rosenberg 2006: 21-22 erläutert diese Tatsache so, dass es in der Philosophie „um ein Erforschen der Methoden (geht), mit deren Hilfe wir nach Fakten suchen, um die Gründe und Rechtfertigungen, aufgrund derer wir sie behaupten, und um die Erforschung der Begriffe, mit denen wir Fakten beschreiben". Da philosophische Fragen sich auf die allgemeinen Bedingungen unserer Erfahrungen beziehen, machen Philosophen in der Erörterung ihrer Fragen oftmals auch sich selbst und ihre eigene Rolle als fragende und forschende Wesen ausdrücklich zum Thema. Philosophen fragen danach, „wie sie das, was in der Welt der Fall ist, und uns selbst, die wir uns stets auf vielfältige Weise auf eben diese Welt und das, was in ihr der Fall ist, beziehen, als ein Ganzes sinnvoll begreifen und denken (können)" (Tetens 2010: 224).

gen, die sich in unserem Sprachgebrauch verbergen. Diese Verfahrensweise wird von einigen Philosophen als „Begriffsanalyse" oder „conceptual analysis" bezeichnet. Ich spreche hier ebenfalls von Begriffsanalyse, gebrauche diesen Ausdruck aber in einem weiten (gleich noch etwas genauer erläuterten) Sinn, der nicht mit dem Bekenntnis zu einer bestimmten philosophischen Schule verbunden ist.

2. Die philosophische Perspektive

Mit der philosophischen Sicht auf zunächst vertraute Phänomene nehmen wir auch eine bestimmte Einstellung zu uns selbst, zu unseren eigenen Meinungen ein; wir machen unsere Meinungen ausdrücklich zum Thema und führen uns vor Augen, was wir (zumeist stillschweigend) über die Gegenstände philosophischer Fragen zu wissen meinen.

Stellen Sie sich vor: Sie unternehmen eine Reise nach Südkorea. Sie kommen auf dem Flughafen Seoul an, sehen dort unvertraute Zeichen auf Leuchttafeln und fragen Ihren orts- und sprachkundigen Begleiter: Was bedeutet das? Ihr Begleiter, der die Zeichen kennt, antwortet Ihnen: Das eine Zeichen bedeutet „Willkommen", das andere „Ausgang". Etwas später sehen sie während des Besuchs eines Tempels ein Symbol und fragen: Was bedeutet das? Die Antwort lautet: Das ist ein Zeichen für die Ewigkeit. Sie haben schon etwas Koreanisch gelernt, können einige Zeilen in einer Zeitung lesen, stoßen auf ein unbekanntes Wort und fragen sich, was dieses Wort bedeutet. Sie schauen im zweisprachigen Wörterbuch nach und bekommen dort eine – in den meisten Fällen – ausreichende Antwort. Sie wissen jetzt, was dieses Wort in dem Kontext des jeweiligen Satzes und Textes (einer bestimmten Textsorte) bedeutet.

All die eben genannten Fragen nach der Bedeutung von Zeichen sind spezielle Fragen, die in einen bestimmten Erfahrungskontext eingebettet sind. Mit solchen Fragen bezieht man sich auf spezielle Gegenstände oder Sachverhalte. Sie fragen sich, was bedeutet dieses Schild, dieses Wort, dieses Symbol, diese Geste? Sie können freilich auch allgemeinere Fragen stellen, die sich nicht auf spezielle Zeichen und deren Bedeutungen, sondern auf Eigenschaften beziehen, die verschiedenen Arten von Zeichen *gemeinsam* sind. So kann man fragen, welche Bedeutung eine bestimmte Art von Symbolen und Gesten hat. Für die Bedeutung eines Symbols kommt es etwa auf bestimmte Formen und Farben an. Die Hand zu heben bekommt eine besondere Bedeutung innerhalb der sozialen und rechtlichen Situation einer Versteigerung oder einer nicht geheimen Abstimmung. Wir können noch einen weiteren Schritt der Verallgemeinerung gehen: Wir können uns höchst allgemein fragen: Was *ist* überhaupt Bedeutung? Was ist ein Zeichen? Oder: Was heißt es, dass ein Zeichen etwas bedeutet? Was heißt es, eine Bedeutung zu erkennen und zu verstehen? Fragen dieser Art sind philosophische Fragen. Das Wissen über die Bedeutung ganz bestimmter Zeichen reicht freilich nicht aus, um die philosophische Frage „Was ist Bedeutung?" beantworten zu können. Dennoch werden Sie auf das, was Sie über die Bedeutung ganz bestimmter Zeichen wissen, zurückgreifen, um die höchst allgemeine, philosophische Frage danach, was Bedeutung ist, (jedenfalls hypothetisch) beantworten zu können. Sie gehen ja davon aus, dass die Bedeutungen verschiedener Zeichen etwas gemeinsam haben, nämlich das *Allgemeine*, was Sie stets *auch* meinen, wenn Sie sagen, dass ein bestimmtes Zeichen etwas ganz Bestimmtes bedeutet. Wenn wir dasselbe Wort „Bedeutung", genauer gesagt: das zweistellige Prädikat „Zeichen x bedeutet den Sachverhalt y", in ganz unterschiedlichen Situationen erfolgreich verwenden können, so gibt es offenbar Bedingungen für den erfolgreichen Gebrauch dieses Prädikats, die das zum Ausdruck bringen, was wir in *jedem* Falle *meinen*, wenn wir auf eine für uns selbst und unsere Gesprächspartner *verständliche* Weise jeweils sagen: „Zeichen x bedeutet den Sachverhalt y".

Als Sie Ihre Gesprächspartner gefragt oder ins Wörterbuch geschaut haben, sind Sie davon ausgegangen, dass Sie in der Tat verstehen können, was bestimmte, zunächst unvertraute und unbekannte Zeichen bedeuten. Da Sie von dieser berechtigten Annahme ausgehen, haben Sie ebenfalls eine Meinung darüber, was die Bedeutung eines Zeichens *ist*, d. h. eine Meinung über den allgemeinen Sachverhalt namens „Bedeutung". Sie mögen nicht ausdrücklich wissen, dass Sie diese Meinung haben, aber Sie haben sie. Glaubten Sie nicht zu wissen, was die Bedeutung eines Zeichens im allgemeinen ist, könnten Sie nicht danach fragen, welche Bedeutung Ihnen zunächst unvertraute Zeichen haben, und Sie könnten nicht davon ausgehen, dass Sie die richtigen Antworten auf diese Fragen wiederum *verstehen* können. In der Tat: Sie glauben zu wissen, was Bedeutung ist, denn Sie *fragen* nach der Bedeutung unvertrauter Zeichen und Sie verstehen die Antworten, die Sie bekommen, und *wissen* im Ergebnis Ihres Verstehens, was diese neuen, zunächst unvertrauten Zeichen bedeuten – und deshalb haben Sie wiederum eine entsprechende allgemeine Annahme über das, was Verstehen ist, und auch über das, was Wissen ist.

Variieren wir unser Beispiel (und sprechen jetzt aus der – exemplarischen – Perspektive der ersten Person): Ich bin erst seit einem Tag in Seoul und treffe am Frühstückstisch im Hotel jemanden, der mich fragt, ob ich weiß, wie die Hauptstadt Nordirlands heißt, ob ich Beethovens Neunte Symphonie kenne, ob ich den Zimmernachbarn in meinem Hotel kenne, ob ich weiß, was die physikalische Größe Arbeit ist, ob die Quadratwurzel der Zahl 2 irrational ist und ob ich weiß, wie man Go spielt. Das sind spezielle Fragen, in denen stets dasselbe zentrale Wort (Prädikat) auftaucht, nämlich „wissen" bzw. „kennen". Um die Beispielserie abzuschließen, fügen wir einen sehr speziellen Gebrauch von „wissen" noch hinzu. Ich frage meinen Gesprächspartner, der mir die eben genannten Fragen stellt, ob er denn gar nicht weiß, dass es sehr unhöflich ist, jemandem so viele Fragen auf einmal zu stellen. Aus Höflichkeit beantworte ich jedoch alle Fragen: Die Hauptstadt Nordirlands heißt Belfast. Ich kenne Beethovens Neunte Symphonie. Ich habe sie oft gehört, noch gestern Abend im Hotelzimmer. Ich kenne auch den Zimmernachbarn. Als ich gestern Abend die Neunte Symphonie auf der recht bescheidenen Musikanlage meines Hotelzimmers hörte, kam er herüber und beschwerte sich über die Musik, die ihm den Schlaf raube. Die physikalische Größe Arbeit ist das Produkt aus Kraft und Weg. Die Quadratwurzel der Zahl 2 ist irrational. Ich weiß, wie man Go spielt, spiele es aber nicht sehr gut. Über diese vielen richtigen Antworten freut sich mein Gesprächspartner und deshalb beantwortet er auch meine Frage: „Entschuldigen Sie bitte die vielen Fragen. Ich wusste nicht, dass dies unhöflich ist. Hier gilt es als Zeichen der Höflichkeit, wenn man einem Fremden viele Fragen stellt, die er aller Voraussicht nach richtig beantworten kann. Das bedeutet, dass man ihn für einen klugen Menschen hält." Ich antworte: „Vielen Dank, jetzt kenne ich auch einen wichtigen kulturellen Unterschied. Bei uns zuhause halten sich die Menschen meistens gegenseitig leider nicht für klug und stellen am liebsten Fragen, die ihre Gesprächspartner aller Voraussicht nach nicht beantworten können."

In den vielen verschiedenen Fragen ist in unterschiedlicher Weise von „wissen" oder „kennen" die Rede. Einige Fragen sind Informationsfragen. Wenn ich sie beantworten kann, verfüge ich über ein entsprechendes aktuelles Faktenwissen. Die Kenntnis, die ich von der Neunten Symphonie habe, ist von anderer Art. Sie besteht in einer Vertrautheit mit Dingen, die man im Englischen „knowledge by aquaintance" nennt. Zu wissen, wie man Go spielt, ist ein dispositionales Wissen, ein „knowing how to", über das man verfügt, wenn man eine Praxis in einem bestimmten Grad beherrscht. Die Regeln des Go zu kennen, reicht dafür nicht aus; ich muss das Spiel in bestimmten Situationen beherrschen und eine gewisse Spielstärke besitzen. Das Wissen über die physikalische Größe Arbeit ist das Wissen über ein physikalisches Gesetz. Wenn ich allerdings nichts Genaueres darüber sagen könnte, würden wir wohl zögern, zu sagen, dass ich wirklich weiß, was physikalische Arbeit ist. Ich könnte ja auch lediglich davon gehört haben, ohne den Sachverhalt wirklich zu verstehen. Das Wissen über die Irrationalität der Quadratwurzel der Zahl 2 ist sehr elementares mathematisches Wissen. Auch in diesem Falle würde mein Gesprächspartner wohl erwarten, dass ich den Begriff der Irrationalität definieren kann. Die Frage danach, ob eine bestimmte Handlung höflich oder unhöflich ist, bezieht sich auf soziale Konventionen und ein entsprechendes normatives Wissen.

Wenn Sie nun die Überzeugungen über das Wissen im allgemeinen, die den je besonderen, kontextabhängigen Verwendungen der Prädikate „wissen" und „kennen" zugrundeliegen, ausdrücklich klären (und prüfen) möchten, stellen Sie die philosophische Frage danach, was Wissen ist.

3. Philosophische Begriffsanalyse

Philosophische Fragen sind der Auftakt der Begriffsanalyse. Wenn wir in philosophischer Weise über ein bestimmtes Thema nachdenken, analysieren wir den Gebrauch der Begriffe, mit denen wir über dieses Thema sprechen. Begriffe sind Wörter, die als Prädikate von Sätzen bzw. Satzmengen fungieren. Sätze bringen Meinungen bzw. Überzeugungen sprachlich zum Ausdruck. In der philosophischen Begriffsanalyse explizieren wir den Gehalt und den Zusammenhang derjenigen (sehr) allgemeinen Überzeugungen, die unseren je besonderen Urteilen über ganz bestimmte Sachverhalte, Ereignisse oder Personen zugrundeliegen. Diese Überzeugungen sind der gemeinsame Hintergrund unseres Nachdenkens über das, was in der Welt der Fall ist. Mit ihrer Hilfe organisieren wir unsere Erfahrungen. Zu diesem begrifflichen Hintergrund (oder Rahmen) unserer Erfahrungen gehören etwa die Ideen der Handlung, der Rationalität (oder Vernunft), des Wollens, der Person und der Existenz raum-zeitlich bestimmbarer Einzeldinge. Unsere Hintergrundüberzeugungen bilden einen logischen (oder: inferentiellen) und zugleich einen allgemeinen, inhaltlich gehaltvollen Zusammenhang. Der inhaltliche Zusammenhang besteht darin, dass diese Überzeugungen eine elementare Information darüber enthalten, *was* bestimmte Sachverhalte wie Handlungen, Bedeutungen oder Personen *sind*.[6]

Freilich haben nicht alle Menschen die gleichen Meinungen über die Themen, die Gegenstand philosophischer Fragen sind (oder sein können).[7] Das gilt auch für die Fachphilosophen; es gibt wohl kein Thema, über das sie sich nicht streiten.

---

6 In seinem Kommentar zu Kants Kritik der reinen Vernunft charakterisiert Peter Strawson (1992: 14) das Kantische methodische Programm als „die Erforschung desjenigen Rahmens von Vorstellungen und Grundsätzen, deren Gebrauch und Anwendung wesentlich für empirisches Wissen ist und die in jeder kohärenten Konzeption von Erfahrung, die wir ausbilden können, enthalten sind". Was man mit Strawson den Rahmen von Vorstellungen bzw. den Rahmen von Erfahrungen nennen mag, ist nach meiner Auffassung, wie gesagt, der allgemeine, logische und zugleich elementar informativ gehaltvolle Zusammenhang derjenigen Überzeugungen, die unseren Meinungen über (und unserer sprachlichen Bezugnahme auf) ganz bestimmte Sachverhalte zugrundeliegen.

7 Deshalb stellen Studierende der Philosophie immer wieder die berechtigte Frage, weshalb man philosophische Aussagen über umstrittene Themen wie Gerechtigkeit, Moral oder Würde dennoch in der Form von Allaussagen bzw. Definitionen ausdrücken sollte. Dafür gibt es einen guten Grund: Wenn wir dasselbe Prädikat „F" auf viele verschiedene Sachverhalte anwenden, gehen wir, wie gesagt, davon aus, dass alle diese Sachverhalte gemeinsame Merkmale haben, die den allgemeinen (abstrakten) Sachverhalt F darstellen. Die Klärung des Zusammenhangs unserer Hintergrundüberzeugungen über eben solche allgemeinen Sachverhalte gelingt wohl am besten, wenn wir den Geltungsanspruch dieser Überzeugungen nicht von vornherein einschränken, sondern in der Form von Definitionen, d. h. Allaussagen ausdrücken, um sie so anhand möglichst vieler Beispiele (und Gegenbeispiele) präzisieren und prüfen zu können.

Aber der grundlegende Zusammenhang der Überzeugungen über allgemeine Sachverhalte wie Person und Handlung oder Bedeutung und Wissen ist für die Mitglieder einer Sprachgemeinschaft in einem recht weiten Umfang durchaus derselbe, nämlich in dem Umfang, der eben den begrifflichen Hintergrund bildet, innerhalb dessen wir dieselben Themen wie etwa Bedeutung, Wissen, Moral oder Freiheit gleichwohl auf (teils sogar sehr) *unterschiedliche* Weise *näher* interpretieren können.

Philosophische Begriffsanalyse hat eine generelle logische, eine persönliche und auch eine soziale, kommunikative Dimension. Betrachten wir zunächst die generelle logische Dimension der Begriffsanalyse und blicken wir zum Beispiel auf die wohlvertraute Rede von Handlungen.

3.1 Ein Beispiel: Handeln

In den folgenden Fällen führen Personen Handlungen aus: Evita singt ein Lied über Argentinien. John sucht in Barcelona nach seinem Ford. Jörg segelt mit der „Ghost" von Hamburg nach New York. Maria übersetzt „Anna Karenina" ins Sanskrit. All dies sind absichtliche, überlegte Handlungen. Wenn wir davon ausgehen, dass es gemeinsame Elemente dieser Handlungen gibt, stellen wir uns die philosophischen Fragen: Was bedeuten die Wörter „handeln" und „Handlung"? Und: Was *ist* eine Handlung? Mit der ersten Frage möchten wir wissen, was wir meinen, wenn wir ein bestimmtes Prädikat gebrauchen. Mit der zweiten Frage möchten wir wissen, unter welchen Bedingungen der (allgemeine) Sachverhalt besteht, auf den wir uns mit einem bestimmten Prädikat sprachlich beziehen. Diese beiden Arten von Fragen sind so miteinander verknüpft: Einen Satz zu verstehen heißt seine Wahrheitsbedingungen zu kennen.[8] Wenn wir die Frage nach der Bedeutung eines Prädikats (Begriffs) beantworten, geben wir die Wahrheitsbedingungen der entsprechenden Sätze an und äußern damit eine Meinung darüber, dass etwas in der Welt, auf die wir uns mit unseren sprachlichen Äußerungen beziehen, unter bestimmten Bedingungen der Fall ist. Wenn wir unsere Meinungen ausdrücklich klären, möchten wir freilich auch wissen, ob sie wahr sind, ob also etwas in der Welt tatsächlich der Fall ist. In der philosophischen Begriffsanalyse suchen wir, wie gesagt, nach den *gemeinsamen* Bedingungen unseres Wortgebrauchs, d. h. den Bedingungen, die in all unseren vielfältigen, je verschiedenen und jeweils situationsabhängigen Gebrauchsweisen eines Prädikats die gleichen sind. (Freilich sind die Bedingungen unseres Sprachgebrauchs außerordentlich komplex. Die Bedingungen, auf die es in der philosophischen Begriffsanalyse ankommt, sind die Meinungen über allgemeine Sachverhalte, die

---

8 Mit den Worten von Wittgenstein (*Logisch-Philosophische Abhandlung. Tractatus logico-philosophicus* 4.024): „Einen Satz verstehen, heißt, wissen, was der Fall ist, wenn er wahr ist." Diese logisch-semantische Tatsache erläutert ausführlich Davidson 1990.

in dem Gebrauch eines bestimmten Prädikats sprachlich zum Ausdruck kommen.)

Einen bestimmten Begriff zu verwenden heißt nicht in jedem Falle, dass die Sprecher stets ein ganz bestimmtes Wort (Lexem) gebrauchen. Derselbe Begriff kann in verschiedenen Wörtern (freien Lexemen) sprachlich zum Ausdruck kommen. In unseren Beispielen verwenden Sprecher auch dann den Begriff der Handlung, wenn sie Verben wie „singen", „suchen" oder „segeln" gebrauchen. Die Vorgänge, die man meint, wenn man solche Verben gebraucht, fallen (aus begriffsanalytischer Sicht) unter den Begriff der Handlung – ganz einfach deshalb, weil es sich in all diesen Vorgängen der Sache nach so verhält, dass Personen handeln. Das Wort „Handlung" ist ein Kollektivsingular, mit dem man sich summarisch auf alle diese Vorgänge beziehen kann. Der philosophisch relevante *Begriff* der Handlung erfüllt eine allgemeine logische Funktion in der Organisation unserer Erfahrungen mit den je speziellen Handlungen, auf die wir uns dann beziehen, wenn wir in ganz bestimmten praktischen Kontexten die oben genannten Wörter gebrauchen.

Was ist allen Handlungen gemeinsam? Handlungen beruhen auf Überlegungen und Entscheidungen; sie entspringen dem Willen einer Person. Die Idee des Wollens hängt mit einer Reihe weiterer Ideen zusammen: Wir verstehen uns als Personen, die Urheber ihrer Handlungen sind. Etwas zu wollen heißt sich aufgrund von *eigenen* Überlegungen selbst für eine bestimmte Handlung *entschieden* zu haben. Mit „wollen" und „entscheiden" ist ein wichtiger normativer Begriff verknüpft: Verantwortung. Wir schreiben den Urhebern von Handlungen Verantwortung zu. Verantwortlich ist, wer das, was er getan hat, auch tun wollte. Würden wir nur das tun, wozu uns andere Personen zwingen oder wozu uns unüberwindbare äußere Einflüsse drängen und könnten wir niemals selbst zwischen alternativen Handlungsmöglichkeiten wählen, so hätten Begriffe wie „Handeln", „Wollen" und „Entscheiden" keinen Sinn. Sie erfüllten keine Funktion in der logischen Organisation unserer Erfahrungen. Freilich kennen wir die Erfahrung, frei und zuweilen auch unfrei, also unter Zwang zu handeln und deshalb verfügen wir über entsprechende Begriffe, um diese Erfahrungen auf einer sehr allgemeinen Ebene gedanklich zu ordnen.

Wenn wir von dem Begriff der Handlung ausgehen, können wir den Zusammenhang mit den anderen genannten Begriffen grob auf die folgende Weise darstellen: Wenn wir uns für eine bestimmte Handlung entscheiden, bilden wir uns aufgrund von Überlegungen einen handlungswirksamen Wunsch und haben uns aus bestimmten *Gründen* für eine Handlung entschieden. Wenn wir etwas begründen, halten wir bestimmte Meinungen für wahr oder falsch und können Meinungen so miteinander verknüpfen, dass die Wahrheit bestimmter Meinungen (der jeweiligen Gründe) auf andere Meinungen übergeht. Meinungen begründen zu können bedeutet die Ideen der Wahrheit und der logischen Folgerung zu kennen. Sich mit Gründen für eine bestimmte Handlung entscheiden zu können, bedeutet auch, sich Möglichkeiten, nämlich mögliche Handlungsspielräume

40

und mögliche Handlungsfolgen vorstellen zu können. Entscheidungen zu treffen erfordert eine exakte Phantasie. Die Idee der Handlung ist so mit den Ideen des Wollens, des Entscheidens, der Gründe, der Wahrheit, der logischen Folgerung und der Phantasie verknüpft. Wenn wir weiteren begrifflichen Verbindungen nachgehen, werden wir schließlich erkennen, dass die Idee der Handlung mit der umfassenden Idee der Person verknüpft ist. Personen haben die Fähigkeiten, von denen wir eben unter den Begriffen des Handelns und Wollens gesprochen haben. Personen sind Wesen, die leibliche und mentale (seelische) Eigenschaften haben, und wenn wir uns die – wiederum philosophische – Frage stellen, wie beides miteinander zusammenhängt, so haben wir das Leib-Seele-Problem als ein philosophisches Thema (neu) entdeckt. (Andere Autoren mögen den hier dargestellten Zusammenhang der Begriffe, die um das Zentrum der Handlung kreisen, anders rekonstruieren. Das gehört zur ‚demokratischen Pluralität‘ der Philosophie. Jede begriffsanalytische Rekonstruktion ist stets nur ein Vorschlag zur Diskussion.)

Mit Hilfe der philosophischen Begriffsanalyse können wir theoretische Probleme lösen. Betrachten wir noch einmal das Beispiel des absichtlichen, überlegten und insofern einem freien Willen entspringenden Handelns. In der Geschichte der Philosophie hat sich ein theoretischer Konflikt herausgebildet, der sich in einer vereinfachten und zugespitzten Form so formulieren lässt: Das gesamte natürliche Geschehen, auch das menschliche Wollen, ist kausalgesetzlich determiniert und daher auch – jedenfalls grundsätzlich – kausalgesetzlich erklärbar, indem man die notwendigen und hinreichenden Bedingungen von Ereignissen angibt, und diese Bedingungen lassen sich vollständig in einer naturalistischen, im Falle des Wollens: neurobiologischen Sprache darstellen. Die Annahme eines freien Willens scheint mit dieser Tatsache jedoch unvereinbar zu sein. Der freie Wille ist, so scheint es, entweder ein ganz unbedingter Wille, der unabhängig und gleichsam unbeirrt von Naturgesetzen in den Lauf der Welt eingreifen kann, oder er ist eine kausalgesetzlich unerklärliche Illusion.[9]

Das theoretische Problem des freien Willens lässt sich begriffsanalytisch lösen, wenn wir die philosophischen Fragen stellen: Was genau meinen wir, wenn wir von einem freien Willen sprechen? Welche Auffassung des Wollens brauchen wir, um die Ideen der Urheberschaft, der Entscheidung und der Verantwortlichkeit verstehen zu können? Eine mögliche Problemlösung besteht darin, dass wir verschiedene, logisch miteinander vereinbare Arten der Beschreibung und Erklärung desselben Sachverhalts, d. h. des überlegten Wollens unterscheiden. Eine Person bildet sich einen bestimmten Willen aufgrund ihrer abwägenden Überlegungen, und auch dies sind Bedingungen, die einen Willen festlegen. Diese Bedingungen lassen sich sowohl in der Alltagssprache als auch in einer neurobiologischen Sprache beschreiben und (auf je andere Art und Weise) erklären. Wäre

---

9 Zu den vielen Facetten des philosophischen Problems der Willensfreiheit vgl. Keil ²2012.

der freie Wille in jeder Hinsicht unbedingt, so gäbe es auch keine Bedingungen des Wünschens, Abwägens und Entscheidens, die ihn als einen jeweils ganz *bestimmten* Willen festlegen. Ein gänzlich unbedingter Wille wäre der (unmögliche) Wille von niemandem.[10] Und die Tatsache, dass sich die Bedingungen des Überlegens, Abwägens und Entscheidens auch kausalgesetzlich beschreiben lassen, macht das abwägende Wollen nicht bereits zu einer Illusion.

3.2 Ein Überlegungsgleichgewicht zwischen dem Allgemeinen und dem Besonderen

In der begriffsanalytischen Explikation und Prüfung unserer Meinungen bemühen wir uns m. E. um ein Überlegungsgleichgewicht: Wir gehen von exemplarischen (klaren und eindeutigen) Fällen aus, die unter ein bestimmtes Prädikat „F" fallen, formulieren von dort aus zunächst eine Beschreibung (oder Definition) des *allgemeinen* Sachverhalts F und prüfen sodann, ob andere, unsichere Fälle ebenfalls unter F fallen, versuchen den Umfang und die Intension der Beschreibung des Sachverhalts F also zu erweitern bzw. zu präzisieren. Wenn wir erkennen, dass weitere Sachverhalte unter F fallen, von unserer ursprünglichen Beschreibung (oder Definition) aber nicht erfasst werden, ergänzen oder korrigieren wir diese Beschreibung. Ein klarer Fall einer Handlung ist zum Beispiel ein absichtliches, überlegtes Gehen von einem bestimmten Ort A zu einem vorher ausgewählten anderen Ort B, während es etwa unklar ist, ob jemand wirklich handelt, wenn er sich von A nach B bewegt, weil er gedankenverloren jemand anderem folgt, der gerade vor ihm läuft. Wer die Straftat der Körperverletzung begeht, verletzt klarerweise auch die Würde seines Opfers. Hingegen ist es nicht klar, ob etwa auch ein geringfügiger Diebstahl eine Würdeverletzung ist. Wenn wir aber zu der Überzeugung gelangen, dass auch derjenige, der ohne eigene abwägende Überlegungen jemand anderem folgt, eine Handlung ausführt und auch ein geringfügiger Diebstahl die Würde des Bestohlenen verletzt, müssen wir unsere Beschreibungen bzw. Definitionen von Handlung und Würde so formulieren, dass sie auch diese Fälle einschließen. Wenn man weitere mögliche Fälle von F in den Blick nimmt, kann man den Umfang einer Definition von F (zunächst einmal probeweise) erweitern und so vor allem auch das entsprechende Definiens anhand weiterer (exemplarischer) Sachverhalte näher erläutern und veranschaulichen. Das philosophische Nachdenken ist ein beständiges Wechselspiel zwischen der Abstraktion und Verallgemeinerung, die zur Bildung philosophischer Hypothesen und Definitionen von F führt, und der Spezifizierung sowie auch der Prüfung hypothetischer Definitionen an einzelnen, teils ihrerseits zunächst einmal hypothetischen Fällen von F.[11]

---

10 Ausführlich erläutert Bieri 2001 diese These.

11 Die Grundzüge dieser Methode demonstriert Platon in seinen sokratischen Dia-

Eine Idee wie diejenige der Handlung zu kennen heißt eine Meinung über einen allgemeinen Sachverhalt wie denjenigen des Handelns zu haben und das entsprechende Prädikat „handeln" in vielen einzelnen Fällen in derselben allgemeinen Weise, d. h. mit derselben Funktion zu gebrauchen. Wenn wir die zuvor genannten Begriffe aus dem Bereich des Handelns gebrauchen, so teilen wir bestimmte Hintergrundüberzeugungen über das, was Handlungen im Allgemeinen sind, mit anderen Menschen, die ebenfalls auf eine für sie selbst und andere Menschen verständliche Weise von Handlungen sprechen. Auf der Grundlage eines gemeinsamen Sprachgebrauchs können sich die verschiedenen Sprecher einer Sprachgemeinschaft wiederum ganz unterschiedliche, spezielle, *inhaltlich reichhaltigere* Überzeugungen über Handlungen, Entscheiden, Wollen, Verantwortung, Wahrheit, Würde etc. bilden. Die inhaltlich reicheren Überzeugungen bzw. Theorien bewegen sich auf einer *mittleren* Ebene der Allgemeinheit, die zwischen den höchst allgemeinen Begriffsverknüpfungen und dem Sprachgebrauch (und den Überzeugungen) einer individuellen Person liegt.

4. Begriffsanalyse und logische Analyse

Die Überzeugungen, die im Hintergrund unserer Erfahrungen stehen, bilden, wie gesagt, einen logischen und zugleich allgemeinen, inhaltlich gehaltvollen Zusammenhang. Wenn wir bestimmte Meinungen zueinander in Beziehung setzen, machen wir von logischen Ausdrücken Gebrauch, so etwa dann, wenn wir annehmen, dass eine bestimmte Meinung genau dann wahr ist, wenn andere Meinungen wahr sind und bestimmte Meinungen gemeinsam wahr sein können oder nicht gemeinsam wahr sein können. Wir verfügen über eine recht zuverlässige, intuitive Fähigkeit des korrekten Gebrauchs logischer Ausdrücke. Wenn wir sie korrekt verwenden, verknüpfen wir unsere Meinungen zu logisch gültigen Argumenten. Die entscheidende logische Beziehung ist diejenige der logischen Implikation oder logischen Folgerung: Eine Annahme A impliziert eine andere Annahme B, wenn die Wahrheit von B in der Wahrheit von A enthalten ist. Implikation bedeutet Wahrheitstransfer: Wenn eine Annahme A eine andere Annahme B impliziert, dann wird, falls A wahr ist, die Wahrheit von A nach B übertragen und dann ist es (logisch) nicht möglich, dass A wahr und B nicht wahr

logen, vgl. dazu Hardy 2014. Mit der Vorstellung eines Überlegungsgleichgewichts arbeiten auch Goodman und Rawls, mit jeweils anderen *explananda* und Zielen. Goodman (1978: 68) geht es um die Rechtfertigung logischer Regeln, Rawls (1971: 39) um die Rechtfertigung von Gerechtigkeitsgrundsätzen und moralischen Urteilen. Eine kritische Diskussion verschiedener Auffassungen eines Überlegungsgleichgewichts bietet Hahn 2000.

ist. Der Wahrheitstransfer wird einzig und allein durch die logische *Form* eines Arguments gewährleistet.[12]

Wenn wir den Zusammenhang von Meinungen über ein bestimmtes Thema genau kennen, können wir prüfen, ob sich eine bestimmte Meinung mit anderen Meinungen auf eine formal korrekte Weise überhaupt begründen lässt. Das ist der Schritt von der Begriffsanalyse zur logischen Analyse. In der logischen Analyse ermitteln wir die logischen Beziehungen zwischen den Meinungen bzw. Annahmen, die zusammen ein Argument bilden – und wissen dann jedenfalls ganz genau, *wie* bestimmte Meinungen miteinander verknüpft sind.

5. Begriffsanalyse und gedankliche Selbstbestimmung

Begriffsanalyse hat auch eine persönliche Dimension; sie leistet einen Beitrag zur individuellen Selbstbestimmung. Wenn wir bestimmte Meinungen haben, so haben wir Gründe für diese Meinungen, genauer gesagt: Meinungen, die als Gründe für jeweils andere Meinungen fungieren. Diese Tatsache ist dann von besonderer Bedeutung, wenn wir glauben, etwas zu wissen. Die Meinungen, die wir als Wissen auszeichnen, sind Meinungen, die sich auf Gründe, also andere Meinungen stützen, die uns besonders sicher und zuverlässig zu sein scheinen. Wenn wir etwas wissen, dann haben wir uns eine bestimmte Meinung unter *jeweils bestmöglichen* epistemischen Bedingungen gebildet, also alle empirischen und logischen Gründe, die für oder gegen eine bestimmte Meinung sprechen, sorgfältig geprüft. Meinungen, die wir uns auf eine jeweils bestmögliche Weise gebildet haben, nennen wir auch dann Wissen, wenn wir uns durchaus vorstellen können, dass wir solche Meinungen unter noch besseren Bedingungen des Nachdenkens gegebenenfalls korrigierten. Solange wir etwas zu wissen glauben, sind wir der Meinung, dass wir uns eine bestimmte Meinung, wie gesagt, unter den jeweils bestmöglichen Bedingungen gebildet haben. Wir wissen, dass sich aus der Addition der Zahlen 7 und 5 die Zahl 12 ergibt, wenn wir unsere einmal erlernten elementaren arithmetischen Fähigkeiten erfolgreich anzuwenden vermögen. Und wenn wir wissen, dass die Gleichung $5 + 7 = 12$ das Ergebnis der korrekten Anwendung der Additionsregel ist, so wissen wir – in der Form eines Wissens zweiter Ordnung – auch, dass wir uns die Meinung, dass es sich so verhält, unter den bestmöglichen (in diesem Falle sogar idealen, infalliblen) Bedingungen gebildet haben.

Wir kennen selbstverständlich nicht alle Meinungen, die wir tatsächlich haben, mit der Genauigkeit, in der wir sie (jedenfalls grundsätzlich) zu kennen wünschen. Wir wissen nicht immer ganz genau, welche logischen Beziehungen zwischen unseren (in einem bestimmten Bereich jeweils relevanten) Meinungen bestehen. Aber wir möchten es wissen. Wenn wir unseren Sprachgebrauch analysieren,

---

12 Mehr dazu in Hardy / Schamberger 2012: 39–46.

werden wir auf die unausgesprochenen Implikationen unserer Meinungen aufmerksam, und wenn wir unsere eigenen Meinungen und Gründe genau kennen, können wir gute und weniger gute Gründe unterscheiden und viele Irrtümer korrigieren, die sich unbemerkt in unsere Meinungen eingeschlichen haben.

Die Klärung und Prüfung unserer Meinungen ist ein zentrales Element unserer gedanklichen Selbstbestimmung. Die Meinungen einer Person sind auf vielfältige Weise mit ihren Wünschen verflochten. Wenn wir (möglichst) genau wissen, was wir über bestimmte Sachverhalte denken und *ebenfalls* wissen, welche *Wünsche* / Interessen wir haben, können wir unsere Meinungen und Wünsche / Interessen so zusammenfügen, dass sie zueinander passen. Gedankliche Selbstbestimmung ist die Fähigkeit, das Zusammenspiel der eigenen Meinungen und Wünsche auf eine wiederum insgesamt wünschenswerte Weise, nämlich im Blick auf unsere vorrangigen Handlungsziele lenken zu können. Gelingende gedankliche Selbstbestimmung führt zu *disponiblen* mentalen Zuständen; disponible Meinungen und Wünsche stehen uns in der Weise ausdrücklich zur Verfügung, dass wir den Gehalt unserer Meinungen und auch die motivationale Stärke unserer Wünsche so *genau* kennen, dass wir sie bestätigen und verstärken oder auch verändern können. Auch das ist eine wichtige Leistung des (im weiteren Sinne) philosophischen Nachdenkens: Wenn wir unsere Meinungen und Wünsche genau kennen, haben wir die Möglichkeit, mit (einem jeweils bestmöglichen) Wissen über uns selbst und die Welt zu handeln.[13]

6. Begriffsanalyse und Konfliktlösung

Philosophische Begriffsanalyse hat schließlich auch eine soziale, kommunikative Dimension. Wir wissen oftmals nicht ganz genau, welchen Zusammenhang von Gründen die Meinungen anderer Menschen bilden. Aber auch das möchten wir wissen – jedenfalls dann, wenn wir selbst ein großes Interesse an der Auseinandersetzung mit den Meinungen anderer Menschen haben und deren Meinungen verstehen und prüfen wollen. Die Überzeugungen anderer Menschen genau zu verstehen ist vor allem dann sehr wichtig, wenn man Konflikte lösen möchte.

Philosophische Begriffsanalyse ermöglicht, wie gesagt, die Lösung theoretischer Probleme wie etwa dasjenige des freien Willens. Jemand, der an dem lebensweltlichen Sinn der philosophischen Begriffsanalyse zweifelt, mag nun sagen: „Gut, auf einer sehr allgemeinen, theoretischen Ebene mögen philosophische Fragen ihren Sinn haben. Außerhalb der Philosophie haben sie aber keinen guten Sinn. Philosophische Untersuchungen können uns in der Bewältigung von Konflikten über Sachverhalte, die keine philosophische Theorie über das Leben, sondern vielmehr unser wirkliches Leben betreffen, keine Hilfe leis-

---

13 Ich erläutere diesen Aspekt der gedanklichen Selbstbestimmung in Hardy 2011: 341–405.

ten, so etwa im Falle von Konflikten über die Freiheit der Bürger eines Staates. Hier kann uns die Philosophie nicht helfen." Dass es nicht so ist, mag ein letztes Beispiel zeigen. Von Freiheit können wir in einem handlungstheoretischen Sinne reden. In der Hauptsache reden wir von „Freiheit" freilich im Sinne einer politischen bzw. demokratischen Freiheit. Auch über diese Freiheit haben wir bestimmte Meinungen, und auch diese Meinungen werden in einem Konfliktfalle zum Thema. Wir können uns leicht Situationen vorstellen, in denen man fragt, was das eigentlich ist – politische bzw. demokratische Freiheit.[14]

Stellen Sie sich vor: Politiker eines Staates, die in diesem Staat regieren und einmal Platons *Politeia* gelesen und gründlich missverstanden haben, sind davon überzeugt, dass politische Freiheit nur dann herrscht, wenn wenige selbsternannte Staatslenker die politischen Geschäfte regeln und nicht durch freie Wahlen, in denen jeder Bürger seine Stimme abgeben kann, legitimiert zu sein brauchen. Diese Politiker sind keine Diktatoren, sondern verstehen sich als aufgeklärte Oligarchen. Sie sind davon überzeugt, dass der Rechtsstaat (mit einer ‚kleinen' Korrektur) die politisch beste Lösung ist: Die Menschen sollen frei von staatlicher Willkür selbstbestimmt leben können. Es herrschen Meinungsfreiheit und freie Berufswahl. Die Menschenrechte werden respektiert. Die politischen Repräsentanten sind nicht korrupt und leben unter denselben Verhältnissen wie die anderen Bürger. Aber es gibt keine demokratischen Wahlen, denn die Politiker meinen, dass nur sie klug genug sind, um die richtigen Gesetze zu erlassen und das Gemeinwesen richtig zu verwalten. Das ist die kleine undemokratische Korrektur, die unsere Beispielpolitiker an dem Rechtsstaat vornehmen möchten.

Würde man alle Bürger durch freie Wahlen an der politischen Willensbildung beteiligen, dann bestünde, so meinen sie, die Gefahr, dass die Menschen ihre Repräsentanten aus emotionalen Gründen wählen und auch die Gefahr, dass nicht alle sozialen Gruppen gleichmäßig repräsentiert werden. Mit anderen Worten: Freie Wahlen, in denen die Bürger verschiedenen politischen Repräsentanten ihre Stimme geben können, führen nach der Auffassung der ‚aufgeklärten Oligarchen' zu irrationalen und ungerechten Ergebnissen und gefährden so die Freiheit der Bürger. „Wenn Leute, die nichts von Politik verstehen, aber gewählt werden, dann", so sagen unsere Beispielpolitiker, „können ihre politischen Entscheidungen leicht ins Chaos führen. Das wollen die Menschen doch gar nicht. Freiheit bedeutet doch die Möglichkeit eines jeden Bürgers, seine Fähigkeiten gut entwickeln zu können. Dafür braucht man komplexe Bedingungen, und nur wir wissen, wie man diese Bedingungen schafft. Also schützen wir den Staat, wenn wir, die politisch Sachverständigen, regieren, und nur dann sind die Bürger des von uns regierten Gemeinwesens frei." Die Gegner dieser Auffassung sagen: „Sicher, Freiheit für viele Menschen mit unterschiedlichen Fähigkeiten und Interessen erfordert komplexe Bedingungen, die oft nur von Experten geschaffen werden können. Aber wenn die Menschen nicht *selbst* entscheiden

---

14　Vgl. zu diesem Themenkomplex z. B. Berlin 1994.

können, wie diese Bedingungen aussehen und wenn sie nicht auch das Risiko eingehen können, dass nicht immer perfekte Bedingungen herrschen, dann sind sie eben nicht frei. Freiheit erfordert freie Wahlen. Die gibt es in eurem Staat nicht. Also sind die Bürger in eurem Staat nicht frei."

So etwa könnte ein Konflikt aussehen; es wäre ein Konflikt über außerordentlich bedeutsame Sachverhalte, über politische bzw. demokratische Freiheit. Dieser Konflikt hat auch seine sprachliche Seite. Die Vertreter der beiden Auffassungen, die wir eben gehört haben, benutzen dieselben Wörter, aber in sehr unterschiedlichen Bedeutungen. In dem Streit der beiden Parteien geht es aber nicht um Wörter, sondern um die Meinungen und Überzeugungen über politische Freiheit, die in dem jeweiligen Gebrauch der Wörter zum Ausdruck kommen. Wenn ein Konflikt entsteht und der Hintergrund der Meinungen in den Vordergrund tritt, werden solche Meinungen ausdrücklich. Man fragt sich dann zum Beispiel: Was genau ist politische Freiheit?

Wenn jemand eine solche Frage stellt, haben die Adressaten dieser Frage zwei Möglichkeiten: Sie können einfach sagen: „Gut, es gibt eben verschiedene Meinungen über Freiheit. Lassen wir es dabei. Warum soll nicht jeder seine eigene Auffassung haben? Das macht doch nichts. Damit können wir gut leben. Warum sollten wir die merkwürdige Frage „Was ist Freiheit?" überhaupt stellen? Diese Frage kann man doch gar nicht beantworten." Wer das sagte, hätte insofern Recht, als viele Menschen mit unausgesprochenen und auch unpräzisen Meinungen über die Grundlagen des menschlichen Zusammenlebens gut leben können. Gewiss kann man unklare, unentschiedene Sachverhalte auch auf ihrer sprachlichen Ebene so lassen, wie sie sind. Aber so kann man Konflikte nicht lösen. Wenn man das tun will, sollte man die zweite Möglichkeit wählen: Man wird die verschiedenen Meinungen zuerst einmal ausdrücklich klären. Wenn die beiden unterschiedlichen Parteien, die wir hier über Freiheit haben reden lassen, sich einigen wollen, dann müssen sie sich als erstes darüber verständigen, was sie eigentlich genau meinen, wenn sie von Freiheit reden. Sie müssen ihre stillschweigenden Meinungen in ausdrückliche Meinungen verwandeln. So können sie die Frage „Was ist Freiheit?" beantworten, eine begründete Entscheidung herbeiführen und Konflikte mit guten, gemeinsamen Gründen lösen. Ob sie sich am Ende einigen werden, ist damit freilich längst nicht garantiert. Wenn sie aber nicht einmal diesen ersten Schritt gehen, dann streiten sie nicht wirklich miteinander – und wer sich nicht einmal wirklich streitet, kann sich auch nicht einigen.[15]

15 Für hilfreiche Kritik danke ich Peter Bieri, Wolgang Detel, David Löwenstein, Sarah Michel, Sven Rosenkranz, Christoph Schamberger, Miriam Sokalski und Holm Tetens.

47

Literatur

Berlin, I. 1994. *Freiheit. Vier Versuche*, München.

Bieri, P. 2001. *Das Handwerk der Freiheit. Über die Entdeckung des eigenen Willens*, München.

Davidson, D. 1990. The Structure and Content of Truth, in: *The Journal of Philosophy* 87, 1990: 279–328.

Goodman, N. ³1978. *Fact, Fiction, and Forecast*, New York.

Hahn, S. 2000. *Überlegungsgleichgewicht(e). Prüfung einer Rechtfertigungsmetapher*, Freiburg (Breisgau), München.

Hardy, J. 2011. *Jenseits der Täuschungen – Selbsterkenntnis und Selbstbestimmung mit Sokrates*, Göttingen.

Hardy, J. / Schamberger, Ch. 2012. *Logik der Philosophie. Einführung in die Logik und Argumentationstheorie*, Göttingen.

Hardy, J. 2014. *Platon. Laches.* Übersetzung und Kommentar, Göttingen.

Keil, G. ²2012. *Willensfreiheit* (Grundthemen Philosophie), Berlin.

Rawls, J. 1971. *A Theory of Justice*, Cambridge, Mass.

Rosenberg, J. F. 2006. *Philosophieren. Ein Handbuch für Anfänger*, Frankfurt am Main 2006.

Runtenberg, C. / Rohbeck, J. (Hg.) *Angewandte Philosophie.* Jahrbuch für Didaktik der Philosophie und Ethik 12, Dresden.

Schneider, H. J. 2002. ‚Der Philosoph behandelt eine Frage; wie eine Krankheit' (Ludwig Wittgenstein). Eine Antwort auf die Frage ‚Was ist, kann und soll die Philosophie?', in: Schoberth W. / Schoberth, I (Hg.), *Kirche – Ethik – Öffentlichkeit*, Münster / Hamburg / London.

Strawson, P. 1992. *Die Grenzen des Sinns. Ein Kommentar zu Kants Kritik der reinen Vernunft*, Frankfurt am Main.

Tetens, H. 2004. *Philosophisches Argumentieren. Eine Einführung*, München.

Tetens, H. 2010. Existenzphilosophie als Metaphilosophie. Versuch, die kontroverse Pluralität der Philosophie zu erklären, in: *Allgemeine Zeitschrift für Philosophie* 35, 2010: 224.

Wittgenstein, L. 1963. *Tractatus logico-philosophicus. Logisch-Philosophische Abhandlung*, Frankfurt am Main.

Struktur und Funktion der Menschenwürde als Rechtsbegriff

Thomas Gutmann

Human dignity defines the foundation of mutual respect between persons in the law. In German constitutional law it defends a realm of individual freedom and inviolable protection against the interests of the collective. Dignity as a legal concept is not a good to be balanced or weighed against other goods, but a prohibition norm, not a reason but a constraint, thus guaranteeing a non-consequentialist and especially a non-utilitarian understanding of basic rights.

1   Rechtliche Interpretation

Die Diskussion um den Menschenwürdesatz des Grundgesetzes ist in Bewegung geraten und der gegenwärtige Stand dieser Debatte vermag aus philosophischer Sicht ebenso wenig zu befriedigen wie aus juristischer. Der vorliegende Beitrag will zeigen, dass sich Klarheit gewinnen lässt, wenn man sich von der Frage nach der normativen Struktur und der Funktion der Menschenwürde als Rechtsbegriff leiten lässt.

„Die Würde des Menschen" statuiert Art. 1 Abs. 1 des Grundgesetzes, „ist unantastbar. Sie zu achten und zu schützen ist Verpflichtung aller staatlichen Gewalt". Als (so das Bundesverfassungsgericht) „tragendes Konstitutionsprinzip und oberster Wert der Verfassung"[1] ist Würde ein Begriff, der das Recht mit Notwendigkeit auf philosophische Analysen verweist. Die Rechtsordnung der Bundesrepublik Deutschland hat mit dem Menschenwürdesatz einen zentralen Begriff des Vernunftrechtsdenkens und damit der neuzeitlichen Moral- und Rechtsphilosophie[2] als Konzept des positiven Rechts inkorporiert. Zugleich ist jedoch zu sehen, dass Moral im Rechtssystem nicht unmittelbar gelten kann. Das Rechtssystem ist, soweit ist Niklas Luhmann zu folgen, insoweit normativ geschlossen, als es sich „gegen die unbeständige Flut und Ebbe moralischer Kommunikationen" differenzieren und sich von diesen anhand rechtseigener Kriterien unterscheiden muss – schon weil sich die Pluralität und mangelnde Konsensfähigkeit der in der Gesellschaft vorfindlichen Moralprogramme und ihre

---

[1]   Vgl. Entscheidungen des Bundesverfassungsgerichts (BVerfGE), Band 109, 279, 311 (2004).

[2]   Zur Begriffsgeschichte und Bedeutung des Konzepts siehe K. Bayertz 2010. „Menschenwürde".

Kriterien für die Unterscheidung von *gut und schlecht* (oder *würdig und unwürdig*) nicht mit dem Ziel hinreichender Konsistenz rechtlichen Entscheidens vertragen.[3]

Der Gehalt der Menschenwürde als *Rechtsbegriff* lässt sich mithin nicht dadurch gewinnen, dass man im breiten Angebot der moralphilosophischen Traditionen eine Schublade aufzieht und deren Inhalt an das Recht heranträgt. Dies wiederum bedeutet, wie zu zeigen sein wird, allerdings nicht, dass – wie heute so viele Staatrechtslehrer zu glauben scheinen – der Menschenwürdebegriff entweder als Einfallstor für Partikularethiken[4] in der in juristischen Kommentaren so gerne nacherzählten Kakophonie konkurrierender moralphilosophischer Interpretationsansätze verschwimmen muss oder aber als Rechtsbegriff so „abstrakt [und] inhaltsarm"[5] wird, dass er nicht mehr operationalisierbar ist. Die normative Struktur der Menschenwürde als Rechtsbegriff lässt sich vielmehr – sowohl im Bezug auf die moraltheoretische Diskussion als auch in Abgrenzung zu dieser – eindeutig ausweisen.

Blickt man auf die Entstehungsgeschichte des Artikels 1 GG, so wird zunächst deutlich, dass die Mütter und Väter des Grundgesetzes den Menschenwürdesatz in erster Linie als Reaktion auf die nationalsozialistische Diktatur und deren systematische Strategien der Entmenschlichung, Gewalt und totalitären Missachtung des Individuums verstanden. Der Parlamentarische Rat wollte im Jahre 1948 jedoch in seiner Mehrheit nicht ein bestimmtes philosophisches oder gar theologisches Narrativ der Würde im Grundgesetz verbindlich machen – und er tat dies aus gutem Grund nicht. Eine Verfassung muss auch für Agnostiker, Atheisten und Anhänger anderer Religionsgemeinschaften begründete Autorität beanspruchen können. Der Staat der Bundesrepublik ist zudem auf konfessionelle Neutralität verpflichtet, so dass gerade auch der Menschenwürdesatz, ungeachtet der gelegentlichen Versuche seiner christlichen Re-Interpretation[6], ein *säkulares Konzept* sein muss, das nur nach den Regeln des öffentlichen Vernunftgebrauchs (im Sinne des späten Rawls[7]) ausbuchstabiert werden kann.[8]

---

3   N. Luhmann 1993. Das Recht der Gesellschaft, 78 ff.

4   Vgl. H. Dreier 2004. „Kommentierung zu Art. 1 GG", Rn. 33; vgl. Rn. 53, 169; F. Hufen 2004. „Erosion der Menschenwürde?", 314.

5   J. Isensee 2006. „Menschenwürde: die säkulare Gesellschaft auf der Suche nach dem Absoluten", 214.

6   Vgl. etwa Ch. Starck 1981. „Menschenwürde als Verfassungsgarantie im modernen Staat"; A. Pawlas 1991. „Grundgesetz und Menschenbild"; J. Isensee 2005. Die bedrohte Menschenwürde, 8; ders. 2006. „Menschenwürde: die säkulare Gesellschaft auf der Suche nach dem Absoluten". Vgl. zum Hintergrund L. Siep et al. (Hg.) 2012. Von der religiösen zur säkularen Begründung staatlicher Normen, sowie T. Gutmann 2011. „Säkularisierung und Normenbegründung".

7   J. Rawls, Political Liberalism, 45.

Deshalb ist es nicht verwunderlich, dass schon während der Beratungen zum Grundgesetz der Antrag einer Gruppe von Abgeordneten scheiterte, in der Verfassung festzuschreiben, dass Menschenrechte und -würde „von Gott gegeben" seien. Die Würde des Menschen, wie sie im Artikel 1 niedergelegt ist, sollte vielmehr – in den gerne zitierten Worten von Theodor Heuss – als „nicht interpretierte These"[9] verstanden werden.

Nun ist das Interpretieren das Kerngeschäft der Juristen. In den vergangenen sechzig Jahren ist, vorangetrieben von der Rechtsprechung des Bundesverfassungsgerichts und der Rechtswissenschaft, ein ausdifferenziertes Verständnis des Würdekonzepts gewachsen, das sich in der Tiefenstruktur des Rechts verankert und rhizoid vernetzt hat. In dieser Form hat es als „oberstes Konstitutionsprinzip" eine strukturbildende Funktion für die Rechtsordnung der Bundesrepublik übernommen und zugleich darüber entschieden, welche Argumente im Medium des Rechts anschlussfähig sind, weil sie rekursiv auf vorhandene Kommunikationen im System Bezug nehmen und so rechtsspezifischen Sinn produzieren können.[10] Die Diskussion um die Menschenwürde, wie sie heute etwa aus Anlass des Streits um die Präventivfolter, die Terrorismusabwehr und die Humangenetik geführt wird, zielt deshalb notwendigerweise auf die architektonischen Fundamente des Rechts und führt schon aus diesem Grund ein massives Potential an Kollateralschäden mit sich.

Die Rede von einem „gewachsenen Verständnis des Würdekonzepts, das sich in der Tiefenstruktur des Rechts verankert und vernetzt hat" verweist zugleich auf das methodische Werkzeug zu seiner Analyse. Recht ist sowohl in seiner Anwendung als auch in seiner wissenschaftlichen Behandlung ein interpretatives Konzept[11] und zugleich eine interpretative Praxis.[12] Ich folge jedoch Ronald Dworkin und anderen in der Überzeugung, dass über konkurrierende Interpretationen des Rechts mittels eines Bewertungsmaßstabs entschieden werden kann, der dem Recht selbst, und zwar seiner Prinzipienebene, immanent ist. Es ist der Maßstab der *Kohärenz*. Dieser meint mehr als die logische Konsistenz (also die Widerspruchsfreiheit) rechtlicher Aussagen[13]; er zielt auf einen normativen Begründungszusammenhang[14], der eine notwendige (wenngleich nicht zwangsläufig

---

8   Zu einer Analyse des Grundgesetzes in diesem Sinn vgl. St. Huster, Die ethische Neutralität des Staats.

9   Parlamentarischer Rat, Akten und Protokolle, Band 5, 72.

10   Vgl. N. Luhmann, Das Recht der Gesellschaft, 41 ff., 66.

11   R. Dworkin, Law's Empire, 410.

12   R. Dworkin, Law's Empire, 87 ff., 90, 410; R. Alexy, Begriff und Geltung des Rechts, 119.

13   Vgl. R. Alexy / A. Peczenik 1990. „The Concept of Coherence and its Significance for Discursive Rationality"; K. Kress 1996. „Coherence"; N. MacCormick 1984. „Coherence in Legal Justification".

14   Vgl. R. Dworkin 1984. Bürgerrechte ernstgenommen; ders., Law's Empire; K.

hinreichende) Bedingung gelingender juristischer Argumentation darstellt: Interpretationen des Rechts bemessen sich daran, wie weit es ihnen gelingt, aus dem rechtlichen Material einen kohärenten Rechtfertigungszusammenhang im Lichte seiner leitenden normativen Prinzipien zu bilden.[15] In diesem Kontext ist der Verweis des Bundesverfassungsgerichts auf ein über den Wortlaut der Gesetze hinausgehendes „Mehr an Recht [...], das seine Quelle in der verfassungsmäßigen Rechtsordnung als einem Sinnganzen besitzt"[16], zu verstehen.

Der folgende Text kann methodisch deshalb in einem „glücklichen Positivismus"[17] verbleiben. Er verfährt rechtstheoretisch[18], d.h. er bietet eine philosophisch informierte Reflexionstheorie des *Rechts*. Er versucht nicht, den möglichen Verwendungsweisen des Begriffs der Menschenwürde in der Philosophie nachzuspüren, sondern nur derjenigen, für die sich das Verfassungsrecht der Bundesrepublik entschieden hat. Die Philosophie braucht zu diesem Zweck als *ancilla iuris* (zunächst) nur Hilfe zur begrifflichen Rekonstruktion eines normativen Zusammenhangs zu leisten, der als solcher dem *Recht* angehört: Was ist diejenige Interpretation des Würdekonzepts, welche die normativen – rechtlichen – Aussagen, die aus ihm gewonnen wurden, in einen möglichst kohärenten Rechtfertigungszusammenhang bringt? Welche Interpretation kann die normative Struktur und Funktion des Würdesatzes auf der Ebene seiner Tiefengrammatik rekonstruieren?

2 Basisfunktionen des Würdegrundsatzes

2.1 Garantie elementarer Gleichheit autonomer Rechtspersonen

Der Würdegrundsatz umschreibt das Fundament wechselseitiger Anerkennung von Menschen als Rechtspersonen. Als solcher ist er Resultat eines Anerkennungsprozesses, der sich nicht in der historischen Kontingenz des Aktes der

---

Günther 1989. „Ein normativer Begriff der Kohärenz für eine Theorie der juristischen Argumentation"; D. Patterson 2006. „Dworkin on the Semantics of Legal and Political Concepts" und nunmehr B. Jakl 2009. Recht aus Freiheit; vgl. J. Habermas 1992. Faktizität und Geltung, 258 f.

15   K. Günther, a.a.O., 351 f.; R. Dworkin 1986. Law's Empire, 164 ff. Dieses interpretative Ziel scheitert nicht an der faktisch unvollkommenen Kohärenz des positiven Normenbestands bzw. des vorhandenen Korpus' gerichtlicher Entscheidungen, vgl. Dworkin, a.a.O., 217.

16   BVerfGE 34, 269, 286 f. (1973).

17   Vgl. M. Foucault 1981. Die Archäologie des Wissens, 182.

18   Ich danke Michael Quante für wertvolle Hinweise zu verschiedenen Versionen dieses Texts, namentlich zu Fragen der Theoriearchitektur und zu Grundbegriffen der Ethik.

Verfassungsgesetzgebung in den Jahren 1948/49 erschöpft[19], sondern sich als eine quasi transzendentale Voraussetzung rechtsstaatlicher Ordnung darstellt.[20] Für die normative Ordnung der Bundesrepublik erfüllt Art. 1 Abs. 1 GG so mehrere Funktionen. Zunächst eine dreifache, die Garantie elementarer Gleichheit autonomer Rechtspersonen:

Rechtspersonen haben Anspruch auf Achtung. Sie haben Anspruch darauf, *als Personen* respektiert zu werden. Der Menschenwürdesatz affirmiert dies und garantiert dem Einzelnen ein „Recht darauf, Rechte zu haben".[21] Und weil allen Rechtspersonen der Anspruch darauf, *als Personen* respektiert zu werden, *gleichermaßen* zukommt, haben sie Anspruch auf *gleiche* Achtung. Insofern gewährleistet Art. 1 Abs. 1 GG zweitens eine elementare Basisgleichheit.[22] Die Menschenwürdenorm dient als „Grundnorm personaler Autonomie" sodann drittens dem Schutz der evaluativen Haltung des Einzelnen zum eigenen Leben[23], d. h. seiner jeweiligen Selbst- und Weltvorstellung und verpflichtet die Rechtsordnung deshalb auf den Schutz individueller Dispositions- und Gestaltungsfreiheit. Dies zeigt sich an dem jedenfalls seit drei Jahrzehnten zu beobachtenden Rückzug heteronomer Würdekonzepte zugunsten eines Verständnisses von Würde im Rechtssinn, zu der wesentlich „die grundsätzliche Freiheit gehört, über sich selbst verfügen und sein Schicksal eigenverantwortlich gestalten zu können".[24] „Selbstentwürdigung" in den Augen anderer ist als solche folglich kein Gegenstand einer staatlichen Schutzpflicht aus Art. 1 Abs. 1 GG.[25]

Für die hier gestellte Aufgabe wichtiger ist indessen eine weitere Funktion:

2.2 Schutz des Einzelnen

Im Rechtssatz der Unantastbarkeit der Würde des Menschen wird die Frage verhandelt, ob und wann Individualrechte – und damit ihre Träger – absolut geschützt werden. Der Würdesatz soll dem Einzelnen in seinem irreduziblen Eigenwert einen schlechthin nicht antastbaren Freiheits- und Schutzbereich ge-

---

19   So aber H. Hofmann 1983. „Die versprochene Menschenwürde".
20   K. Seelmann 2007. „Menschenwürde: ein Begriff im Grenzgebiet von Recht und Ethik", 34.
21   Ch. Enders 1997. Die Menschenwürde in der Verfassungsordnung, 591.
22   W. Höfling 2011. „Kommentierung zu Art. 1 GG", Rn. 33; Ch. Enders 1997. Die Menschenwürde in der Verfassungsordnung, 391.
23   Vgl. M. Quante 2010. Menschenwürde und personale Autonomie, 39 f.
24   Entscheidungen des Bundesgerichtshofs in Strafsachen (BGHSt), Band 44, 308 ff., 317 (1998); vgl. M. Morlok 1993. Selbstverständnis als Rechtskriterium.
25   H. Dreier 2004. „Kommentierung zu Art. 1 GG", Rn. 151 f.; M. Herdegen 2009. „Kommentierung zu Art. 1 Abs. 1 GG", Rn. 79; U. Neumann 1998. „Die Tyrannei der Würde".

genüber Kollektivinteressen garantieren.[26] Er fungiert als „Bollwerk gegen den Leviathan"[27], gerade weil die durch die Verfassung garantierten einzelnen Freiheitsrechte keine „Trümpfe" der Individuen (Dworkin[28]) und keine „side constraints" (Nozick[29]) staatlichen Handelns sind und dies auch nicht sein können. Die einzelnen Individualrechte können vielmehr eingeschränkt werden, sowohl zugunsten konkurrierender Rechte als auch zugunsten kollektiver Güter[30], aber nur bis zu einem bestimmten Punkt. Bleibt man in der für die Rede über subjektive Rechte seit jeher typischen Raummetaphorik[31], so soll ein „Kern", ein (im Einzelnen unterschiedlich zu bestimmender[32]) „Würdegehalt" der Grundrechtsgarantien der Abwägung entzogen, also absolut garantiert sein. Wird ein Grundrecht in modaler Hinsicht auf entwürdigende Weise verletzt oder dem Grundrechtsträger eine elementare Bedingung seiner Existenz oder Entfaltung verwehrt, greift die kategorische Schranke des Art. 1 Abs. 1 GG ein.[33] Nichts anderes meint die Vorstellung von der Menschenwürde als „Wurzel aller Grundrechte", der zufolge „sämtliche Grundrechte Konkretisierungen des Prinzips der Menschenwürde sind".[34]

Das Würdeprinzip untersagt die Opferung des Einzelnen für andere und das Kollektiv. Das in Art. 1 Abs. 1 GG enthaltene Instrumentalisierungsverbot wurde vom Bundesverfassungsgericht in ständiger Rechtsprechung mit der „Objekt-

---

26   M. Herdegen 2009. „Kommentierung zu Art. 1 Abs. 1 GG", Rn. 1; P. Badura 1964. „Generalprävention und die Würde des Menschen", 339 ff. Vgl. dazu, dass der Würdeschutz des Art. 1 Abs. 1 GG bereits aus diesem Grund keinem Kollektiv und schon gar nicht der Gattung Mensch als solcher zukommen kann, T. Gutmann 2005. „‚Gattungsethik' als Grenze der Verfügung des Menschen über sich selbst?".

27   K. Bayertz 1995. „Die Idee der Menschenwürde", 471.

28   R. Dworkin 1984. „Rights as Trumps"; ders., Bürgerrechte ernstgenommen.

29   R. Nozick 1974. Anarchy, State, and Utopia, 27 ff.

30   Zur These des in Gesellschaften, die den Einzelnen als Einzelnen respektieren, aus normativen Gründen gebotenen prima facie-Vorrangs von individuellen Rechten gegenüber kollektiven Gütern vgl. R. Alexy 1995. „Individuelle Rechte und kollektive Güter", 260 f.

31   Spätestens seit Savigny rekurriert die Begriffsbestimmung des Schutzbereichs eines subjektiven Rechts in einer räumlichen Metaphorik auf den Begriff des „sichern freyen Raums" bzw. „Gebiets", das dem individuellen Willen „angewiesen ist, in welchem er unabhängig von jedem fremden Willen zu herrschen hat". (F. C. v. Savigny 1981. System des heutigen römischen Rechts, I, § 52, 331, 333. Vgl. typisch bereits den früheren Rechtskantianismus, etwa bei A. Bauer 1808. Lehrbuch des Naturrechts, § 44: „Innerhalb dieser Sphäre (Rechtsgebiet, Rechtssphäre) kann er [der Mensch] seine Willkür frei äußern, und alles, was er binnen deren Gränzen thut, ist recht").

32   Vgl. M. Herdegen 2009. „Kommentierung zu Art. 1 Abs. 1 GG", Rn. 24.

33   W. Höfling 2011. „Kommentierung zu Art. 1 GG", Rn. 65.

34   BVerfGE 93, 266, 293 (1995); vgl. E. Stein / G. Frank 2010. Staatsrecht, 234 (§ 29 II) und E. Hilgendorf 1999. „Die mißbrauchte Menschenwürde", 149.

formel" erläutert, die besagt, dass es der menschlichen Würde widerspreche, den Menschen zum bloßen Objekt des Staates (oder Privater) zu machen oder ihn einer Behandlung auszusetzen, die seine Subjektqualität, d. h. seinen Status als Rechtssubjekt prinzipiell in Frage stelle, indem sie die Achtung des Wertes vermissen lasse, der jedem Menschen um seiner selbst willen, kraft seines Personseins, zukomme.[35] Mit diesem auf die Formulierung des Instrumentalisierungsverbots in der Kantschen Moralphilosophie[36] rekurrierenden Topos hat das Gericht beispielsweise das Verbot bestimmter Vernehmungsmethoden – z. B. des zwangsweisen Einsatzes des Lügendetektors[37] –, das Verbot des Zwangs zur Selbstbezichtigung im Strafprozess[38] und den „absoluten Schutz eines Kernbereichs privater Lebensgestaltung" vor staatlichen Überwachungsmaßnahmen[39] begründet. Er erfasst umso mehr die Folter, weil deren Anwendung „die Vernehmungsperson zum bloßen Objekt der Verbrechensbekämpfung unter Verletzung ihres verfassungsrechtlich geschützten sozialen Wert- und Achtungsanspruchs [macht] und grundlegende Voraussetzungen der individuellen und sozialen Existenz des Menschen [zerstört]".[40] Auch der Anspruch auf rechtliches Gehör wurzelt in letzter Konsequenz in Art. 1 Abs. 1 GG und vermittelt die Garantie, dass wir Subjekte unserer rechtlichen Verfahren bleiben. Selbst der strafende Staat darf die Identität eines Menschen nicht brechen – so wurde die lebenslange Freiheitsstrafe nur unter der Bedingung für mit der Verfassung vereinbar erklärt, dass dem Verurteilten grundsätzlich die Chance verbleibt, je wieder in Freiheit zu kommen.[41] Seit dem ersten „Volkszählungsurteil" wurde

---

35   Z.B. BVerfGE 87, 209, 228 (1992); BVerfGE 115, 118 (2006).

36   Siehe vor allem die „Zweckformel" des kategorischen Imperativs: „Handle so, daß du die Menschheit, sowohl in deiner Person, als in der Person eines jeden andern, jederzeit zugleich als Zweck, niemals bloß als Mittel brauchest" (Kant 1902–1923, *Grundlegung zur Metaphysik der Sitten*, 429; vgl. 433). Ein Würdekonzept, das das Fundament wechselseitiger Anerkennung von Menschen als Rechtspersonen umschreibt, lässt sich indessen gerade auch in der Kantischen Rechtsphilosophie verankern; siehe B. Jakl 2010. „Human Dignity as Fundamental Right to Freedom in the Law".

37   BVerfG, Neue Juristische Wochenschrift 1982, 375; M. Herdegen 2009. „Kommentierung zu Art. 1 Abs. 1 GG", Rn. 85.

38   BVerfG, Neue Juristische Wochenschrift 1993, 3315; Ch. Starck 2010. „Kommentierung zu Art. 1 GG", Rn. 56.

39   BVerfGE 109, 27 (2004).

40   BVerfG Europäische Grundrechte-Zeitschrift 2004, 807; vgl. für viele: H. D. Jarass 2012. „Kommentar zu Art. 1 GG", Rn. 19. Die Grenzfälle der hier vertretenen Interpretation stellen Notwehr-, Nothilfe und Notstandsmaßnahmen dar, deren Problematik besonders in der Entscheidung des Bundesverfassungsgerichts deutlich wird, dass die Menschenwürde auch durch eine langdauernde Unterbringung in der Sicherungsverwahrung nicht verletzt werde, wenn diese wegen fortdauernder Gefährlichkeit des Untergebrachten notwendig sei (BVerfGE 109, 133 [2004]).

41   BVerfGE 45, 187 (1977).

zudem ein Recht auf informationelle Selbstbestimmung als würdegeneriertes *right to privacy* und *right to self-representation* entwickelt, weil es „mit der Menschenwürde nicht zu vereinbaren wäre, wenn der Staat für sich das Recht in Anspruch nehmen könnte, den Menschen zwangsweise in seiner ganzen Persönlichkeit zu registrieren und katalogisieren".[42] Dem in Art. 1 Abs. 1 des Grundgesetzes niedergelegten Würdesatz wird zudem die Aussage entnommen, dass der Einzelne auch nicht zum Objekt seiner eigenen objektiven Wohlfahrtsinteressen gemacht werden dürfe.[43] Die „Objektformel" vermag insgesamt, der Kritik an ihrer angeblich zu großen Unbestimmtheit[44] zum Trotz, die Grundlagen wechselseitiger Anerkennung von Menschen als Rechtspersonen hinreichend genau und operationalisierbar zu erfassen, zumal nachdem sie in ihrer Entwicklung zwei Schärfungen erfahren hat, die Stationen ihrer Emanzipation aus einer allzu großen Nähe zur kantischen Moralphilosophie darstellen. So hat das Gericht zum einen seine frühere Formulierung, derzufolge eine die Subjektqualität des Betroffenen in Frage stellende Behandlung „Ausdruck der Verachtung des dem Menschen kraft seines Personseins zukommenden Wertes"[45] sein müsse, zunehmend entweder stillschweigend fallengelassen oder aber auf eine Weise verwendet, die jedenfalls implizit klarstellt, dass mit dem Begriff der „Verachtung" kein qualifiziertes subjektiv-intentionales Moment in der Person des Handelnden gefordert wird.[46] Zugleich wird in der Judikatur zu Art. 1 Abs. 1 GG keineswegs einfach modal auf die immer problematische Vorstellung der „Instrumentalisierung", also des „Gebrauchens" eines Anderen als bloßes Mittel abgestellt, sondern – mit einer Ausnahme[47] – durchgehend auf die Verletzung von Rechten und

---

42   BVerfGE 65, 1 (1983). Vgl. auch K. Seelmann 2004. „Repräsentation als Element von Menschenwürde".

43   Vgl. BVerfGE 52, S. 131 ff. (175 ff.) (1979); Bundesverfassungsgericht (2. Kammer des Ersten Senats), Neue Juristische Wochenschrift 2005, S. 1103 ff. Siehe auch BVerfGE 128, 282 (2011 –„Recht auf Krankheit").

44   Für viele: B. Pieroth / B. Schlink 2012. Grundrechte (Staatsrecht II), Rn. 375 f.

45   Seit BVerfGE 30, 1, 26 (1970): „Die Behandlung des Menschen durch die öffentliche Hand, die das Gesetz vollzieht, muß [...], wenn sie die Menschenwürde berühren soll, Ausdruck der Verachtung des Wertes, der dem Menschen kraft seines Personseins zukommt, also in diesem Sinne eine ‚verächtliche Behandlung' sein."

46   So eindrücklich in der gleich zu behandelnden Entscheidung BVerfGE 115, 118 (2006 – Luftsicherheitsgesetz).

47   Gemeint ist das en passant formulierte obiter dictum des sogenannten Zweiten Abtreibungsurteils des Bundesverfassungsgerichts (BVerfGE 88, 203 = NJW 1993, 1751 [1778]), demzufolge Art. 1 Abs. 1 GG „eine rechtliche Qualifikation des Daseins eines Kindes als Schadensquelle" untersage, weswegen in Fällen, in denen ein Kind ohne ärztlichen Fehler nicht geboren worden wäre, der Arzt bzw. sein Versicherungsunternehmen den Eltern des Kindes nicht als weiterer Unterhaltsschuldner an die Seite treten dürfe. Diese (in der Zivilrechtsprechung weitgehend folgenlos gebliebene) These wird man als Beispiel einer symbolischen Rechtsprechung begreifen dürfen, die sich nicht nur

Interessen, die elementare Bedeutung für die Existenz oder Entfaltung des Betroffenen haben.

In seinem Anwendungsbereich statuiert Art. 1 Abs. 1 GG ein *absolutes* (also unbeschränktes[48]) Verletzungsverbot. Die Würde des Menschen unterliegt nach dem nahezu unangefochten herrschenden verfassungsrechtlichen Verständnis keinen Grundrechtsschranken und entzieht sich als rechtliche Regel jeder Abwägung mit anderen Rechten oder Rechtsgütern, auch mit solchen von Verfassungsrang.[49] Sie umschreibt m.a.W. ein striktes, unbedingtes Gebot, das sich aus der Vorstellung nährt, dass der Einzelne einen auch in Konfliktfällen *immer* vor Verletzung geschützten und *niemals* fungiblen Anspruch auf Respekt vor seiner Rechtsperson hat.

Hieraus lässt sich das zentrale Strukturmerkmal des Würdebegriffs gewinnen: Der Würdesatz stellt eine rechtliche Sollensforderung auf, die intrinsisch, also unter allen Umständen und ungeachtet der (weiteren) Konsequenzen der Ausführung der von ihr gebotenen Handlung oder Unterlassung gelten soll. Seine Struktur ist deontologisch.[50] Die Würde im Rechtssinn ist kein kollisionsfähiges Gut. Sie ist zunächst und vor allem eine Verbotsnorm, die sich nicht werttheoretisch in der Begrifflichkeit der Vorzugswürdigkeit von Gütern formulieren lässt, die nach Verwirklichung streben und um Vorrang konkurrieren.[51] Dies bedeutet zugleich, dass innerhalb des Art. 1 Abs. 1 GG die negative Dimension des Würdesatzes, d. h. das Verletzungsverbot („unantastbar") der Schutzdimension lexikalisch vorgeordnet ist. Der Staat kann nicht beides gegeneinander stellen und letztere gegen ersteres ausspielen. Er darf auch nicht zum Zwecke des Schutzes der Würde Anderer entwürdigen. Die sich zunehmender Beliebtheit erfreuende Rede von „Menschenwürdekollisionen" – etwa zwischen der Würde des zu folternden mutmaßlichen Entführers und der seines Opfers[52] – ist deshalb *normlo-*

---

von den in Frage stehenden Rechtsgütern der Beteiligten, sondern überhaupt von Fragen rechtlicher Begründung und rechtlicher Implementierbarkeit gelöst hat. Vgl. dazu T. Gutmann 2010. „Kind als Schaden".

48 Vgl. M. Quante 2003. Einführung in die Allgemeine Ethik, 131.

49 BVerfGE 93, 266 (1995); M. Herdegen 2009. „Kommentierung zu Art. 1 Abs. 1 GG", Rn. 4, 46 ff.; W. Höfling 2011. „Kommentierung zu Art. 1 GG", Rn. 11; H. Dreier 2004. „Kommentierung zu Art. 1 GG", Rn. 44, 131 ff.

50 Vgl. M. Quante 2003. Einführung in die Allgemeine Ethik, 129 ff., hier 131.

51 Vgl. J. Habermas 1992. Faktizität und Geltung, 310 ff. Siehe auch unten, Fn. 102.

52 F. Wittreck 2003. „Menschenwürde und Folterverbot", 879 ff. mit dem Argument, „beide Varianten im Art. 1 Abs. 1 GG [stünden] normtextlich gleichberechtigt nebeneinander, so daß sich ein allgemeingültiger Vorrang der ‚Achtung' nicht ohne weiteres erschließe[e]" (880); ähnlich F. Ekardt 2006. „Folterverbot, Menschenwürde und absoluter Lebensschutz", 65 und schon W. Brugger 2000. „Vom unbedingten Verbot der Folter zum bedingten Recht auf Folter?", 169. In diesem Sinn auch, mit dem zirkulären Argument, ein solcher Konflikt sei jeweils kurzerhand zugunsten des „wehrhaften Rechtsstaats" und gegen den „rechtswidrigen Angriff" zu lösen, P. Kirchhof 2007.

gisch falsch und eine irreführende *façon de parler.* Gerade weil der Würdesatz eine intrinsische rechtliche Sollensforderung aufstellt, gerade weil die primäre Struktur und Funktion des Würdeschutzes deshalb die eines *constraints,* einer *deontologisch zu verstehenden* Grenze dessen ist, was Rechtspersonen angetan werden darf, tritt der in Art. 1 Abs. 1 GG ebenfalls genannte Anspruch auf Schutz als bloßes prima facie-Recht zurück. Niemand kann den Anspruch erheben, um den Preis der Verletzung der Würde Anderer vor Entwürdigung geschützt zu werden. Die Vorstellung, ein Rechtssatz, der eine spezifische Unverletzlichkeit des Einzelnen ausdrücklich als das grundlegende Anerkennungsverhältnis des Rechts postuliert, könne eine solche Verletzung erlauben oder gar fordern, wäre offenbar widersprüchlich.[53] Auch dieser Befund korrespondiert im Übrigen mit der *idée directrice* des Würdekonzepts, dem kantischen Rechtsbegriff, der erlaubt, den Rechtsbrecher mit Zwang in seinen Rechtskreis zurückzuweisen[54], nicht aber, ihm dabei die Anerkennung als Rechtsperson zu versagen. Damit hängt ein weiterer Aspekt eng zusammen:

2.3 Sicherung eines nichtkonsequentialistischen Verständnisses von Grundrechten

Der Würdegrundsatz, der die Opferung des Einzelnen zugunsten des Kollektivnutzens untersagt und einen kategorischen Basisrespekt vor der Rechtsperson *sans phrase* einfordert, bildet zugleich den Kern der (bei Notwendigkeit weiterer Differenzierungen) nichtkonsequentialistischen, insbesondere nichtutilitaristischen Struktur der Grundrechtsordnung.

Dem nichtkonsequentialistischen, d. h. deontologischen[55] Verständnis mora-

---

„Menschenbild und Freiheitsrecht", 294 f. sowie J. Isensee 2005. Die bedrohte Menschenwürde, 18 und ders. 2006. „Menschenwürde: die säkulare Gesellschaft auf der Suche nach dem Absoluten", 190 ff.

53   Vgl. F. M. Kamm 2001. Morality, Mortality: Volume II: Rights, Duties, and Status, 264.

54   I. Kant 1902–1923. „Rezension zu Gottlieb Hufeland", 128 f.; vgl. W. Kersting 1993. Wohlgeordnete Freiheit, 127 f.

55   Die Begriffe „deontologisch" und „konsequentialistisch" (oder „teleologisch") lassen sich unterschiedlich ausbuchstabieren und werden hier in dem im Text näher spezifizierten Sinn gebraucht; sie erschöpfen (wie die hier nicht interessierende, weder deontologisch noch i. e. S. teleologisch verfahrende Tugendethik zeigt) die möglichen Typen ethischer Theoriebildung auch nicht. Vgl. zum Ganzen M. Quante 2003. Einführung in die Allgemeine Ethik, 24 ff., 126 ff. (der einen Ethiktyp, dessen Ziel [i] in der Realisierung eines Werts besteht, wobei [ii] das ethisch Richtige von einem Begriff des ethisch Guten abhängt und sich [iii] aus der Maximierung der solcherart guten Folgen ergibt, unter den Begriff der „teleologischen" Ethik in einem engeren Sinne fasst [ebd. 128 ff.].

lischer und juridischer Rechte[56] ist es darum zu tun, zum Ausdruck zu bringen, dass der Einzelne Selbstzweck ist.[57] Subjektive Rechte und Ansprüche stehen in diesem Verständnis in einem Spannungsverhältnis insbesondere zu Vorstellungen kollektiver Wohlfahrt, die auf utilitaristischer Nutzenaggregation beruhen. Deontologisch verstandene Rechte beharren auf der „Getrenntheit der Personen"[58] und dem Respekt vor ihrem der Verrechenbarkeit entzogenen Eigenwert und fungieren so als Schranken für die kollektive Maximierung des Guten, wenn diese droht, über die berechtigten Ansprüche Einzelner hinwegzugehen. Jedenfalls im Anwendungsbereich des Würdesatzes ist die Rationalität der Rechte eine strikt nichtkonsequentialistische. An der Struktur des Menschenwürdeschutzes entscheidet sich deshalb, ob die Rechtsordnung und die von der Verfassung garantierten subjektiven Rechte des Einzelnen auch künftig in einem deontologischen Sinn verstanden werden können oder sie sich bereits *auf konzeptioneller Ebene* konsequentialistischen, d. h. folgenorientierten Erwägungen und damit zugleich ihrer Assimilation an Güter öffnen und beugen müssen. Hier liegt zugleich die entscheidende Weichenstellung für die Frage nach dem rechtlichen Verhältnis des Einzelnen und seiner Interessen zum sozialen Kollektiv.

Im Bereich der klassischen „negativen" Funktion von Rechten als Abwehrrechte[59] wird die von Art. 1 Abs. 1 GG vermittelte antiutilitaristische Struktur der

---

56   Vgl. zum Streit über die normativen Grundlagen subjektiver Rechte T. Gutmann Iustitia Contrahentium, Kap. 2.1.

57   Zusammenfassend F. M. Kamm 2000. „Nonconsequentialism", 205.

58   J. Rawls 1993. Political Liberalism, 45, Übers. verändert.

59   Der Würdeschutz hat daneben die leistungsrechtliche Dimension der Existenzsicherung (BVerfGE 82, 60 [1990] und 40, 12 [1975]). Die teilhaberechtliche Dimension der Würde ist angesprochen, wenn der Staat oder seine Agenturen lebensnotwendige, aber knappe Ressourcen zu verteilen haben. Besonders augenfällig wird der Bezug des Würdegrundsatzes auf die Achtung der leiblichen Kontingenz des Menschen etwa bei der Frage der Verteilung der notorisch knappen Transplantate im Bereich der Organtransplantation, namentlich dort, wo es – wie bei der Allokation von Lebern – um Leben und Tod der Patienten geht (T. Gutmann / B. Fateh-Moghadam 2002. „Rechtsfragen der Organverteilung"; Gutmann 2006. „Der Faktor δ".). Hierbei ist es wiederum der Würdegehalt des Lebensgrundrechts, der klarstellt, dass Gerechtigkeit bei der Verteilung von Überlebenschancen nicht auf eine Form von Gleichheit reduziert werden kann, die – wie dies konsequentialistische Theorien wie etwa der Utilitarismus tun – den Einzelnen nur als gleichwertigen Ausgangsfaktor einer Aggregation von Interessen oder Gütern für gleich wichtig erachtet. Die staatliche Schutzpflicht für das Leben soll vielmehr in unverrechenbarer Weise auf das je einzelne Leben (BVerfGE 39, 1, 59 [1975] und BVerfGE 88, 203, 252 [1993]) und nicht auf das Aggregatsrecht eines Kollektivs bezogen sein. Darüber hinaus ist es der Würdegehalt des Grundrechts auf Leben aus Art. 2 Abs. 2 Satz 1 des Grundgesetzes, der diesem eine in besonderem Maße egalitäre Struktur verleiht: „Jedes menschliche Leben" ist, wie das Bundesverfassungsgericht ausgeführt hat, „als solches gleich wertvoll und kann deshalb keiner irgendwie gearteten unterschied-

Grundrechtsordnung auf dramatische Weise in der Entscheidung des Bundes-verfassungsgerichts vom 15.02.2006 zur Nichtigkeit der Ermächtigung zum Ab-schuss von durch Terroristen gekaperten Flugzeugen durch § 14 Abs. 3 des Luftsicherheitsgesetzes deutlich. „Unter der Geltung des Art. 1 Abs. 1 GG", so der Erste Senat des Gerichts, „ist es schlechterdings unvorstellbar, auf der Grundlage einer gesetzlichen Ermächtigung unschuldige Menschen, die sich wie die Besatzung und die Passagiere eines entführten Luftfahrzeugs in einer für sie hoffnungslosen Lage befinden, vorsätzlich zu töten. [...] Eine solche Behandlung missachtet die Betroffenen als Subjekte mit Würde und unveräußerlichen Rechten. Sie werden dadurch, dass ihre Tötung als Mittel zur Rettung anderer benutzt wird, verdinglicht und zugleich entrechtlicht".[60] Nach der konsequent deontologischen Argumentation des Bundesverfassungsgerichts soll weder die Finalität des staatlichen Akts (Gefahrenabwehr) noch der Umstand, dass mög-licherweise eine insgesamt weit größere Zahl von Menschenleben gerettet wer-den könnte, für das Verdikt des Würdeeingriffs von Bedeutung sein; an diesem „ändert es nichts, dass dieses Vorgehen dazu dienen soll, das Leben anderer Menschen zu schützen und zu erhalten".[61] Der so verstandene Würdesatz ver-mittelt eine radikale Absage an die Quantifizierung von Rechten und einen *uti-litarianism of rights* (Nozick[62]). An diesem Befund sind vier Aspekte hervorzu-heben. *Erstens:* Wiederum zeigt sich, dass die Würde im Rechtsinn kein kolli-sionsfähiges Gut ist. Sie postuliert vielmehr den genetischen Code einer Rechtsordnung, die in ihrem Kern auf dem Vorrang des Rechten vor dem Guten[63] beruht. *Zweitens:* Einmal mehr wird deutlich, warum innerhalb des Art. 1 Abs. 1 GG die negative Dimension des Würdesatzes, d.h. das Verletzungsverbot („un-antastbar") der Schutzdimension lexikalisch vorgeordnet ist. *Drittens:* Unter-scheidet man mit Amartya Sen normative Prinzipien anhand der für sie konsti-

lichen Bewertung oder gar zahlenmäßigen Abwägung unterworfen werden" (BVerfGE 39, 1, 39 [1975]). „Menschliches Leben und menschliche Würde genießen ohne Rücksicht auf die Dauer der physischen Existenz des einzelnen Menschen gleichen verfassungs-rechtlichen Schutz" (BVerfGE 115, 118, 158 [2006]). Die „Lebenswertindifferenz" dieses Grundrechts untersagt es also, zwischen mehr und weniger „lebenswertem" Leben zu differenzieren bzw. die Leben der Grundrechtsträger für allokative Zwecke nach ihrer sozialen Funktionsfähigkeit, ihrer medizinischen oder sonstigen Qualität oder ihrer mutmaßlichen Dauer zu unterscheiden. Im Hinblick auf die Teilhabefunktion des Le-bensgrundrechts bei der Zuteilung knapper medizinischer Ressourcen stellt die von Art. 1 Abs. 1 strukturierte Grundrechtsordnung also den egalitären Schutz der Lebens- und Gesundheitsinteressen jedes einzelnen Patienten über die Maximierung dieser In-teressen in ihrer Gesamtsumme.

60   BVerfGE 115, 118 (157).
61   Ebd.
62   R. Nozick 1974. Anarchy, State and Utopia.
63   J. Rawls 1994. „Der Vorrang des Rechten und die Idee des Guten".

tutiven informationellen Beschränkungen[64], erweisen sich die *informational constraints* des so verstandenen Würdesatzes als radikal. Die Folgekosten seines deontologischen Rigorismus' liegen daran, dass er sich konkurrierenden normativen Prinzipien kaum mehr zu öffnen vermag und sich auch nicht mehr ohne Weiteres mit dem Gesamtnetz unserer moralischen Überzeugungen in ein Überlegungsgleichgewicht bringen lässt. Dies ist ein Befund, der aus (rechts-) philosophischer Sicht Fragen aufwirft und für die *moralische* Geltungskraft des Prinzips der Menschenwürde problematisch ist[65], den *rechtlichen* Würdediskurs zunächst jedoch nicht unmittelbar zu beunruhigen braucht. *Viertens* schließlich bedeutet die dem Würdebegriff inhärente radikale Absage an die Quantifizierung von Rechten, dass derjenige, der das Ergebnis der Entscheidung des Gerichts zum Luftsicherheitsgesetz für falsch hält, die deontologische Struktur des Würdesatzes aber ernst nehmen und dadurch gleichsam „im Spiel bleiben" will, rechtstheoretisch nur darauf abstellen kann, ob und, wenn ja, wie Fragen der Aggregation und Allokation von würderelevanten Rechten (oder gar von Leben und Tod) in Zwangslagen mit *nichtkonsequentialistischen* Mitteln beantwortet werden können.[66] Der schon bisher intensiv geführten Debatte lassen sich (was hier nicht weiter verfolgt werden kann) möglicherweise Gründe dafür entnehmen, dass die Ermächtigung, ‚unschuldige' und ohnehin dem Tod geweihte Menschen an Bord eines entführten Luftfahrzeugs vorsätzlich zu töten, nicht zwingend als deren Entwürdigung begriffen werden muss. Unter den Ansätzen, die gleichsam methodisch anschlussfähig bleiben, wäre etwa auf Frances Kamms sich als deontologisch verstehendes *Principle of Permissible Harm*[67] zu verweisen.

---

64   A. Sen 1985. „Well-being, Agency and Freedom. The Dewey Lectures", 169 ff.

65   Vgl. M. Quante 2003. Menschenwürde und personale Autonomie, 36 und 47.

66   Siehe hierzu etwa die Arbeiten von F. Kamm 1998, 2001. Morality, Mortality, Vol. I and II; „Nonconsequentialism", Intricate Ethics; R. Merkel 2007. „§ 14 Abs. 3 Luftsicherheitsgesetz: wann und warum darf der Staat töten?"; K. Möller 2007. „Abwägungsverbote im Verfassungsrecht"; M. Kumm 2007. „What Do You Have in Virtue of Having a Constitutional Right?"; W. Lübbe 2004. Tödliche Entscheidung. Allokation von Leben und Tod in Zwangslagen, und dies. 2006. „Konsequentialismus und Folter", sowie künftig A. Voloj Dessauer. Philosophische Überlegungen zum Luftsicherheitsgesetz.

67   Vgl. inbesondere F. M. Kamm 2001. Morality, Mortality: Volume II: Rights, Duties, and Status, sowie dies. 2007. Intricate Ethics: Rights, Responsibilities, and Permissible Harms.

2.4 Zwischenergebnis

Wenn das Recht jedes einzelnen Bürgers auf *equal concern and respect* (Dworkin[68]) die Fundamentalnorm liberaler Rechtsstaaten ist, so ist es der Würdegrundsatz, der dieses Fundament der Achtung vor Menschen als Rechtspersonen sichert. Wenn man die Vorstellung einer konsequent auf die Achtung vor dem Individuum ausgerichteten Rechtsordnung als *idée directrice* des neuzeitlichen westlichen Rechtsdenkens begreift, dann erweisen sich die dargelegten Funktionen des Menschenwürdesatzes als deren notwendiger Schlussstein.

Vieles spricht dafür, dass es gerade die vom Würdeschutz her konstruierte Rechtsordnung der Bundesrepublik ist, die das Prinzip der Achtung vor dem Einzelnen im Konzert der westlichen Verfassungstraditionen am konsequentesten umgesetzt hat – ein Befund, der angesichts des „langen Weges nach Westen" (Heinrich August Winkler), den Deutschland genommen hat, nicht ohne historische Ironie ist. In jedem Fall ist es aber diese strukturierende Funktion des Würdegrundsatzes für die rechtlichen Anerkennungsverhältnisse *schlechthin*, die in den Debatten etwa über die Zulässigkeit der polizeilichen Präventivfolter oder des Abschusses von Passagierflugzeugen verhandelt wird.

Die Antwort auf die eingangs gestellten Fragen – Was ist diejenige Interpretation des Würdekonzepts, welche die normativen Einzelaussagen, die aus ihm gewonnen wurden, in einen kohärenten Rechtfertigungszusammenhang bringt? Welche Interpretation des Würdekonzepts kann die normative Struktur und Funktion des Begriffs auf der Ebene seiner Tiefengrammatik rekonstruieren? – lautet mithin: Der Würdegrundsatz umschreibt das Fundament reziproker Anerkennung von Menschen als Rechtspersonen. Seine primäre Struktur und Funktion ist die eines *constraints*, einer deontologisch verstandenen und als subjektives Abwehrrecht ausgestalteten *Grenze* dessen, was Rechtspersonen angetan werden darf. Er umschreibt ein „Recht auf absolute Rechte" und kein Gut. Der Würdegrundsatz ist weder Gegenstand noch Resultat von Prozessen der Güterabwägung. Er garantiert so, dass in seinem Anwendungsbereich die Rationalität individueller Rechte eine strikt *nichtkonsequentialistische* ist und bringt damit zugleich die normative Entscheidung dafür zum Ausdruck, dass die Opportunitätskosten der so generierten absoluten Individualrechte – d. h. die Verluste an anderen Gütern, die nur durch die Nichtachtung dieser Rechte zu verhindern wären – hinzunehmen sind. Diese Kosten können erheblich sein, und ein rationaler Würdediskurs wird gut daran tun, sie nicht zu invisibilisieren. Sie sollen jedoch von denen zu tragen sein, denen sie nur durch die Verletzung der Würde Anderer abgenommen werden können. Dem primär auf den Respekt vor dem Einzelnen verpflichteten Staat sind dadurch viele Handlungsmöglichkeiten verwehrt, für die gute Gründe sprechen. In moralischer und auch in metaethischer

---

68 R. Dworkin 1984. Bürgerrechte ernstgenommen, 298 ff.; ders. 1984. „Liberalism", 191.

Hinsicht kann man diesen Befund deshalb kritisieren. Zudem präjudizieren Struktur und Funktion der Menschenwürde als *Rechtsbegriff* nicht den moraltheoretischen Diskurs über die Würde des Menschen und anderer Wesen (wenngleich die Moraltheorie gut daran tut, das philosophisch auf den Begriff gebrachte Würdekonzept des Art. 1 Abs. 1 des Grundgesetzes zu rezipieren[69]). Wer allerdings im *Recht* von einer anderen Interpretation des Würdesatzes ausgeht, verfehlt dessen Tiefengrammatik und gibt den Anspruch auf, den Würdesatz und die aus ihm abgeleiteten Entscheidungen als kohärenten Rechtfertigungszusammenhang und die Rechtsordnung insoweit als vernünftige zu begreifen.

3 Kritik I: juristisch

Dennoch wird dieses Normverständnis seit einigen Jahren häufiger in Frage gestellt. Dies geschieht zunehmend in der methodischen Absicht, den der Abwägung und der Zweck-Mittel-Rationalität schlechthin entzogenen Würdesatz systematisch der Verrechenbarkeit zu öffnen. Als sichtbarster – und deshalb an dieser Stelle exemplarisch zu behandelnder – Versuch in diese Richtung kann der methodische Teil der Kommentierung des Art. 1 GG durch Matthias Herdegen[70] gelten, der den Ansatz verfolgt, den Menschenwürdesatz hinsichtlich seiner *Rechtsfolgen* zwar weiterhin als kategorisch wirkendes Verletzungsverbot zu verstehen[71], seinen *Schutzbereich* jedoch als „abwägungsgeprägt" zu begreifen und in diese Abwägung die mit dem Eingriff verfolgte Finalität, d. h. den Zweck der Beeinträchtigung einzustellen.[72] Ein „guter Zweck" vermag in dieser Perspektive also nicht nur das Mittel zu heiligen, sondern soll dem Betroffenen die Möglichkeit nehmen, die von ihm erlittene Grundrechtsbeeinträchtigung überhaupt als Verletzung seiner Menschenwürde im Rechtssinn darzustellen.

Das Bundesverfassungsgericht hat nicht zuletzt in seinem Urteil zum Luftsicherheitsgesetz vom 15.02.2006 die von Herdegen ein Jahr zuvor publizierte These, dass die Intention bzw. Finalität des staatlichen Akts – hier: der Abschuss eines gekaperten Flugzeugs zum Zweck der Gefahrenabwehr und der Rettung einer größeren Zahl von Menschenleben – seine Qualifikation als Würdeverletzung sperren könnte, nachdrücklich zurückgewiesen.[73] Ein Blick auf die „Neukonstruktion" des Würdekonzepts bei Herdegen scheint dennoch lehrreich.

Die These von der „Wertungs- und Abwägungsgebundenheit von Würdean-

---

69   Vgl. M. Quante 2003. Menschenwürde und personale Autonomie, 36 ff., 46 ff.

70   M. Herdegen 2009. „Kommentierung zu Art. 1 Abs. 1 GG".

71   A.a.O., Rn. 73.

72   A.a.O., Rn. 46 ff.

73   An dem Verdikt des Würdeeingriffs „ändert es nichts, dass dieses Vorgehen dazu dienen soll, das Leben anderer Menschen zu schützen und zu erhalten", vgl. oben, Fn. 60 f.

spruch und Verletzungsurteil"[74] versucht eine Antwort auf die Frage zu geben, wann der nicht relativierbare und abwägungsfeste Menschenwürdesatz aktiviert wird. Die Problematik dieser Antwort liegt nach dem Ausgeführten auf der Hand. Herdegens Ansatz zielt so tief, dass er notwendigerweise in weiten Teilen den strukturellen Sinn des Würdeprinzips zerstört und sich damit zugleich des theoretischen Instrumentariums begibt, die von ihm verfolgte Verflüssigung des Konzepts noch auf „Randzonen der Würdegarantie"[75] beschränken[76] oder sonst argumentativ kontrollieren und steuern zu können. Dies wird etwa an der Frage polizeilicher Präventivfolter sichtbar, deren Szenarien definitionsgemäß dem Zweck der Rettung des Lebens Unschuldiger – also dem hohen Gut der staatlichen Schutzpflicht aus Art. 2 Abs. 2 Satz 1 GG – gelten.

Wenn Herdegen einräumt, dass es durchaus einen „Würdekern" gebe, „dessen Verletzung rein gegenständlich-modal durch die Art der Behandlung in Abstraktion von weiteren Umständen begründet ist (etwa Genozid und Massenvertreibung)"[77], so zeigen die von ihm gewählten Beispiele (Genozid und Massenvertreibung), dass es sich hierbei um Sachverhalte handelt, deren Zweck schlechthin keiner vernünftigen Rechtfertigung zugänglich ist. Dies unterscheidet Genozid beispielsweise von polizeilicher Präventivfolter mutmaßlicher Terroristen mit dem Ziel der Rettung Unschuldiger in den omnipräsenten *ticking-bomb-scenarios*. Konsequenterweise wendet sich Herdegen zunächst auch dagegen, in solchen Fällen die Zufügung körperlicher Schmerzen zur Willensbeugung „rein modal [...] und deswegen stets – in völliger Abstraktion vom intendierten Lebensschutz – als Würdeverletzung"[78] zu beurteilen. Unerfindlich bleibt jedoch, warum sich Herdegen sodann auf die Behauptung zurückzieht, in der Folter zur Rettung unmittelbar bedrohter Menschenleben in Abwesenheit erfolgversprechender Alternativen sei eine „Grenze würdeimmanenter Abwägung" und ein „Dilemma" zu sehen, das sich nach verfassungsrechtlichen Maßstäben keiner befriedigenden Lösung zuführen lasse, denn gerade in der von ihm begründeten theoretischen Perspektive wird in *ticking-bomb-scenarios* die „Abwägung von Zweck und Beeinträchtigung" immer zugunsten des Eingriffs ausschlagen müssen. Dies gilt umso mehr, als Herdegen – entgegen seiner nicht weiter begründeten These, dass die *Zahl* der in ihrer Würde oder ihrem Leben betroffenen Menschen kein entscheidendes Kriterium liefern könne[79] – im Rahmen seines Ansatzes über keine theoretischen Mittel verfügt, sich bei der Anwendung seines Abwägungsmodells der Quantifizierung von Rechten und

---

74 Vgl. a. a. O., Rn. 49.

75 A.a.O., Rn. 49.

76 Dies sieht auch K.-E. Hain 2006. „Konkretisierung der Menschenwürde durch Abwägung?", 204 f.

77 Herdegen, a. a. O., Rn. 47.

78 A.a.O., Rn. 50.

79 A.a.O., Rn. 51.

Schutzgütern zu entziehen, hat der Versuch der Rettung Hunderter oder Tausender in der Logik der Zweck-Mittel-Relation doch evidenter Weise ein anderes Gewicht als die Rettung eines Einzelnen. Die Folterung einer Handvoll mutmaßlicher Terroristen zur Rettung des Lebens hunderter potentieller Opfer ist im verrechnenden Kalkül allemal gerechtfertigt (und in Herdegens Ansatz mithin hinreichender Grund dafür, den Akt der Folter selbst nicht unter Art. 1 Abs. 1 GG zu subsumieren). Herdegens Rückzugsposition, gegen die Zulässigkeit der Folter spreche letztlich „ein traditioneller Konsens", auf dessen Grundlage sich bei Folter eine Würdeverletzung eben doch „rein modal, ohne Berücksichtigung des verfolgten Zwecks begründen" lasse[80], markiert (abgesehen davon, dass dieser Konsens längst brüchig ist) nur einen mit den theoretischen Mitteln seines Ansatzes nicht mehr herzuleitendes und deshalb kontingentes Zurückweichen vor den Konsequenzen einer Interpretation, auf deren Grundlage *jeder* modal menschenwürdeverletzende Eingriff in individuelle Grundrechte *for the greater good* gerechtfertigt werden kann, soweit es sich bei diesem „höheren" Gut um den intendierten Schutz eines unmittelbar bedrohten und hinreichend gewichtigen Rechtsguts von Verfassungsrang handelt.

Herdegen, der den notwendigerweise deontologischen Sinn des kategorischen Würdesatzes als „Simplifikation" missversteht, unternimmt mit seiner Forderung nach „situationsgebundener Abwägung von Zweck und Beeinträchtigung"[81] und trotz seiner Betonung des Finalitätsbegriffs letztlich eine schlichte konsequentialistische Reformulierung des Würdekonzepts. Diese verfehlt gerade deshalb den normativen Sinn des Würdesatzes, weil in Art. 1 Abs. 1 GG vom Rechten die Rede ist und nicht von einem Gut unter anderen Gütern.[82]

Dabei kann kein Zweifel daran bestehen, dass das von Herdegen adressierte *Problem* existiert. Eben weil der als rechtliche Regel verstandene Menschenwürdesatz, anders als die Einzelgrundrechte, nicht relativierbar und abwägungsfest ist, muss sich der Diskurs über ihn auf die Frage verlagern, wann er aktiviert wird[83] – ohne dieses „Konkretisierungsdilemma"[84] ist die Norm nicht zu haben. Allerdings folgt die Bestimmung des Schutzbereichs der Menschenwürdegarantie nicht der Logik der Abwägung zwischen konkurrierenden Gütern oder auf ihre bestmögliche Realisierung zielenden Prinzipien. Es erscheint als spezifisch juristische *déformation professionelle*, die Normenkonkretisierung nur noch als Abwägungsprozess[85] begreifen zu können. Menschenwürde ist kein Prinzip im

---

80   A.a.O., Rn. 95.
81   A.a.O., ebd., Rn 47.
82   W. Lübbe 2006. „Konsequentialismus und Folter", 74.
83   R. Alexy 1986. Theorie der Grundrechte, 96 f.
84   W. Höfling 2011. „Kommentierung zu Art. 1 GG", Rn. 10.
85   So für Art. 1 Abs. 1 nachdrücklich Hain. Seine zentrale These, aus dem Umstand, dass die Würdegarantie der Konkretisierung und Operationalisierung bedürfe, folge, dass ihr Gehalt Gegenstand einer „Abwägung" und folglich „Relativierung" sein müsse

Sinne Robert Alexys, auf den das Missverständnis zurückgeht, dass der Regel-
gehalt (bzw. Schutzbereich) der Menschenwürde nur als das jeweilige Ergebnis
konkreter Abwägungen verstanden werden könne.[86] Menschenwürde ist insbesondere kein Optimierungsgebot des Inhalts, „Würde" in einem relativ zu den
tatsächlichen und den – von konkurrierenden Prinzipien definierten – rechtlichen
Möglichkeiten möglichst hohen Maß zu realisieren. Sie ist nicht ein Grund innerhalb von Abwägungen[87], sondern deren Grenze, nicht *reason*, sondern *constraint*. Ihre Funktion ist es, der Assimilation von Rechten an Werte[88] Grenzen zu
setzen.

Der Schutzbereich der Menschenwürdegarantie richtet sich danach, was als
eine Behandlung zu verstehen ist, die das Fundament reziproker Anerkennung
von Menschen als Rechtspersonen berührt. Dies ist kein Satz, unter den der
Amtsrichter einfach subsumieren kann. Deshalb bleibt Würde als Rechtsbegriff
ein *essentially contested concept*[89] – ein komplexer wertender Begriff, über dessen
adäquate Interpretation im Licht normativer Gründe nach den Regeln des öffentlichen Vernunftgebrauchs gestritten werden muss (und gestritten werden
kann) und der bereichsspezifisch konkretisiert werden muss. Diese Konkretisierung[90] folgt jedoch nicht den Regeln der Prinzipien- oder Güterkollision. Die
Antwort auf die Frage, was zum Fundament wechselseitiger Anerkennung von
Menschen als Rechtspersonen gehört, hängt nicht von Abwägungsprozessen ab.

4 Kritik II: philosophisch

Die theoretische Schraube lässt sich allerdings noch einmal weiterdrehen. Dass
sich der Rechtssatz von der Menschenwürde nicht an Werte oder Güter assimi-
lieren lässt und seine Reichweite nicht von einer einfachen Abwägung mit konkurrierenden Gütern im Einzelfall abhängen kann, besagt noch nicht, dass Gü-
terkollisionen mit Menschenwürdebezug nicht gleichsam auf einer höheren

---

(K.-E. Hain 2006. „Konkretisierung der Menschenwürde durch Abwägung?", 191 und
passim und ders. 2007. „Menschenwürde als Rechtsprinzip", 95 f.) ist ein ersichtliches
non sequitur.

86 R. Alexy 1986. Theorie der Grundrechte, 95 ff.

87 Vgl. R. Alexy 1992. Begriff und Geltung des Rechts , 120; ders. 1986. Theorie der
Grundrechte, 71 ff.; ders., „Individuelle Rechte und kollektive Güter", 202 ff.; J. R. Sieckmann 1990. Regelmodelle und Prinzipienmodelle des Rechtsystems, 62 ff.; K. Günther 1988. Der Sinn für Angemessenheit. Anwendungsdiskurse in Moral und Recht, 345 f.

88 Vgl. zur Kritik J. Habermas 1992. Faktizität und Geltung, 310 ff.

89 W. B. Gallie 1956. „Essentially Contested Concepts", 171 f.

90 Für einen überzeugenden Versuch, den Menschenwürdeschutz als ein Ensemble
von sieben Fallgruppen subjektiver Rechte zu rekonstruieren, die den Würdediskurs
zugleich einer normativen Anthropologie öffnen, vgl. E. Hilgendorf 1999. „Die mißbrauchte Menschenwürde", 148 ff. und ders. 2004. „Folter im Rechtsstaat", 336.

Ebene theoretisch bewältigt werden können – einer Ebene, die auf die Gründe dafür rekurriert, *warum* wir absolute *constraints*, d. h. unverletzliche Rechtspositionen zuschreiben (sollten).

Zumindest ein theoretischer Kandidat für einen solchen Versuch ist zu nennen. Er stammt wiederum von der in Harvard lehrenden Frances Kamm, die heute in der nichtkonsequentialistischen Theoriebildung jene Rolle der kreativen Querdenkerin einnimmt, die Derek Parfit im konsequentialistischen Theorielager gespielt hat.

Kamm fragt – im Rahmen einer Argumentation, die sich in durchaus kantischer Tradition als deontologisch versteht – nach den Gründen für die Zuschreibung absoluter moralischer Rechte. Ihre Antwort, die sie am Beispiel des Rechts auf Leben gibt, ist die einer „Statustheorie der Person"[91], wobei der Begriff „Status" umschreibt, was der Person, die ihn innehat, zulässigerweise angetan werden darf. Er bezeichnet insoweit ein subjektives moralisches Recht der Person.[92] Am Beispiel der Situation illustriert, die das Luftsicherheitsgesetz regeln wollte, lautet Kamms Argument: Wenn wir erlauben würden, dass wenige (Unschuldige) getötet werden, um viele zu retten, würden wir zwar den Lebensschutz maximieren, dabei jedoch den *Status* eines jeden beeinträchtigen. Jeder wäre weniger unverletzlich, weniger wichtig, jeder hätte weniger rechtlichen Eigenwert. Der Unverletzlichkeitsstatus sei jedoch ein intrinsisches Gut für die Person („in itself a benefit to us") und zugleich sei die Welt mit ihm ein normativ „besserer" Ort, weil sie „moralisch wichtigere Wesen" beherberge.[93]

Kamm versteht ihre Statustheorie als *nichtkonsequentialistisch*, weil Status in diesem Sinne nicht aus den Folgen von Handlungen oder Unterlassungen resultiere, sondern etwas sei, was Personen als solchen zugeschrieben werde[94] und im Übrigen als unveräußerlich qualifiziert werden müsse.

Bei dieser Selbstbeschreibung der Theorie dürfte es sich zumindest in rechtstheoretischer Sicht um ein Missverständnis handeln. Kamms Entscheidung dafür, den subjektiv-rechtlichen Unverletzlichkeitsstatus – also das, was wir unter dem Begriff Menschenwürde verhandeln und den auch Kamm auf die kantische Vorstellung der Selbstzweckhaftigkeit der Person zurückführt[95] – axiologisch, also als „Wert" *(value)*[96] zu begreifen, bedeutet, dass es sich um etwas handeln soll, das

---

91   Vgl. zum Folgenden F. M. Kamm 2001. Morality, Mortality: Volume II: Rights, Duties, and Status, 272 ff.

92   Vgl. F. M. Kamm 2000. „Nonconsequentialism", 217; Morality, Mortality: Volume II: Rights, Duties, and Status, 271.

93   F. M. Kamm 2001. Morality, Mortality: Volume II: Rights, Duties, and Status, 272.

94   „The value already resides in persons", F. M. Kamm 2000. „Nonconsequentialism", 217.

95   F. M. Kamm 2001. Morality, Mortality: Volume II: Rights, Duties, and Status, 286.

96   F. M. Kamm 2000. „Nonconsequentialism", 217 und dies. 2001. Morality, Mortality: Volume II: Rights, Duties, and Status, 279.

(maximal[97]) realisiert werden soll, sofern dem nicht konkurrierende Werte, die ebenfalls verwirklicht werden wollen, entgegenstehen. In der Tat versteht sie „Unverletzlichkeit" als eine Zuschreibung, die graduellen Abstufungen zugänglich ist[98] und sowohl qualitativ als auch quantitativ (d. h. im Hinblick auf numerische Schwellen, also die gleichrangigen Interessen einer größeren Zahl anderer Personen) begrenzt sein kann.[99] Man kann nach alledem *mehr oder weniger* „unverletzlich" sein. Verzichtet man auf die vollständige Realisierung dieses Werts „Unverletzlichkeit", lassen sich gegebenenfalls andere Werte – etwa der Lebensschutz – in höherem Maße verwirklichen. Die Kollision von Leben gegen Leben beispielsweise bleibt so Gegenstand einer Abwägung, wenngleich einer qualifizierten, weil sie als weiteren Rechnungsposten den hohen Wert einer möglichst hohen Unverletzlichkeit aller in das Kalkül einstellen muss.

Das Argument Kamms lässt sich ohne Weiteres auf die Diskussion über Art. 1 Abs. 1 GG übertragen. Tut man dies, dann hat man zu entscheiden, „wie wichtig einem Unverletzlichkeit ist" und die Unverletzlichkeit der Menschenwürde unter den Vorbehalt einer solchen qualifizierten Abwägung zu stellen.[100] Man könnte und sollte dann den Bürgern zwar einen hohen, aber möglicherweise nicht absoluten Unverletzlichkeitsstatus zusprechen, der im Einzelfall nicht zur Rettung *eines* Menschenlebens, aber vielleicht zum Zwecke der Rettung Hunderter zurückstehen würde. Bei der Zuschreibung des Rechtsstatus, der von Art. 1 Abs. 1 GG garantiert wird, würde folglich graduell und abwägungsabhängig verfahren.

Warum berührt dies die hier geführte Diskussion über Struktur und Funktion der Menschenwürde als *Rechtsbegriff* letztlich nicht? Frances Kamms Ansatz ist der paradox anmutende Versuch, den Vorrang des Rechten vor dem Guten in einer Theorie des Guten zu fundieren.[101] Dabei begreift sie das subjektive Recht auf Unverletzlichkeit von vornherein werttheoretisch und teleologisch, es beruht auf dem Ziel der (maximalen) Realisierung eines als intrinsisch gut verstandenen Wertes. Das normativ Gebotene hängt von einem vorgängigen Begriff des Guten ab. Ihre Position ist damit – jedenfalls in rechtstheoretischer Hinsicht – entgegen ihrer Selbsteinschätzung keine deontologische, sondern die avancierteste Form eines gegenüber dem Anliegen der kantischen Tradition problembewussten Konsequentialismus, wenngleich eines Konsequentialismus mit einer pluralen Axiologie. Unser *Status* soll nach Kamm zwar ein besonderer Wert sein, aber doch a) nur einer unter mehreren und b) keiner, der Abwägungsprozessen mit kon-

---

97   A.a.O., 279 („maximal presence" of a value).

98   A.a.O., 274.

99   A.a.O., 215. Kamms Theorie thematisiert insbesondere die Frage, wann die Verletzung eines spezifischen individuellen Rechts zum Zwecke der Minimierung gleichartiger Rechtsverletzungen zulässig ist.

100   Vgl. K. Möller 2007. „Abwägungsverbote im Verfassungsrecht", 121 ff.

101   Vgl. F.M. Kamm 2007. Morality, Mortality: Volume II: Rights, Duties, and Status, 279 f.

kurrierenden Werten schlechthin entzogen wäre.[102] Methodisch ist dies nicht mehr als eine alternative Version der idealutilitaristischen Theorie der Freiheitsschrift John Stuart Mills, der ebenfalls einen Wert, ein Gut unter mehreren, nämlich individuelle Autonomie, mit besonderem Gewicht versehen wollte, ohne die Logik des utilitaristischen Kalküls der Gütermaximierung (oder doch zumindest: -realisierung) als solche zu verlassen.[103] Kamm verwechselt damit einen *Grund* dafür, warum wir den Status von Rechtspersonen, warum wir Würde im Rechtsinn, warum wir unverletzbare Rechte zuschreiben, mit der *Struktur* des hierdurch vermittelten Schutzes.

Auf die Interpretation des Menschenwürdesatzes des Grundgesetzes lässt sich dies nicht übertragen, weil dieser die Unverletzlichkeit bestimmter Rechtspositionen als Ausdruck der Achtung vor dem Einzelnen in ein *Fundierungsverhältnis* zur Rechtsordnung stellt. Deshalb wirkt er als deontologische Grenze, als *constraint* staatlichen Handelns und nicht als kollisionsfähiges Gut – auch nicht auf der Metaebene der Kammschen Diskussion. Art. 1 Abs. 1 GG hat vielmehr auch die von Kamm aufgeworfene Frage bereits entschieden. Kamms Statustheorie lässt sich deshalb mit der Tiefengrammatik des rechtlichen Würdesatzes nicht vermitteln.

5 Evolutionär unwahrscheinliche Errungenschaften

Die Problematik kategorischer Grundsätze wie der Menschenwürde (in dem hier vorgestellten Sinn) liegt, wie gezeigt, in ihrem Rigorismus und, damit einhergehend, in ihrem möglichen Mangel an intuitiver normativer Plausibilität – jedenfalls in Grenzsituationen. Die *fiat iustitia pereat mundus*-Logik der Entscheidung zum Luftsicherheitsgesetz, die den Tod Tausender in Kauf nimmt, weil sie den Abschuss von hundert Personen verbietet, lässt sich in ihrer Radikalität mit

---

102 Der deontologisch verstandene Würdebegriff lässt sich allenfalls dann axiologisch rekonstruieren, wenn man die einzelne Person als Inhaberin des entsprechenden Achtungsanspruchs als *absoluten* – also der Verrechnung mit anderen Werten entzogenen – intrinsischen Wert begreift. In der Moralphilosophie findet sich hierzu eine Parallele in Kants These, derzufolge die „Gesetzesformel" des kategorischen Imperativs („[H]andle nur nach derjenigen Maxime, durch die du zugleich wollen kannst, daß sie ein allgemeines Gesetz werde" [Grundlegung, AA IV, 421]) und seine sog. „Zweckformel" („Handle so, daß du die Menschheit sowohl in deiner Person, als in der Person eines jeden andern, jederzeit zugleich als Zweck, niemals bloß als Mittel brauchst" [ebd., 429; vgl. 433]) inhaltlich äquivalent seien (vgl. ebd., 421 und 436 „Formeln eben desselben Gesetzes"). Kant spricht dem vernünftigen Wesen als Zweck an sich selbst aber „Würde, d.i. *unbedingten, unvergleichbaren* Wert" (ebd., 428) bzw. „einen *absoluten* innern Wert" (ebd., 434 f.) zu. Das tut Kamm gerade nicht; ihre Pointe ist es gerade, „Unverletzlichkeit" zu gradualisieren und der Abwägung mit anderen Werten zu öffnen.
103 Vgl. R. J. Arneson 1980. „Mill versus Paternalism", 472 ff.

normativen Alltagsurteilen nicht ohne Weiteres vermitteln. Dasselbe gilt von der anscheinend radikalen Absage des Grundgesetzes an das Ziel der Gesamtwohlfahrt aller Patienten im Bereich der Zuteilung bzw. Rationierung knapper lebenswichtiger Güter.[104] Dass es schließlich in Ordnung sein *muss*, den mutmaßlichen Schwerverbrecher oder Terroristen zu foltern, um ein Entführungsopfer oder gar eine ganze Stadt zu retten, vermitteln die *ticking-bomb-scenarios* in Filmen wie *24* mit 24 Bildern pro Sekunde oder 1440 *beats per minute*.

Die Entscheidung dafür, das Recht von einem radikalen Prinzip des Respekts für den Einzelnen her zu denken, ist höchst voraussetzungsvoll und darüber hinaus eine, mit Luhmann gesprochen, evolutionär unwahrscheinliche Errungenschaft. Auch im internationalen Vergleich ist sie kein Gemeingut[105]; es ist unwahrscheinlich, dass das Verfassungsgericht eines anderen westlichen Staates ein Urteil fällen würde, das in ähnlicher Weise von deontologischem Rigorismus geprägt wäre wie die Entscheidung des Bundesverfassungsgerichts zum Luftsicherheitsgesetz. Aufgrund der autopoietischen Strukturen, in denen sich das Recht reproduziert, hängen seine Geltungsansprüche zwar nicht unmittelbar von ihrer lebensweltlichen Überzeugungskraft ab; der normative Anspruch der Verfassung kann sich durchaus gegen Ebbe und Flut der moralischen Alltagskommunikation behaupten, wie etwa die Diskussionen über die Todesstrafe gezeigt haben. Die Debatten um das Luftsicherheitsgesetz und – stärker noch – um die „Rettungsfolter" zeugen jedoch davon, dass der Sinn des Vorrangs des Rechten vor dem Guten, den Art. 1 Abs. 1 GG einfordert, auch im Rechtssystem selbst in Vergessenheit geraten kann.

Literatur

Alexy, Robert / Peczenik, Aleksander 1990. The Concept of Coherence and its Significance for Discursive Rationality, in: *Ratio Juris* 3, 130–47.

Alexy, Robert 1986. *Theorie der Grundrechte*, Frankfurt a.M.

Alexy, Robert 1992. *Begriff und Geltung des Rechts*, Freiburg/München.

Alexy, Robert 1995. Individuelle Rechte und kollektive Güter, in: ders., *Recht, Vernunft, Diskurs*, Frankfurt a.M., 262–287.

Arneson, Richard J. 1980. Mill versus Paternalism, in: *Ethics* 90, 470–489.

Badura, Peter 1964. Generalprävention und die Würde des Menschen, in: *Juristenzeitung* 19, 337–344.

Bauer, Anton 1808. *Lehrbuch des Naturrechts*, Marburg.

Bayertz, Kurt 1995. Die Idee der Menschenwürde: Probleme und Paradoxien, in: *Archiv für Rechts- und Sozialphilosophie* 81, 465–481.

---

104   Siehe Fn. 59.

105   Vgl. Ch. Walter 2006. „Menschenwürde im nationalen Recht, Europarecht und Völkerrecht" und Ch. McCrudden 2008. „Human Dignity and Judicial Interpretation of Human Rights".

Bayertz, Kurt 2010[2]. Menschenwürde, in: Hans Jörg Sandkühler (Hg.), Enzyklopädie Philosophie, Hamburg, 1553–1558.

Brugger, Winfried 2000. Vom unbedingten Verbot der Folter zum bedingten Recht auf Folter?, in: *Juristenzeitung* 55, 165–173

Dessauer, Aaron Voloj i.E.: *Philosophische Überlegungen zum Luftsicherheitsgesetz* (Diss. Münster).

Dreier, Horst 2004[2]. Kommentierung zu Art. 1 GG, in: ders. (Hg.) *Grundgesetz*, Band 1, Tübingen.

Dworkin, Ronald 1985. Liberalism, in: ders., *A Matter of Principle,* Oxford, 181–204.

Dworkin, Ronald 1984. *Bürgerrechte ernstgenommen*, Frankfurt a.M.

Dworkin, Ronald 1984. Rights as Trumps, in: Jeremy Waldron (Hg.), *Theories of Rights,* Oxford, 153–67.

Dworkin, Ronald 1986. *Law's Empire*, London.

Ekardt, Felix 2006. Folterverbot, Menschenwürde und absoluter Lebensschutz, in: *Neue Justiz*, 64–66.

Enders, Christoph 1997. *Die Menschenwürde in der Verfassungsordnung*, Tübingen.

Foucault, Michel 1981. *Die Archäologie des Wissens*, Frankfurt a.M.

Gallie, W. B. 1956. Essentially Contested Concepts, in: Proceedings of the Aristotelian Society 56, 167–198.

Günther, Klaus 1988. *Der Sinn für Angemessenheit. Anwendungsdiskurse in Moral und Recht*, Frankfurt a.M.

Günther, Klaus 1989. Ein normativer Begriff der Kohärenz für eine Theorie der juristischen Argumentation, in: *Rechtstheorie* 20, 163–190.

Gutmann, Thomas / Fateh-Moghadam, Bijan 2002. Rechtsfragen der Organverteilung: Verfassungsrechtliche Vorgaben für die Allokation knapper medizinischer Güter am Beispiel der Organallokation, in: Thomas Gutmann / Klaus A. Schneewind / Ulrich Schroth / Volker H. Schmidt / Antonellus Elsässer / Walter Land / Günter F. Hillebrand, *Grundlagen einer gerechten Organverteilung. Medizin, Psychologie, Recht, Ethik und Soziologie*, Berlin/New York, 59–104.

Gutmann, Thomas 2006. Der Faktor δ. Zur Skizze einer rechteorientierten Theorie der Gesundheitsversorgung, in: Bettina Schöne-Seifert / Alena Buyx / Johann Ach (Hg.), *Gerecht behandelt? Gleichheit und Gerechtigkeit in der Gesundheitsversorgung*, Paderborn, 31–50.

Gutmann, Thomas 2005. ‚Gattungsethik' als Grenze der Verfügung des Menschen über sich selbst?, in: Wolfgang van den Daele (Hg.), *Biopolitik.* Sonderband Leviathan, Wiesbaden, 235–264.

Gutmann, Thomas: *Iustitia Contrahentium. Zu den gerechtigkeitstheoretischen Grundlagen des deutschen Schuldvertragsrechts* (Juristische Habilitationsschrift), in Vorbereitung zur Veröffentlichung.

Gutmann, Thomas 2010. ‚Kind als Schaden?' – Unterhaltsansprüche nach fehlgeschlagenem Abbruch oder fehlerhafter Pränataldiagnostik, in: Katarina A. Weilert (Hg.), *Spätabbruch – Entfernung einer Leibesfrucht oder Tötung eines Babys? Zur Frage der Bedeutung der Geburt für das Recht des Kindes auf Leben und das Recht der Eltern auf Wohlergehen*, Tübingen, 55–78.

Gutmann, Thomas 2011. Säkularisierung und Normenbegründung, in: Nils Jansen / Peter

Oestmann (Hg.), Gewohnheit, Gebot, Gesetz. Normativität in Geschichte und Gegenwart – Eine Einführung, Tübingen, 221–248.

Habermas, Jürgen 1992. *Faktizität und Geltung. Beiträge zur Diskurstheorie des Rechts und des demokratischen Rechtsstaats*, Frankfurt a.M.

Hain, Karl-Eberhard 2006. Konkretisierung der Menschenwürde durch Abwägung, in: *Der Staat*, 189–214.

Hain, Karl-Eberhard 2007. Menschenwürde als Rechtsprinzip, in: H. J. Sandkühler (Hg.), *Menschenwürde: Philosophische, theologische und juristische Analysen*, Frankfurt a.M., 87–10.

Herdegen, Matthias 2009. Kommentierung zu Art. 1 Abs. 1 GG, in: Maunz, Theodor / Dürig, Günter u. a. (Hg.), *Grundgesetz, Kommentar*. München, Loseblattsammlung, Stand Mai 2009.

Hilgendorf, Eric 1999. Die mißbrauchte Menschenwürde. Probleme des Menschenwürdetopos am Beispiel der bioethischen Diskussion, in: *Jahrbuch für Recht und Ethik* 7, 137–158.

Hilgendorf, Eric 2004. Folter im Rechtsstaat, in: *Juristenzeitung* 59, 331–339.

Höfling, Wolfram 2011[6]. Kommentierung zu Art. 1 GG, in: Michael Sachs (Hg.), *Grundgesetz*, München.

Hofmann, Hasso 1983. Die versprochene Menschenwürde, in: *Archiv des öffentlichen Rechts* 118, 353–377.

Hufen, Friedhelm 2004. „Erosion der Menschenwürde?", in: *Juristenzeitung* 59, 313–318.

Huster, Stefan 2002. *Die ethische Neutralität des Staats. Eine liberale Interpretation der Verfassung*, Tübingen.

Isensee, Josef 2005. *Die bedrohte Menschenwürde*, Köln.

Isensee, Josef 2006. Menschenwürde: die säkulare Gesellschaft auf der Suche nach dem Absoluten, in: *Archiv des öffentlichen Rechts* 131, 173–218.

Jakl, Bernhard 2009. *Recht aus Freiheit. Die Gegenüberstellung der rechtstheoretischen Ansätze der Wertungsjurisprudenz und des Liberalismus mit der kritischen Rechtsphilosophie Kants*, Berlin.

Jakl, Bernhard 2010 i.V.: Human Dignity as Fundamental Right to Freedom in the Law, in: Stephan Kirste (Hg.), *Human Dignity and the Foundation of the Rule of Law* (Beiheft ARSP).

Jarass, Hans Dieter 2012[12]. Kommentar zu Art. 1 GG, in: ders. / Bodo Pieroth, *Grundgesetz für die Bundesrepublik Deutschland. Kommentar*, München.

Kamm, Frances M. 1998. *Morality, Mortality: Volume I: Death and Whom to Save from It*, Oxford.

Kamm, Frances M. 2000. Nonconsequentialism, in: Hugh La Follette (Hg.), *The Blackwell Guide to Ethical Theory*, Malden, MA., 205–226.

Kamm, Frances M. 2001. *Morality, Mortality: Volume II: Rights, Duties, and Status*, Oxford.

Kamm, Frances M. 2007. *Intricate Ethics: Rights, Responsibilities, and Permissible Harms*, Oxford.

Kant, Immanuel 1902–1923. Rezension zu Gottlieb Hufeland, Versuch über den Grundsatz des Naturrechts [1786], in: *Kants gesammelte Schriften*, hg. von der Preußischen Akademie der Wissenschaften, Berlin, Band VIII, 127–130.

Kant, Immanuel 1902–1923. *Grundlegung zur Metaphysik der Sitten* [1785], in: Kants gesammelte Schriften, hg. von der Preußischen Akademie der Wissenschaften, Berlin, Band IV, 385–436.

Kersting, Wolfgang 1993. *Wohlgeordnete Freiheit. Immanuel Kants Rechts- und Staatsphilosophie*, erw. Ausgabe, Frankfurt a.M.

Kress, Keneth 1996. Coherence, in: D. Patterson (Hg.), A Companion to Philosophy of Law and Legal Theory, Oxford, 533–552.

Kirchhof, Paul 2007. Menschenbild und Freiheitsrecht, in: R. Grote et al. (Hg.), *Die Ordnung der Freiheit. Festschrift für Christian Starck zum siebzigsten Geburtstag*, Tübingen, 275–296.

Kumm, Mattias 2007. What Do You Have in Virtue of Having a Constitutional Right? On The Place And Limits of the Proportionality Requirement, in: Stanley Paulson/George Pavlakos (Hg.), *Law, Rights, Discourse: Themes of the Work of Robert Alexy*, Oxford, 131–166

Lübbe, Weyma (Hg.) 2004. *Tödliche Entscheidung. Allokation von Leben und Tod in Zwangslagen*, Paderborn.

Lübbe, Weyma 2006. Konsequentialismus und Folter, in: W. Lenzen (Hg.), *Ist Folter erlaubt? Juristische und philosophische Aspekte*, Paderborn, 67–75.

Luhmann, Niklas 1993. *Das Recht der Gesellschaft*, Frankfurt a.M.

MacCormick, Neil 1984. Coherence in Legal Justification, in: W. Krawietz / H. Schelsky / G. Winkler / A. Schramm (Hg.), *Theorie der Normen. Festgabe für Ota Weinberger*, Berlin, 37–53.

McCrudden, Christopher 2008. Human Dignity and Judicial Interpretation of Human Rights, in: *European Journal of International Law* 19, 655–724.

Merkel, Reinhard 2007. § 14 Abs. 3 Luftsicherheitsgesetz: wann und warum darf der Staat töten?, in: *Juristenzeitung* 62, 373–385.

Möller, Kai 2007. Abwägungsverbote im Verfassungsrecht, in: *Der Staat* 45, 109–128.

Morlok, Martin 1993. *Selbstverständnis als Rechtskriterium*, Tübingen.

Neumann, Ulfried 1998. Die Tyrannei der Würde. Argumentationstheoretische Erwägungen zum Menschenwürdeprinzip, in: *Archiv für Rechts- und Sozialphilosophie* 84, 153–166

Nozick, Robert 1974. *Anarchy, State, and Utopia*, New York.

Parlamentarischer Rat 1993. *Der Parlamentarische Rat 1948–1949. Akten und Protokolle, Band 5: Ausschuss für Grundsatzfragen*, bearbeitet von Eberhard Pikart und Wolfram Werner, Boppard a.R.

Patterson, Dennis M. 2006. Dworkin on the Semantics of Legal and Political Concepts, in: *Oxford Journal of Legal Studies* 26, 545 ff.

Pawlas, Andreas 1991. Grundgesetz und Menschenbild, in: *Aus Politik und Zeitgeschichte* B 49, 37–46.

Pieroth, Bodo / Schlink, Bernhard 2012[28]. *Grundrechte (Staatsrecht II)*, Heidelberg.

Quante, Michael 2003. *Einführung in die Allgemeine Ethik*, Darmstadt.

Quante, Michael 2010. *Menschenwürde und personale Autonomie. Demokratische Werte im Kontext der Lebenswissenschaften*, Hamburg.

Rawls, John 1993. *Political Liberalism*, New York.

Rawls, John 1994[2]. Der Vorrang des Rechten und die Idee des Guten, in: ders., *Die Idee des politischen Liberalismus. Aufsätze 1978–1989*, Frankfurt a.M.

Savigny, Friedrich Carl v. 1840 (1981). *System des heutigen römischen Rechts*, Berlin 1840 (Neudruck Aaalen 1981).

Seelmann, Kurt 2007. Menschenwürde: ein Begriff im Grenzgebiet von Recht und Ethik, in: M. Fischer / M. Strasser (Hg.), *Rechtsethik*, Frankfurt a.M., 29–41.

Seelmann, Kurt 2004. Repräsentation als Element von Menschenwürde, in: *Zeitschrift für Rechtsphilosophie* 2, 127–133.

Sen, Amartya 1985. Well-being, Agency and Freedom. The Dewey Lectures 1984, in: *The Journal of Philosophy* 82, 169–221.

Sieckmann, Jan Reinard 1990. *Regelmodelle und Prinzipienmodelle des Rechtsystems*, Baden-Baden.

Siep, Ludwig / Gutmann, Thomas / Jakl, Bernhard / Städtler, Michael (Hg.) 2012. *Von der religiösen zur säkularen Begründung staatlicher Normen. Zum Verhältnis von Religion und Politik in der Philosophie der Neuzeit und in rechtssystematischen Fragen der Gegenwart*, Tübingen.

Starck, Christian 1981. Menschenwürde als Verfassungsgarantie im modernen Staat, in: *Juristenzeitung* 36, 457–464.

Starck, Christian 2010[6]. Kommentierung zu Art. 1 GG, in: H. von Mangoldt / F. Klein / Ch. Starck (Hg.), *Das Bonner Grundgesetz*, Band 1, München.

Stein, Ekkehard / Frank, Götz 2010[21]. *Staatsrecht.*

Walter, Christian 2006. Menschenwürde im nationalen Recht, Europarecht und Völkerrecht, in: Petra Bahr / Hans M. Heinig (Hg.), *Menschenwürde in der säkularen Verfassungsordnung*, Tübingen.

Wittreck, Fabian 2003. Menschenwürde und Folterverbot. Zum Dogma von der ausnahmslosen Unabwägbarkeit des Art. 1 Abs. 1 GG, in: *Die öffentliche Verwaltung*, 873 ff.

On Human Dignity

Shan Chen

This essay presents some significant ideas about humanity and human dignity of Confucian and Taoist tradition that are still alive in current political debates in China.

At the Spring Festival banquet of 2010, one of the most affectionate moments for ordinary Chinese nationals, Chinese premier Wen Jiabao solemnly proclaimed: "What we have done is solely targeted at making a happier and more dignified life for our people." Such statements like "making a happy life for people" have been frequented among Chinese leaders at various political events, but it has been fairly occasional to them in promising that Chinese people should be secured a more dignified life. It certainly acquires the extraordinary import when such promise is made at the Spring Festival, full of optimistic expectation for Chinese nationals. Such promise, consequentially, aroused heated discussions among Chinese nationals from all walks of life, generalizing roughly to two categories: one being the material aspect of dignified life in 'affluence in food and clothing' as well as 'living in peace and plenty', and another being the spiritual aspect of dignified life in 'free thinking' as well as 'independent personality'.

Nevertheless, for Chinese nationals proud of their five-thousand-year civilization and currently active involvement of economic globalization, 'dignified life' or rather 'human dignity' means intimate national history and peculiar national reflections, as well as referring to Western experience and its intellectual enlightenment. Regarding their own history, Chinese nationals have been inflicted with the trauma of 'domestic chaos and foreign invasions' as well as cheered up with the exhortation of Golden Times of Han and Tang Dynasties and the admirable success of the Reform and Open-Door Policy of today. For their peculiar spiritual reflections, Chinese nationals have been immensely benefited from the intellectual enlightenment sourced in 'one-hundred school of thoughts', in imported yet creatively transformed Buddhism from India, in Marxism, in Western market economy as well as legitimate democracy. Therefore, modern Chinese are historically and internationally oriented in their current reflections on human dignity.

In the Western philosophical domain of human dignity, the sources of Two Hs, i.e. Hebrew religion and Hellenic philosophy, are invariably brought into its demonstration, metaphorically alluding to the confrontation between God and Man. Christianity had been the absolute power center before the Renaissance. So the intellectual mission of the 15th century was thought to challenge the dignity of

Christian styled God to make room for free will of human beings, and an Italian philosopher named Pico Della Mirandola made his Oration on the Dignity of Man, extolled as the Manifesto of Humanism for its emphasis on human rationality and free will. In his logic, if human is believed to be the salt of the earth and the creature of God's image, he is reasonably and divinely entitled to have free access to all the earthly miracles as seen in human beings the summit and purpose of God's creation. In line with humanistic orientation, Blaise Pascal proclaimed the whole dignity of man in his thinking: "Man is but a reed, the most feeble thing in nature, but he is a thinking reed. The entire universe need not arm itself to crush him. A vapor, a drop of water suffices to kill him. But, if the universe were to crush him, man would still be more noble than that which killed him, because he knows that he dies and the advantage which the universe has over him, the universe know nothing of this. All our dignity then, consists in thought."[1] In his conviction, man only has occupied negligible space in the universe, but by thinking he might accommodate the whole universe in his mind, reflecting on it as it were only an intellectual article in connection with the motto *House of Mind* for the American Academy's national headquarters. Man's dignity over universe has thus been realized in his immense faculty of thinking, never matched up by other beings in the universe. And this peculiar faculty of human thinking had been thereafter elevated to its utmost by Immanuel Kant, who separated it into two categories, reason for objectively conditioned as representation, perception and conception, and pure reason for subjectively initiated as free-willed critical choice. By his analytical and synthetic sophistication, man's intellectual faculty has been divided into calculation and evaluation, to calculate objective world with natural law and to evaluate the subjective world with moral law. By distinguishing man with his peculiar faculty of pure reason, man may critically choose objectively conditioned laws while making moral laws for him by intuitional intelligence, and the moral evaluation motivated by man's pure reason has consequently demonstrated human dignity as sacred right to think. When 'human dignity' comes across in the first article, Chapter One in German Constitution we can not afford to neglect its coherence with the constitutional right to think, that is, the sovereignty or state must respect and safeguard man with his dignity. We are also convinced that this article represents the Kantian concept of human dignity in its legal term connoting human free will in the critical evaluation by means of pure reason which had been divinely validating man the moment he swallowed fruits from the Tree of Knowledge in the Eden. And what has been revealed and enlightened by these Western thinkers is that, to exist, to think, to evaluate, for man, is to be humanly dignified.

Now I would like to steer my observation to Chinese tradition. Though it had been infamous for previous Chinese politicians for their predilection for power in

---

1   Pascal *Pensees* 1958. Blaise Pascal, translated by W.F. Trotter, Pascal' Pensees, N.Y.: J.M. Dent & Sons Ltd. and E. P. Dutton & Co. Inc.. 347.

negating individual freedom embedded in human dignity, still there were various schools of thought originated in intellectual integrity like Confucians and Taoists sublimating human dignity as sacred moral and thinking rights, expressive of their critical evaluations over secular political powers and materialist benefits, thence constituting the cardinal principles of their 'this-world philosophy' and 'trans-world philosophy' respectively.

Confucius, Mencius, and Lao-tzu(Lao Zi) and Zhuan-tzu(Zhuang Zi) are popularly worshipped as the initiative thinkers and patriarch scholars for Confucian and Taoist schools. Confucius was consistently proposing 'Humaneness'(Ren Dao) as the main essentials for human dignity, transcending all sorts of political powers and secular profits. In line with his philosophic reflections on human dignity, such statements are frequented: "the military commander can be captured but the free will of a person will not be contorted", "The scholar who is determined with Tao yet being shamed of shabby clothing and humble food is not worthy of being our academic companion", "Serving the king by Tao or the cosmic righteousness", "To comprehend the Tao in the morning is to be contented with death in the evening", "The rich and noble without righteousness seems no value to me just like floating clouds", "A lofty-minded person prefers to sacrifice his life for maintaining humaneness instead of maintaining life at the cost of humaneness". His convictions expressed in these statements are that Tao or moral doctrines worshipped by human beings should be cherished absolutely before the attractions or threats of political powers, military coerces, substantial benefits and even human physical lives. Such absolute moral choice deemed by Confucius as 'being ought' distinctively indicates what all dignified charm is for being a human being. What Confucius harbored at heart as 'lofty-minded person' explains the connotation for human dignity, i.e. moral life being dearer than all categories of secular awards in reputation and rank, and even human physical being. Mencius, following Confucian doctrine and improving it in its epistemological and ethical dimension, managed to vest human dignity with immensity of intelligence and morality of right. To approach the immense capacity of human mind, Mencius has this demonstration: "The faculty of heart is to reflect, to reflect means to comprehend, no comprehension will ever be achieved without reflection by way of heart. Such comprehending faculty is endowed with human being by heaven's mandates", "One who works out with his heart completely apprehends the nature of all things in the universe, in such case he comes to understand what heaven mandates." To approach the morality of right, Mencius compares it with the arbitrary features of power: "There are two types of titles, i.e. holy heavenly title and secular humanely title. Humaneness, righteousness, loyalty, truthfulness, enduring tendency towards goodness, these are holy heavenly titles. Persons of different appointed ranks are secular human titles. Our ancient saints were determinate for holy heavenly titles while human titles being unintentionally conferred with. Now we see many persons who are determinate for heavenly titles aiming at human titles, once obtaining human titles, they do not hesitate to abandon their determination for heavenly titles. Those who take titles as instruments for power and wealth are muddle-headed by essence, they will eventually come to no titles at all." "Heavenly titles", in Mencius context, are natural rights. And such comprehensive tradition has thus constituted the concept of sacredness of moral rights by Mencius' moral philosophy, so modern Chinese just translated what natural rights in the West as 'human rights designated by heaven' (Tian Fu Ren Quan)in Chinese context. In Confucian context, specifically in Mencius comparison, heavenly titles fully connote such ethical messages as humaneness, righteousness, loyalty and truthfulness while human titles the messages of secular powers connected with professions and material benefits such as imperial ministers, the nobles and businessmen. The relations between heavenly titles and human titles are that of means and end or instrument and objective, the heavenly titles being the precondition and objective while human titles being bereft of independence and eternity. By this contrast we come to understand that human dignity identifies itself with heavenly titles, despising the suggestion of human titles as aim, and strikingly warning heavenly titles being abused as means to secure human titles. In no circumstances human moral rights designated as 'righteousness' should be embezzled as costless means to obtain secular powers and business benefits. Contrary to this ethical or imperative principle, a powerful monarch can degenerate into a 'solitary public thief': "Violation of humaneness is identical to a thief, violation of righteousness is identical to a murderer, a monarch of thief and murderer is a solitary guy to public indignation, in this logic, the execution of King Shang Zhou, a public thief and murderer, has nothing to do with assassination." The conviction Mencius is reiterating here could be that: If a monarch violated the moral rights or human dignity of his countryperson he equally committed crimes in encroaching upon their civilian rights, and civilians would be thus far justified in executing their monarch as a solitary public thief. This is the most popular case in Mencius insistence on maintaining human dignity by safeguarding human moral rights. We could thereafter be further justified by unexceptional pretext in 'performing the political mission in Heaven's stead' in all social revolutions in Chinese history, their 'legitimate opposition' being the very idea of Mencius in his demonstrating human dignity, i. e. human dignity is absolute moral rights against violations from any sources, or otherwise no amnesty should be granted to these violators. Also we see Xun Zi, a Mencius' peer Confucian scholar, in his preference of moral rights over monarchal powers by proclaiming "loyalty to Tao instead of Monarch". Generally speaking, the genuine Confucian scholars in ancient China would never compromise their insistence on these concepts such as 'humaneness', 'righteousness' and 'morally cosmic commitments' and these concepts are all properly classical expressions of human dignity in Confucian scholars. And their sanctity is both defined as legal rights and moral convictions. With this tradition and convictions we would not be startled in reading such statements in The Book of Rites, featured as the Confucian Classic of Social Norms, as "Confucians are easily convinced by way of being friendly, not to be intimidated; they are easy to be politely persuaded than blatantly coerced; they are willingly to be killed rather to be disgraced."[2] These statements are cogently expressive of legal and moral sense designated for human dignity in Confucian tradition.

Since the most well-known Confucian scholars emphasized human dignity and moral rights, ordinary readers are obviously confused by modern commentaries repulsively intended for Confucianism as "Cannibal Dogma"(Chi Ren De Li Jiao) or "Accomplice to Monarchal Dictator ship"(Jun Quan Zhuan Zhi De Bang Xiong)? Any disinterested historian or virtually integrated thinker would respond this doubt by referring to the combination between 'obvious Confucianism and obscure Legalism' (Yang Ru Yin Fa), and also to the distortion and abuse of Confucian 'principles of prioritizing humaneness to body and sacrificing life to obtain righteousness.'(Sha Shen Cheng Ren, She Shen Qu Yi) by those narrow-minded Confucian scholars and pagans. Regarding those pagans, Yang Xiong, a renowned Confucian scholar in the Han Dynasty, severely criticized: "The doctrine applied by Legalists like Shen Buhai and Han Fei are the stern legalities treating human beings as cows and sheep, completely spoiling humaneness by laboring persons like pure animals!"[3] His criticism reveals the Confucian scholars in their consistent reflections on Legalist doctrines of manipulating human beings like other animals, causing moral disgrace to human dignity by negating Confucian principle of humaneness. For narrow-minded Confucians, Confucius himself warned his disciples of adhering to be lofty-minded Confucian. And Zhu Xi, a famous Confucian scholar in the Song Dynasty, had the term of 'being confined only to reciting words and stereotyped ideas' to blame those Confucians in the Han and Tang Dynasties for the loss of intellectual's dignity and the decadent ethos of the empires. But here I would defend the often distorted fame of Dong Zhongshu, the most prestigious Confucian scholar in the Han Dynasty, for his 'Five Constants'(Wu Chang) and 'Three Principles'(San Gang). The accurate and unbiased comprehension in his Five Constants should be these moral rights featured as Humaneness, Righteousness, Rites, Wisdom and Truthfulness, and these are ethical principles transcending physical space and time, as well as social titles and wealth. But Three Principles are subordinate to Five Constants, simply because they are physically confined to social and family contexts. The so called Three Principles depicted as 'the subjects should be subject to the emperor, the children should be subject to the fathers and wives should be subject to the husbands' are valid only in social and family constraints, being instruments and manageable process for morally guided politics, and their philosophical base and political aim are coherently declared in "the Three Principles of Saint Rule being legitimized by Heaven" and "the Saint Rule being derived from Heaven's mandate, it would not alter without the Heavens's moral justification".

---

2 "Rule to Behave" (Ru Xing), The Book of Rites(Li Ji).
3 "Inquiry for Tao" (Wen Dao), The Doctrinal Analects (Fa Yan).

But, if we scrutinize into the Confucian doctrines in humaneness and right-eousness, or even the Three Principles and Five Constants focused on "the Three Principles of Saint Rule is legitimized by Heaven"[4] and "the Saint Rule being derived from Heaven's mandate, it would not alter without the Heaven's moral justification",[5] In his comprehension, Heaven is the divine authority which en-dowed human beings their moral rights, being equal to human dignity and justi-fication to check and balance monarch power, demanding monarchs in being obligatory to securing human dignity and moral rights: "Heaven has vested people with moral nature, but such nature would not automatically accomplish in society, therefore Heaven again appointed monarch to help its social translation. The relation between people and their monarch is this: people rely their good nature on heaven's mandate and its accomplishment on monarch's governance. What a monarch is justified by Heaven is that he promises to help people in their moral realization."[6] In his advocacy of human moral rights, we see human beings with endowed good nature, a sort of natural yet moral rights, and monarch is thus obliged to guarantee that human intrinsic nature transforms fully in social con-text, uniting the legitimacy of monarch power and general human moral rights with a universal conviction on heaven's mandate. Such political philosophy can be fairly enunciated if compared with the transfer in the modern West from King's Power by God's Covenant to King's Power by People's Agreement. We can easily see that such transfer has the logic in religious commitments that human beings are created equally and endowed fairly. Similarly, in Confucian context, by rec-tifying the justification of the abused and distorted 'Three Principles and Five Constants' we will unavoidably come to the true spirit of Confucianism in up-holding human moral rights, seen in Confucius's "lofty-minded person" and Mencius's "great husband" in "who won't be seduced to being obscenely rich, who won't give in because of being poor and plebeian, who won't reconcile himself to coercion."[7] In Confucian context, a fully realized moral right in a great husband proves to be the identity of human dignity. If other explanation than this is ac-cepted, we will be frustrated in compromising Confucian humaneness and Men-cius' righteousness with their principles of "prioritizing humaneness to body" and "sacrificing life to obtain righteousness".

As for Chinese Taoist philosophy of "other-world", they prefer to announce the universal human rights by 'Abiding by Nature'. Human dignity in their nature-oriented philosophy is expounded in the dimension of cosmically evolved lives, they equally depicting such cosmic lives epistemological fitness and moral com-

---

4 Dong Zhongshu: Cardinal Doctrines, Luxuriant Dew of the Spring and Autumn Annals.

5 Dong Zhongshu: Responding to Gifted Appointment, Chapter 3.

6 Dong Zhongshu: Sophistication on Divine Mission, Luxuriant Dew of the Spring and Autumn Annals.

7 Teng Wen Gong II, *The Works of Mencius.*

mitments. To human subjective endeavor, cosmic lives do not take any initiative in their production and evolution, but cosmic lives diversify in their abundance naturally, achieving the greatest success expected in the mostly devoted efforts. So natural smartness tells the dialectics of Taoism that "Life abundance realized in nature proves the invalidity of artificial endeavor", i. e. "action through inaction" in Lao Tzu's philosophy. And what had been reiterated as 'constant Tao' was believed by Taoists to be naturally revealing truth, human dignity being integrated with this 'inactive philosophy' rather committing oneself to human endeavors in appealing to empirical phenomena of the nature like those physicists. In Taoist doctrine these expounding sentences are frequented as "When Tao can be observed and described it is not constant Tao,"[8] and "To work on learning is to increase day by day; to work on Tao (the Way, the Truth) is to decrease day by day. When being decreased to its utmost, we come to the onto, and onto being none-phenomenon explains all phenomena and tells the truth of action through inaction."[9] In this narration, Tao is thought to be the cosmic onto while learning the cosmic phenomena; to work on Tao is metaphysically oriented spirituality while to work on learning is only physically oriented knowledge accumulation. The more efforts are endeavored the more physical knowledge is being accumulated while the closer to the metaphysical Tao the more physical knowledge should be excluded from its essential conception, and when such logical exclusion comes to pure concept all empirical observations are ontologically explained. The faculty of human intelligence exposed in this epistemological process tells the distinction between human being from other cosmic beings, and based on this human intellectual dynamics we see his identity with cosmic dynamics in abundant vitality, hence alluding to human dignity. When we read Pascal in his defining human dignity in taking the whole universe as one of his contemplating objects despite his being tiny peace of reed in the cosmos, we could be more convincingly appreciate Lao Tzu in his integrating the Tao with diversified cosmic lives: "Tao deprived of its own physical constraints has the fullest play in originating cosmic beings. Being endlessly traced Tao serves as the origin of phenomenal beings, and by negating their observable features, mediating their disputes, harmonizing their competing lights and blending their constituent elements, all cosmic beings are identified as offspring from a Tao family. And in Tao family, Tao would not be offspring of anyone but its only father."[10] By his 'negating observable features' and 'mediating disputes', we could cherish the faculty of heart (the function of heart is to think); by 'harmonizing competing lights' and 'blending cosmic elements', we could endear the importance of lives. By referring to the unity between this intellectual faculty and life evaluation we may acquire the dignity and divinity of human being in Lao Tzu. Comparing with human dignity exposed in Christian Bible, we are

---

8 Lao Tzu, Chapter 1.
9 Lao Tzu, Chapter 48.
10 Lao Tzu, Chapter 4.

invariably aware that human beings are the creatures, the precondition of this creature is the light, and then the constituent element of soil, their identity with cosmic creation is realized by religious affiliation to their Creator rather than human mind or reflective heart. In the New Testament human beings are suggested like salt for all mankind and like light for the whole world in order to demonstrate God's grace, obscuring mankind in his creative thinking and independent personality. But in Lao Tzu, to work on Tao is to motivate mankind in initiating his own mind in integrating with creative Tao, equalizing human dignity with cosmic onto Tao, and Taoist saints, by working on Tao, are demonstrating their 'heart-mind' (Xin Si) in abiding by natural onto and sanctity, exposing human value in its fullest extent: "A saint has no his selfish heart, but shares a cosmic heart with the rest of human beings. To treat both the kind and the evil fairly is to accomplish in being kind; to treat the truthful and the wicked fairly is to accomplish in being truthful."[11] To accomplish in Tao is to transcend the distinctions in heart, being kind and truthful in the dimensions of individual experience and phenomenal world, this accomplishment is realized in integrating with Tao and also with cosmic eternity in terms of "universal benevolence over individual profits"(Da Gong Wu Si), and such realization is only spiritually evidenced by independent thinking and optimistically expected for Taoist saints. In the same tradition of Taoism, Zhuang Tzu (Zhuang Zi) peculiarly fixed his contemplation on equalizing cosmic beings as the same objects of human mind and the same offspring of cosmic ancestry, and this cosmic dialectics makes all physical distinctions in the universe intellectually disappear and in such reflections man may finally achieve eternal mental peace. The unity between 'equalizing cosmic beings' and 'achieving eternal mental peace' tells the human dignity perceived by Zhuan Tzu. He is so fascinated in expounding the differences of their own accord that by thus observing man can secure his heart and mind the greatest freedom in being spiritual companion to cosmic spirit. A person in such mentality is a true person with Tao, his dignity proving to be identical to the light for the world and salt for the mankind.

Despite the fact that both Confucian and Taoist scholars have been extraordinarily smart in advocating human dignity in intellectual faculty and value orientation, still Chinese nationals have been left far behind in their history and social contexts in this regard. As modern Chinese we can never afford to forget that our nation has been tortured by imperial dictatorship for more than two thousand years, deprecating and spoiling independent thinking and humanistic merits so cherished by their ancient scholars, and smearing human dignity to the false impression that Confucian and Taoist have been serving as 'accomplices to the feudalist dictators'. Marx once commented that "Monarchy hegemony always applies its policies in ignoring and despising man, turning man into what he should

---

11   Lao Tzu, Chapter 49.

not be."[12] Such observation and comment applies equally to all dictatorship regimes simply because man has been in this kind of constitution manipulated as means to maintain imperial powers. No dictatorship both in history and world has been exceptionally invalid to Marx's incisive observations. And we should also bear in mind what had been claimed by another German wise mind Immanuel Kant in "Act in such a way that you treat humanity, whether in your own person or in the person of another, always at the same time as an end and never simply as a means." According to Kantian moral formula, Chinese dictatorship had been depreciating Chinese national ethos, Chinese human dignity and Chinese moral spirit as well, and towards such political institution Lu Xun was sophisticated in censuring the distorted Confucian moral principle as 'Cannibal Dogma' and Hu Shi was sarcastic in commenting distorted Taoist True Man as 'Optimistic Eunuch' (Da Guan De Fei Wu), and together with many social ugly phenomena in modern China, human dignity among Chinese has been horribly blemished.

In the 80s of 20th Century, a courageous essayist from Taiwan Island named Bo Yang authored a popular reader *Ugly Chinese,* immediately causing a cultural state of panic among Chinese all over the world. His sensitive observations and commentaries led his readers to the knowledge that the dictatorship accompanied by 'tyrants, despotic officials and mobs' had been confining Chinese suffering in 'lying culture', deprived of human dignity and national integrity. Yet in the beginning of the 21st Century, he published another book entitled as *We Want to Be Dignified*, advocating a dignified life for Chinese on an honest policy, insisting on such basic spiritualities like grace, respect, tolerance, rationality and truthfulness. I would merit his transforming theme as an essayist to mirror our conscience to live respectfully and gracefully, shunning away from being ugly, cheating and self-conceited. If we choose to live a dignified life, we would also be grateful for his suggestions in being honest, respectful, tolerant, rational and telling truth. By living with our Confucian and Taoist saints morally and spiritually, we are more likely able to live a dignified life self conscientiously.

As China is, like other nations of the world, part of the economic globalization, there has been increasing consensus that science and humanities have been social and spiritually indispensible values for Chinese society. Concerns and advice sourced from our saint scholars and western philosophers are all the more intimate to fortify their determination to uphold individually independent thinking, morally committed diplomacy, honestly promised respect for human rights, harmoniously oriented internationalism and inclusively integrated natural justice. With these convictions harbored at heart, everyone, Chinese or non-Chinese or just any person with human conscience, should be expected to remain more dignified and graceful in defiance of temptation or intimidation from both utilitarianism, capitalism and totalitarianism.

---

12   The Complete Works of Marx and Engels (Chinese Version) 1956. Beijing, People's Press, Vol. 1: 441.

Würde und Wert des menschlichen Lebens: Das Beispiel der Präimplantationsdiagnostik

Michael Quante

In this essay I argue for the thesis that human dignity and quality of life assessments are generally incompatible cannot be plausibly justified. In explaining my thesis, I invoke two different conceptions of assessing the quality of life, and I also propose definitions of human dignity and personal autonomy, which do justice to modern secular and pluralistic societies. The thesis is illustrated by considerung preimplantation diagnostics as an example.

Einleitung

Im Juli 2011 hat der Deutsche Bundestag ein Gesetz verabschiedet, mit dem in der Bundesrepublik erstmals das medizinische Verfahren der Präimplantationsdiagnostik unter bestimmten Rahmenbedingungen legalisiert worden ist. Aus der prinzipiellen Ablehnung ist damit seit der letzten großen Debatte um dieses Thema innerhalb der letzten zehn Jahre eine in vielen Hinsichten qualifizierte und eingeschränkte Zustimmung geworden. Während das Resultat des politischen Entscheidungsprozesses einen Wandel anzeigt, zeichnet sich die gesellschaftliche Diskussion, die vor und nach der Verabschiedung des Gesetzes geführt worden ist, durch eine weitgehende Stagnation aus. Es sind die gleichen kategorischen Einwände, die gleichen Beschwörungen von drohenden Gefahrenlagen und die gleichen Argumente, die für die Präimplantationsdiagnostik sprechen, zu hören gewesen, wie im ganzen letzten Jahrzehnt. Auch der polemische Ton der Debatte hat sich kaum geändert. All dies spricht dafür, dass hier tief sitzende ethische Intuitionen zum Ausdruck kommen und ungebremst aufeinanderprallen. Der Fortschritt in der Reproduktionsmedizin zwingt uns – diese Lehre kann man ohne Risiko aus den Vorgängen im Juli 2011 ziehen – unabweislich dazu, über die ethische Annehmbarkeit der Lebensqualitätsbewertung von menschlichem Leben im Kontext medizinischen Handelns nachzudenken.

Alle mir bekannten Versuche, die ethische Unzulässigkeit der Präimplantationsdiagnostik aus der Menschenwürde abzuleiten, gehen davon aus, dass die Bewertung des menschlichen Lebens und seine Selektion aufgrund einer Lebensqualitätsbewertung mit der Würde des Menschen unvereinbar sind. So sprechen diejenigen Mitglieder des Deutschen Ethikrates, die für ein gesetzliches Verbot der Präimplantationsdiagnostik plädieren, davon, dass „der in vitro gezeugte Embryo aufgrund seiner künstlichen Erzeugung einer besonderen Verantwortung unterliegt, die es verbietet, ihn zu erzeugen, um ihn im Falle unerwünschter Eigenschaften zu verwerfen". Sie fordern das Verbot der Präimplantationsdiagnostik, weil mit ihr „eine embryopathische Indikation wieder eingeführt würde, also die Erlaubnis, menschliches Leben aufgrund unerwünschter Eigenschaften zu verwerfen, die aus der Schwangerschaftskonfliktregelung ausdrücklich ausgeschlossen wurde".[1] Diese Intuition stellt, auch über Teile des Deutschen Ethikrats hinaus, eine weit verbreitete Prämisse in unseren Debatten über biomedizinische Ethik dar.

Unter der Voraussetzung, dass das Prinzip der Menschenwürde mit dem Prinzip der personalen Autonomie vereinbar sein muss, weil wir letzteres nicht aufgeben wollen, und unter den Bedingungen von Pluralität und Pluralismus lässt sich diese allgemeine Unvereinbarkeitsannahme nicht aufrecht erhalten. Um sie zu entkräften, muss man verschiedene Konzeptionen von Lebensqualitätsbewertung unterscheiden, die Konzeption der personalen Autonomie entfalten sowie das Verhältnis von Menschenwürde, personaler Autonomie und Lebensqualitätsbewertungen differenziert bestimmen. Da ich dies an anderer Stelle ausführlich getan habe, werde ich diese Explikation im ersten Teil dieses Beitrags nur in Form einer knappen Skizze vornehmen.[2] Im zweiten Teil möchte ich mich dann mit einem Argument Ralf Stoeckers auseinandersetzen, das zu zeigen beansprucht, dass die der Präimplantationsdiagnostik unvermeidlich eingeschriebene Lebensqualitätsbewertung generell nicht mit der Menschenwürde vereinbar ist. Da die Konzeption der Menschenwürde, die Stoecker seinem Argument zugrunde legt, mit der von mir vorgelegten Konzeption an zentralen Stellen übereinstimmt, ist zu prüfen, ob sich aus diesen Gemeinsamkeiten die von ihm unterstellte Unverträglichkeit ergibt, oder aber, wie ich behaupte, keine solche generelle Unverträglichkeit im Kontext der Präimplantationsdiagnostik aufgewiesen werden kann.

I. Menschenwürde, personale Autonomie und Lebensqualitätsbewertungen

Für die im zweiten Teil durchzuführende Diskussion des Arguments von Ralf Stoecker ist es notwendig, zwischen vier Standards von Lebensqualitätsbewertung zu unterscheiden (1.) sowie das Verhältnis von Menschenwürde zu personaler Autonomie (2.) und zu Lebensqualitätsbewertungen (3.) zu bestimmen.

---

1 Deutscher Ethikrat (2011, S. 113); die Auffassung, dass Lebensqualitätsbewertungen mit der Menschenwürde unvereinbar sind, findet sich auch im Votum derjenigen Mitglieder des Nationalen Ethikrates (2003), denen zufolge die Präimplantationsdiagnostik gesetzlich verboten werden sollte; vgl. meine Analyse dieser Stellungnahme in Quante (2010a, Kap. III).

2 Vgl. dazu Quante (2010a).

1. Vier Standards von Lebensqualitätsbewertungen

Um die bioethische Debatte besser zu verstehen, ist es hilfreich, vier Deutungen von Lebensqualitätsbewertungen anhand der Standards, die in ihnen herangezogen werden, zu unterscheiden:

(a.) Der *naturalistische* Standard gibt vor, ein Konzept von Lebensqualitätsbewertungen zu bieten, das ausschließlich auf biologischen oder medizinischen Fakten basiert und frei von allen Wertungen und Normen ist. Ein solcher Standard ist prima facie aus drei Gründen attraktiv: Erstens scheint er geeignet dafür zu sein, harte ethische Fragen zu vermeiden, indem man sich auf ‚objektive Tatsachen' bezieht; zweitens passt er gut zu aktuellen naturalistischen Tendenzen in anderen Bereichen der Philosophie (z.B. der Philosophie des Geistes oder der Erkenntnistheorie); und drittens stellt sich hier eine natürliche Allianz mit den (impliziten) naturalistischen Präsuppositionen des Utilitarismus (in seinen vielfältigen Varianten) und seiner Suggestion exakter Verrechenbarkeit ethisch relevanter Größen ein. Da die Lebensqualität jedoch nicht frei von Werturteilen erfasst werden kann, ist ein solches Konzept von Lebensqualitätsbewertungen unplausibel, weil es auf einem Sein-Sollen-Fehlschluss beruht.[3]

(b.) Der *soziale* Standard besteht aus denjenigen impliziten oder expliziten Werturteilen (oder Präferenzen), die de facto unsere Gesellschaft beherrschen. Sie werden aufgrund dieser faktischen Akzeptanz als normativ autoritativ angesetzt, sodass auch hier wieder die Gefahr eines Sein-Sollen-Fehlschlusses droht.

(c.) Der *intersubjektiv-rationale* Standard ist explizit normativ. Er beruht auf den Merkmalen, die rationale Subjekte vernünftigerweise wählen würden, sofern es sich bei ihnen um menschliche Wesen handelt, denen Leiblichkeit, Empfindungsvermögen, Vulnerabilität, soziale Bedürfnisse und die Fähigkeit zur Entwicklung personaler Autonomie zukommen.[4] Dieser Standard ist in allen Kontexten von Lebensqualitätsbewertungen relevant, weil er sich komplementär zum personalen Standard verhält und in all denjenigen Fällen dominiert, in denen das Leben eines menschlichen Wesens beurteilt wird, welches sein Leben nicht als Person führen kann.[5]

---

3 Vgl. dazu Quante (2011a, Kap. VII).

4 Zum Begriff der Autonomie siehe Quante (2002a, Kap. 5 sowie 2002b); eine Übersicht zur neueren Diskussion über personale Autonomie findet sich in Quante (2010b).

5 Es ist ethisch bedeutsam, hier vier Fälle zu unterscheiden: (1) menschliche Wesen ohne das Potential, überhaupt personale Autonomie auszubilden, (2) menschliche Wesen mit dem Potential, in Zukunft personale Autonomie auszubilden, (3) menschliche Wesen, die ihre personale Autonomie verloren haben, aber noch immer über die Fä-

(d.) Die essentielle Fähigkeit von menschlichen Wesen, ihr Leben als Personen zu führen, ist das Herzstück des *personalen* Standards. Dieser berücksichtigt, dass Personen in einem irreduzibel evaluativen Verhältnis zu ihrer eigenen Existenz stehen, indem sie sich *mit* ihrer gegenwärtigen, vergangenen und zukünftigen Existenz *identifizieren*, indem sie Lebenspläne schmieden, den Versuch unternehmen, ihre eigenen Interessen durch Handlungen zu verwirklichen, oder indem sie evaluative Urteile fällen. Die Fähigkeit, einen solchen individuellen Plan als eigene Biographie zu entwickeln und zu verwirklichen, ist ein wesentlicher Teil des menschlichen Lebens, welches auf personale Autonomie ausgerichtet ist.[6] Der personale Standard erkennt diese Eigenschaft menschlicher Personen als essentiell an und ist Ausdruck personaler Autonomie, da Lebensqualität hier als das Ausmaß aufgefasst wird, in dem ein menschliches Individuum seinem Leben (verstanden als Auto-Biographie) eine solche Qualität zuschreibt.

Verteidiger der These, dass Menschenwürde und Lebensqualitätsbewertungen prinzipiell unvereinbar sind, unterstellen zumeist den naturalistischen oder den sozialen Standard; diejenigen, die Lebensqualitätsbewertungen für mit der Menschenwürde verträglich halten, beziehen sich überwiegend auf den intersubjektiv-rationalen und den personalen Standard. Für eine Bewertung dieses Streits ist es daher wichtig zu fragen, ob die Unvereinbarkeitsannahme für alle vier Formen von Lebensqualitätsbewertung gilt oder nicht.

2. Menschenwürde und personale Autonomie

In einer säkularisierten und pluralistisch verfassten Gesellschaft, die sich zudem evaluativ zum Pluralismus bekennt, muss auch die Interpretation des Prinzips der Menschenwürde mit dem Selbstverständnis einer solchen Gesellschaft vereinbar sein.[7] Bevor wir das Prinzip der Menschenwürde in Bausch und Bogen verwerfen

---

higkeit verfügen, sie wiederzugewinnen, und (4) menschliche Wesen, die ihre personale Autonomie ohne Aussicht auf Rückgewinnung verloren haben. Im dritten und vierten Fall kommt das Problem der Patientenverfügung und anderer Möglichkeiten zur Ausweitung der eigenen Autonomie ins Spiel; siehe dazu Quante (2002a, Kap. 7 sowie 2010a, Kap. IX) für weitere Details. Im zweiten Fall kann der intersubjektiv-rationale Standard herangezogen werden, weil das beurteilte menschliche Wesen kontrafaktisch als Person betrachtet werden kann. Im ersten Fall kann dieser Standard nur auf denjenigen Aspekten beruhen, die allgemein für menschliche Wesen einschlägig sind, also basale biologische und anthropologische Bestimmungen.

6 Zum evaluativen Aspekt personaler Autonomie – verbunden mit dem Begriff des „sich Identifizierens mit" – vgl. Quante (2011b, 2007, Kap. 8 und 9 sowie 2002, Kap. 5 und 6).

7 Es ist fraglos schwierig, ein angemessenes Bild vom Selbstverständnis unserer

und behaupten, dass es für uns nicht mehr brauchbar oder aufgrund jüngerer Entwicklungen in unserer Gesellschaft veraltet sei, und bevor wir seinen Geltungsbereich und seine Stärke beschränken, sollten wir uns fragen, ob wir es nicht mit einem Gehalt versehen können, der unserem modernen Selbstverständnis angemessen ist.

Eine lange philosophische und theologische Tradition interpretiert „Menschenwürde" im Rahmen der Doktrin von der „Heiligkeit des menschlichen Lebens".[8] Der besondere moralische Status des menschlichen Lebens wird durch die ‚Tatsache' gerechtfertigt, dass Gott dem menschlichen Leben diesen besonderen ethischen Wert verliehen hat. Die theologische Stoßrichtung dieser Argumentation wird durch den Ausdruck „Heiligkeit" verdeutlicht. Da eine theologische Rechtfertigung von moralischen Ansprüchen und vor allem von Rechtsansprüchen in einer pluralistischen und säkularen Gesellschaft problematisch ist, haben sich zahlreiche Autoren bemüht, „Heiligkeit" in nicht-theologischen Begriffen zu analysieren. Menschenwürde im Begriff der „menschlichen Natur" zu fundieren ist dabei allerdings kein Ausweg. Denn entweder stützen wir uns dabei auf eine nicht-evaluative, z. B. rein naturwissenschaftliche Naturkonzeption, sodass wir mit dem Problem des Sein-Sollen-Fehlschlusses konfrontiert werden. Oder wir schreiben der biologischen Spezies einen intrinsischen ethischen Wert zu, wodurch wir jedoch auf einen unhaltbaren Speziesismus festgelegt wären. Versteht man „menschliche Natur" dagegen in einem evaluativen Sinn, dann ist der Hauptkandidat für eine säkularisierte Übersetzung von „heilig" der Begriff des „absoluten Wertes", mit dem zweierlei zum Ausdruck gebracht wird: die Unabwägbarkeit der Menschenwürde und ihr nicht-derivativer Status.

In einer anderen Tradition wird der durch Menschenwürde ausgedrückte besondere ethische Status menschlicher Wesen durch folgende Fähigkeit eines normalen[9] menschlichen Wesen begründet: Menschliche Wesen sind in der Lage,

---

Gesellschaft zu entwerfen; aber unbestreitbar werden Säkularisierung und Pluralismus ebenso wie personale Autonomie wesentliche Elemente jeder Darstellung sein müssen.

8   Vgl. zur Vielschichtigkeit unseres Begriffs der Menschenwürde die Beiträge von Bayertz (1996) und Stoecker (2002a).

9   Diese Normalitätsbedingung ist im folgenden Sinne zu verstehen: Alle menschlichen Wesen (im Sinne individueller menschlicher Organismen) fallen in den Geltungsbereich der „Menschenwürde", weil sie normalerweise – qua Spezies-Mitgliedschaft – das Potential haben, diejenigen Eigenschaften auszubilden, in deren Ausübung Menschenwürde gründet. Einige menschliche Embryonen mit genetischen Defekten werden de facto diese Eigenschaften im Laufe ihrer Entwicklung nicht ausbilden. Allerdings ist es auch in diesen Fällen sinnvoll, ihnen das Potential zuzuschreiben, sie *kontrafaktisch* auszubilden: Ein solches menschliches Wesen würde diese Eigenschaften ausbilden, wenn keine genetischen Defekte vorlägen. Eine derartige kontrafaktische Behauptung macht jedoch in mindestens zwei Fällen keinen Sinn: Wenn wir uns auf eine Entität

ihr Leben autonom zu führen, und zwar in dem Sinne, dass sie im Lichte selbst gegebener ethischer oder moralischer Regeln entscheiden und urteilen können. Die grundlegende Idee, dass menschliche Wesen ihr Leben als Personen *führen* können, beinhaltet die Annahme, dass menschliche Wesen eine Vorstellung von der Bedeutung und vom Wert ihrer eigenen Existenz besitzen. Aufgrund dieser Fähigkeit sind sie in der Lage, sich zu ihren Eigenschaften und Fähigkeiten sowie zu ihren eigenen Handlungen und ihrem eigenen Leben wertend zu verhalten. In diesem Verständnis von Menschenwürde ist es die herausragende Fähigkeit, ein autonomes Leben als Person zu führen, aufgrund derer wir einander Respekt schulden. Genau dieser Respekt ist der zentrale Aspekt des absoluten Wertes des menschlichen Lebens, der in der „Menschenwürde" seinen Ausdruck findet („absolut' ist er insofern, als er nicht derivativ aus der Wertschätzung Dritter abgeleitet wird, sondern dem evaluativen Selbstverhältnis der autonomen Person selbst entstammt).

3. Menschenwürde und Lebensqualitätsbewertungen

Wenn wir das Prinzip der Menschenwürde auf personale Autonomie gründen, sind weder der naturalistische noch der soziale Standard von Lebensqualitätsbewertungen mit ihr vereinbar, da beide Standards das aktuale (oder kontrafaktisch zugeschriebene) evaluative Selbstverständnis menschlicher Personen nicht zum Ausgangspunkt nehmen, sondern sich vielmehr auf der Grundlage eines externen Bewertungsstandards, sei dieser nun ,wissenschaftlicher' oder ,sozialer' Natur, darüber hinwegsetzen. Zu den wesentlichen Eigenschaften, eine Person zu sein, gehört die Ausbildung einer evaluativen Haltung zum eigenen Leben und zu dessen Qualität. Aus diesem Grund kann keine generelle Unvereinbarkeit zwischen Lebensqualitätsbewertung und Menschenwürde bestehen, wenn letztere auf personaler Autonomie beruht.

Eine Lebensqualitätsbewertung mittels des personalen Standards kann – jedenfalls prinzipiell – ethisch akzeptabel sein, weil dieser Standard die evaluative Haltung des Individuums zu seinem eigenen Leben zum Ausgangspunkt nimmt.[10]

---

beziehen, die zu einer Spezies gehört, deren Mitglieder die fraglichen Eigenschaften normalerweise nicht ausbilden; oder wenn wir uns auf eine aktual nicht-existente Entität (etwa einen zukünftigen menschlichen Organismus) beziehen. Letztere Behauptung setzt voraus, dass „Menschenwürde" eine Eigenschaft von menschlichen *Organismen* und nicht von ,sub-organismischem' menschlichem Leben ist. Für eine detaillierte und kritische Analyse solcher und verwandter Themen vgl. die Beiträge in Damschen & Schönecker (2003).

10 Meine Annahme, dass Lebensqualitätsbewertungen in der Bioethik ethisch bedeutsam sind, impliziert nicht, dass Lebensqualitätsbewertungen alle anderen ethisch relevanten Aspekte übertrumpfen. Diese viel stärkere These vertrete ich *nicht.*

89

Die Persönlichkeit eines menschlichen Wesens kann sich nicht ohne soziale Interaktions- und Anerkennungsprozesse entwickeln, was wiederum nur auf der Grundlage gemeinsamer biologischer, anthropologischer und kultureller Anfangsbedingungen möglich ist. Deshalb stellt der intersubjektiv-rationale Standard eine notwendige Komponente von Lebensqualitätsbewertungen dar, weil Verhältnisse der Anerkennung und der Kritik ebenfalls konstitutiv dafür sind, eine Person zu werden.[11] Personale Autonomie erfordert kritische Überprüfung und Anerkennung; die autonomen Entscheidungen einer Person sind offen gegenüber rationaler Beurteilung und Kritik: Sie müssen nicht nur am Maßstab interner Kohärenz, die sich größtenteils in der Biographie einer Person manifestiert, gemessen werden, sondern auch an objektiven Standards der Rationalität und der Plausibilität. Daher gehen der personale und der intersubjektiv-rationale Standard Hand in Hand.

II. Menschenwürde und Präimplantationsdiagnostik

Die durch die Präimplantationsdiagnostik eröffnete Möglichkeit, Embryonen vor der Implantation zu kontrollieren, unterzieht das werdende menschliche Leben einer Lebensqualitätsbewertung. Deshalb wird immer wieder die These formuliert, die Präimplantationsdiagnostik sei mit der Menschenwürde prinzipiell nicht vereinbar. Doch es ist zumeist nicht klar erkennbar, wie diese spezifische These (der Unvereinbarkeit von Menschenwürde und Präimplantationsdiagnostik) genau gemeint ist bzw. funktionieren soll. Im Folgenden möchte ich mich mit einer Variante dieser spezifischen Unverträglichkeitsthese auseinandersetzen, die Ralf Stoecker vorgelegt hat.

Ihm zufolge besteht eine Verletzung der Menschenwürde in der „Demütigung in der Rolle als Mensch"; dabei sieht er Menschenwürde als die Grundlage an, „auf der unser Zusammenleben aufbaut, die gegenseitige Behandlung als zur Autonomie fähige Personen".[12]

Diese Konzeption der Menschenwürde zielt auf die Fähigkeit ab, ein personales Leben führen zu können und stimmt insofern mit der von mir vorgeschlagenen Interpretation überein.[13] Weil sich Stoeckers Bedenken gegen die Ver-

---

11 Für einen Versuch, diese These am Beispiel der Verantwortungszuschreibung zu plausibilisieren, vgl. Quante (i. E.).

12 Stoecker (2002b, S. 63).

13 Zur Redeweise „ein personales Leben führen" vgl. Quante (2007a, Kap. 8 und 9); an anderer Stelle versuche ich nachzuweisen, dass personale Identität im Sinne der Persönlichkeit als Prinzip der biomedizinischen Ethik anerkannt werden sollte, weil es anderen fundamentalen Prinzipien der biomedizinischen Ethik (z. B. dem Prinzip des Respekts vor Autonomie) zugrunde liegt; vgl. Quante (2002a, Kap. 5). Stoeckers Re-

einbarkeit von Menschenwürde und Präimplantationsdiagnostik auch dann noch formulieren lassen, wenn man die von mir vorausgesetzten Prämissen teilt, sind sie im Rahmen meiner eigenen Konzeption auf ihre Gültigkeit hin zu überprüfen.

Stoecker begründet die Unverträglichkeit mit folgendem Argument: „Bei der Präimplantationsdiagnostik werden Embryonen aufgrund ihres Krankheits- und Behinderungspotentials ausgesondert, eine konstitutive Eigenschaft der Persönlichkeit behinderter Menschen wird also als Grund erachtet, dass jemand besser gar nicht zur Welt kommen sollte. Das ist offensichtlich demütigend für alle Menschen, die dieselbe Eigenschaft haben, und spricht deshalb gegen diese spezielle, wie auch gegen jede andere Form vorgeburtlicher Selektion".[14]

Stoeckers Argumentation changiert hinsichtlich der These, ob die Würde des getöteten Embryos durch die Tötung (nicht durch die Selektion) verletzt wird.[15] Zumindest behauptet er, dass die absichtliche Tötung eines menschlichen Embryos „auf eine indirekte Entwürdigung aller Menschen hinausläuft".[16] Da ich die These, dass Menschenwürde ein striktes Recht auf Leben impliziert, nicht akzeptiere, gehe ich diesem Problem hier nicht weiter nach. Allerdings ist mir unklar, wieso Stoecker auf der einen Seite behaupten kann, die absichtliche Tötung eines menschlichen Embryos stelle möglicherweise keine Verletzung seiner Menschenwürde dar, wenn er andererseits behauptet, dass sie eine indirekte Würdeverletzung aller Menschen – nicht: Personen! – ist.

Unterstellen wir, um diese zusätzliche Komplikation auszublenden, dass Stoecker nicht generell Tötung und Menschenwürde für unverträglich hält, wohl aber die Tötung (in Form der Nichteinpflanzung eines im Zuge der In–Vitro-Fertilisation erzeugten Embryos) aufgrund einer Selektion, wie sie bei der Präimplantationsdiagnostik erfolgt. Damit bleibt als Kernargument folgende These: Es ist die durch die Präimplantationsdiagnostik vorgenommene Selektion, die mit der Menschenwürde unvereinbar ist.

Fragt man nun, um wessen menschliche Würde es geht, lassen sich drei Varianten der spezifischen Unvereinbarkeitsthese ermitteln. Regine Kollek beispielsweise scheint zu behaupten, dass Selektion generell mit Menschenwürde unvereinbar ist, also sowohl mit der des Embryos, als der des Mediziners, als auch unser aller Menschenwürde.[17] Eberhard Schockenhoff hingegen sieht in seiner Stellungnahme eindeutig die Würde des selektierten und verworfenen Embryos verletzt.[18]

---

konstruktion der Menschenwürde zeigt, dass auch unser Prinzip der Menschenwürde auf diesem Fundament aufruht.

14 Stoecker (2002b, S. 66).
15 Vgl. Stoecker (2002b, S. 65 und S. 67 f.).
16 Stoecker (2002b, S. 68).
17 Vgl. Kollek (1999, S. 124).
18 Vgl. Schockenhoff (2001, S. 10).

Ralf Stoecker bringt eine weitere Gruppe möglicherweise Betroffener ins Spiel: Alle diejenigen existierenden Menschen, die mit dem genetischen Defekt bzw. der Krankheit leben, aufgrund derer ein Embryo nach der Präimplantationsdiagnostik verworfen wird.

Da ich mich mit den Argumenten von Kollek und Schockenhoff an anderer Stelle bereits ausführlich auseinandergesetzt habe, werde ich mich in diesem Beitrag auf den Einwand von Stoecker konzentrieren, weil es mir dadurch ermöglicht wird, das Zusammenspiel von Menschenwürde und personaler Autonomie weiter zu explizieren. Es geht, hierin ist Stoecker Recht zu geben, nicht nur um Menschenwürde überhaupt (Kollek) oder die Menschenwürde des nicht implantierten Embryos (Schockenhoff). Zu berücksichtigen sind auch die faktisch existierenden Menschen, die von dem genetischen Defekt, der Behinderung oder dem Krankheitsbild betroffen sind, welches im Rahmen der Präimplantationsdiagnostik als hinreichender Grund für die Verwerfung eines Embryos gilt. Für diese stellt sich auf jeden Fall die Frage, ob die der Präimplantationsdiagnostik eingeschriebene Lebensqualitätsbewertung, sei es die des verworfenen Embryos, sei es die der potentiellen Mutter, eine Verletzung ihrer Menschenwürde darstellt. Denn immerhin muten wir ihnen die folgenden beiden Werturteile zu: „Ein Leben mit diesem genetischen Defekt ist aus Sicht des betroffenen Individuums selbst nicht lebenswert." und „Ein Kind mit diesem genetischen Defekt ist für die (potentielle) Mutter nicht zumutbar".

Ich halte diesen Einwand von Stoecker für zentral, weil er zeigt, dass wir die Vereinbarkeit von Präimplantationsdiagnostik und Menschenwürde nicht dadurch herstellen können, dass wir die von der Selektion betroffenen Menschen aus dem Skopus der Menschenwürde herausnehmen. Dies geschieht immer dann, wenn im Kontext der so genannten Statusdebatte menschliche Embryonen (bis zu einem bestimmten Zeitpunkt der embryonalen Entwicklung) aus der Extension des Prinzips der Menschenwürde herausgenommen werden. Da sicher niemand alle potentiell oder faktisch behinderten Menschen, welche die von der Präimplantationsdiagnostik erfassten genetischen Defekte aufweisen, aus dem Geltungsbereich der Menschenwürde ausschließen will, hilft diese extensionale Strategie zur Herstellung der Verträglichkeit von Menschenwürde und Präimplantationsdiagnostik nicht weiter.[19] Können wir aber plausibel begründen, dass die in der Präimplantationsdiagnostik implizierte Selektion gegenüber dieser Gruppe potentiell oder aktual behinderter Menschen keine Würdeverletzung darstellt?

Auch Ralf Stoecker, dies ist eine weitere geteilte Prämisse seiner und meiner Konzeption, bindet Personalität und Würde an soziale Anerkennungsprozesse: „Es ist nicht das Menschsein überhaupt, sondern das Menschsein in der Gemeinschaft, das Innehaben einer Rolle als Mensch, womit der Anspruch auf eine (möglicherweise stark idealisierte) individuelle Persönlichkeit und folglich der

---

19 Vgl. zu diesen Strategien Quante (2010a, S. 48–52).

Anspruch auf Respekt verbunden ist".[20] Damit wird bereits in das Fundament der Menschenwürde mit jener der Personalität innewohnenden Selbstbewertung der eigenen Existenz eine soziale, auf intersubjektive Anerkennung ausgerichtete Dimension eingeschrieben. Menschen realisieren ihre Würde in sozialen Vollzügen, weil sie ihre Persönlichkeit nur in Anerkennungsverhältnissen zum Ausdruck bringen können.

Durch die Berücksichtigung dieser Anerkennungsstruktur gelingt es, die Würde auf Menschen auszudehnen, die nicht zu einer autonomen personalen Lebensführung fähig sind. Denn auch diese Menschen stehen in sozialen Interaktionen und partizipieren daher an unserer die Menschenwürde konstituierenden Lebensform. Der Schutzschirm der Menschenwürde wird, so könnte man sagen, durch die Inanspruchnahme der Anerkennungsrelation weiter aufgespannt.[21]

Diese Inanspruchnahme impliziert allerdings auch, dass der intersubjektiv-rationale Standard der Lebensqualitätsbewertung mit der Menschenwürde nicht generell unverträglich sein kann, denn dieser normative Standard drückt gerade aus, dass die für Personen konstitutive Fähigkeit zur autonomen Selbstbewertung der eigenen Existenz immer eine sozial geteilte Dimension hat.[22] So wenig faktische Anerkennung oder Nichtanerkennung und der sozial-objektiver Standard das Maß der Lebensqualitätsbewertung sein können, so wenig kann man auf normative Anerkennungsansprüche oder eine normative, d. h. intersubjektiv-rationale Lebensqualitätsbewertung bei der Bestimmung des personalen Lebens verzichten. Andernfalls stellte sich im Kern unserer ethischen und moralischen Begründungspraxis ein unhaltbarer Subjektivismus oder Dezisionismus ein, welcher die Möglichkeit rationaler Begründung und Kritik zersetzen würde.

In Gesellschaften wie der unseren, in denen der Respekt vor Autonomie einen hohen Stellenwert einnimmt, wird man die Maxime verfolgen, in aller Regel der personalen Lebensqualitätsbewertung den Vorrang vor der intersubjektiv-rationalen einzuräumen. In Fällen, in denen eine personale Lebensqualitätsbemessung nicht gegeben ist, weil die dazu notwendigen Fähigkeiten entweder noch nicht, nicht mehr oder aber niemals vorliegen, greift jedoch der intersubjektiv-rationale Standard. Ohne die explizite oder implizite Anwendung eines solchen, unserem evaluativen Umgang mit Menschen stets innewohnenden, Standards wären wir

---

20 Stoecker (2002b, S. 67).
21 Entgegen dem nahe liegenden Einwand, die Berücksichtigung der Anerkennungsrelation in Konzeptionen der Autonomie, der Personalität oder der Menschenwürde gefährde deren intrinsischen Charakter, ist es also gerade die intersubjektive Konstituiertheit mittels sozialer Interaktion, welche die exkludierenden Effekte monologischer Autonomie-, Person- oder Menschenwürdekonzeptionen zu vermeiden hilft; vgl. dazu Quante (2011c) sowie Quante & Schweikard (2012).
22 Vgl. dazu Quante (2007b).

gar nicht in der Lage, den anderen als bedürftiges und nach individuellem Wohl strebendes Wesen zu erkennen und anzuerkennen.

Eine solche auf das Wohl des jeweiligen Individuums abzielende Bewertung der Existenz eines anderen Menschen darf, im Falle einer extrem negativen Bewertung, wie sie das Verwerfen nach entsprechender Präimplantationsdiagnostik darstellt, nicht als Tötung aus Mitleid verstanden werden, weil Mitleid ein subjektives Erleben des Betrachters ist. Was beim intersubjektiv-rationalen Standard dagegen gefordert wird, ist ein rational begründbares Werturteil, keine subjektive Emotion.[23] Prinzipiell ist aus diesen Gründen weder eine am personalen noch eine am intersubjektiv-rationalen Standard ausgerichtete Lebensqualitätsbemessung *generell* mit der Menschenwürde unvereinbar, was nicht ausschließt, dass konkrete Fälle solcher Bewertungen sehr wohl Menschenwürdeverletzungen darstellen können. Im Falle einer rational begründbaren und angemessenen Bewertung auf dieser Grundlage muss daher eine auf dieser Basis vorgenommene Abwägung zwischen zukünftigem Wohl und Leid einerseits sowie Recht auf Leben andererseits nicht zwingend mit der Menschenwürde des solchermaßen bewerteten menschlichen Lebens unvereinbar sein. Dieses Ergebnis impliziert, dass es sich bei der Verwerfung eines Embryos nach der Präimplantationsdiagnostik nicht um die Wahl zwischen zwei potentiell zu implantierenden Embryonen A und B handelt, sondern um die Verwerfung eines Embryos aufgrund der für ihn zu erwartenden Lebensqualität (nach intersubjektiv-rationalem Standard gemessen). Weder der Vergleich der potentiellen Lebensqualitäten von A und B, noch der Rekurs auf die zukünftige Lebensqualität der potentiellen Mutter sind darin eingeschlossen.[24]

Bevor die These der generellen Unverträglichkeit von Menschenwürde und Präimplantationsdiagnostik endgültig ausgeräumt ist, bleibt noch die von Ralf Stoecker vorgetragene Überlegung zu prüfen. Dieser zufolge ist die Verwerfung eines Embryos nach Präimplantationsdiagnostik eine Demütigung derjenigen Menschen, die mit (der Disposition zu) dieser Behinderung bzw. Krankheit leben. Zuerst einmal ist festzuhalten, dass Stoecker sein Argument nicht als Dammbruchargument vorträgt, indem er etwa auf die möglichen negativen Wirkungen der selektiven Verwerfung von Embryonen nach der Präimplantationsdiagnostik hinweist, die für behinderte Menschen in unserer Gesellschaft entstehen können. Solche Entsolidarisierungsgefahren sind sehr ernst zu nehmen, sicher aber keine zwingende Folge der Präimplantationsdiagnostik. Nichts hindert eine Gesell-

---

23 Damit ist nicht ausgeschlossen, Mitleid als angemessene emotionale Reaktion auf eine Situation als Argument für ein solches explizites Werturteil anzuführen.

24 Aus diesem Grunde enthalten meine Ausführungen keine implizite Stellungnahme zur Frage der selektiven Abtreibung bei Mehrlingsschwangerschaften. Sie legen jedoch eine Kritik am Verzicht auf die so genannte ,eugenische' Indikation bei Abtreibungen nahe.

schaft, die Präimplantationsdiagnostik zulässt, zwangsläufig daran, eine gute Integrationspolitik für behinderte und kranke Gesellschaftsmitglieder zu verfolgen und dafür die geeigneten sozialen Institutionen bereitzustellen.[25] Allerdings kann eine Gesellschaft, die ethisch für den Einsatz von Präimplantationsdiagnostik reif genug ist, nur eine solche sein, in der behinderten Menschen und den sie betreuenden Familien ein hohes Maß an Solidarität und Integrationsbereitschaft entgegengebracht wird.

Stoeckers entscheidende These lautet, dass die Verwerfung eines menschlichen Embryos nach der Präimplantationsdiagnostik aufgrund einer Selektion ein *direkter* Verstoß gegen die Menschenwürde derjenigen Menschen ist, für die das durch die Indikation negativ bewertete „Krankheits- und Behinderungspotential" eine „konstitutive Eigenschaft der Persönlichkeit" darstellt.[26]

Auch dieser Einwand hält jedoch einer kritischen Prüfung aufgrund einer Mehrdeutigkeit der Redeweise Stoeckers von dem Krankheits- und Behinderungspotential, welches eine „konstitutive" Eigenschaft für die so beschaffene Persönlichkeit eines behinderten Menschen ist, nicht stand. Um dies zu sehen, muss die Rede von einer „konstitutiven" Eigenschaft aufgeklärt und der Begriff der Identifikation, der für jede Konzeption von Persönlichkeit – im Sinne eines evaluativen Selbstverhältnisses – unverzichtbar ist, differenziert werden.

Die Rede von konstitutiven Eigenschaften zielt auf den Unterschied von wesentlichen und akzidentellen Eigenschaften ab. Eine Eigenschaft f ist dann konstitutiv, falls eine Entität x nicht existieren kann, wenn sie f nicht aufweist (oder x zu existieren aufhört, wenn sie f verliert). Wir können solche Eigenschaften *individuen-konstituierende* Eigenschaften nennen. Auf der Ebene der Arten stehen konstitutive Eigenschaften für diejenigen Merkmale, über die ein Individuum x verfügen muss, um zu einer spezifischen Art A zu gehören. Mit anderen Worten: Wenn x nicht die für A geforderten Merkmale aufweist, kann es nicht als Entität dieser Art zählen. Wir können diese Merkmale art-konstituierende Eigenschaften nennen.[27]

Die Unterscheidung zwischen individuen- und art-konstituierenden Merkmalen lässt den Fall zu, dass ein Individuum x seine art-konstituierenden Merkmale verlieren und dennoch weiterexistieren kann, wenn es damit nicht zugleich

---

25 Ein besonders krasses Beispiel für derlei Dammbruchargumente stellt die Liste der „Eskalationsstufen der Präimplantationsdiagnostik" dar, die von den Mitgliedern des Deutschen Ethikrates aufgestellt worden ist, die für eine Kriminalisierung der Präimplantationsdiagnostik votiert haben; vgl. Deutscher Ethikrat (2011, S. 126). Bei dieser Liste der Ängste geht es allerdings nur um die Ausweitung der Indikationsstellung, nicht um mögliche Entsolidarisierungstendenzen gegenüber behinderten oder chronisch kranken Menschen.

26 Stoecker (2002b, S. 66).

27 Mit „Art" sind hier weder ausschließlich biologische Spezies gemeint, noch ausschließlich Sortalbegriffe, die für natürliche Arten stehen.

auch (mindestens) eine individuen-konstituierende Eigenschaft verliert. So wird Hans beispielsweise als menschliches Individuum auch dann weiter existieren, wenn er das für die Art Junggesellensein konstitutive Merkmal des Unverheiratetseins verliert. Anders herum gilt jedoch in der Regel, dass der Verlust einer individuen-konstituierenden Eigenschaft zugleich auch den Verlust aller art-konstituierenden Merkmale bedeutet. Dabei ignoriere ich an dieser Stelle die besondere Art der nicht-existierenden Individuen, die im Kontext der Debatte um das so genannte non-identity-problem einen Sonderfall darstellen.[28]

Ralf Stoecker spricht von einer für die individuelle Persönlichkeit eines menschlichen Individuums konstitutiven Eigenschaft. Es geht also nicht um die allgemeinen Merkmale der Personalität, aufgrund derer eine Entität zur Art der Personen gezählt werden kann, sondern um die individuelle Ausprägung von Personalität, die sich Menschen mittels ihres evaluativen Selbstverhältnisses geben. Dieses Selbstverhältnis lässt sich als volitonal-evaluative Selbstbeziehung analysieren, die ich mit dem Terminus der „Identifikation mit" charakterisiert habe.[29] Von einer „Identifikation mit" spreche ich, um den Unterschied zu einem rein theoretischen Selbstbezug zu markieren, den man als „Identifikation als" bezeichnen kann. Wenn ich eine Durchsage höre, in der derjenige Autofahrer gesucht wird, dem ein bestimmtes Auto gehört, werde ich erkennen können, dass die fragliche Eigenschaft f mir zukommt. Dies kann mich, wenn f für mein evaluatives Selbstbild irrelevant ist, volitional vollkommen unberührt lassen. In diesem Fall hätten wir es mit einer Eigenschaft zu tun, die für meine Persönlichkeit irrelevant ist; es kann sogar der Fall sein, dass f für mich hinsichtlich meiner Zugehörigkeit zu einer bestimmten Art A von Entitäten konstitutiv ist, wenn es mir gleichgültig wäre, ein Individuum dieser Art A zu sein.

Geht es dagegen um eine Eigenschaft f, die für meine Persönlichkeit konstitutiv ist, dann muss ich zu f die Haltung der „Identifikation mit" einnehmen. Allerdings muss man an dieser Stelle eine weitere Differenzierung vornehmen, da die „Identifikation mit" zwei evaluative Ausrichtungen haben kann: Ich kann mich zu f positiv evaluativ, bejahend oder affirmativ, verhalten (wenn ich z. B. stolz darauf bin, diese Eigenschaft zu besitzen). Ich habe aber auch die Möglichkeit, mich zu einer auf mich zutreffenden Eigenschaft f negativ evaluativ zu verhalten (wenn ich mich z. B. schäme, f zu haben oder mir wünsche, f nicht zu haben). Da es mir bis hierhin nur auf die evaluative Dimension, nicht aber auf ihre positive oder negative Ausrichtung, angekommen ist, habe ich „Identifikation

---

28   Im Streit um den moralischen Status menschlicher Embryonen spielt die Frage, ob der Begriff der Person eine individuen-konstitutive Eigenschaft bezeichnet, eine zentrale Rolle. Wenn man dies verneint, kann ein menschliches Individuum seinen Personenstatus erwerben oder verlieren und dennoch als menschliches Individuum weiterexistieren.

29   Vgl. dazu Quante (2011b und 2007a, Kap. 7–9).

mit" als Oberbegriff für beide Ausprägungen verwendet.[30] Für die jetzt folgende Diskussion von Stoeckers Argument ist es von zentraler Bedeutung, zwischen dem rein theoretischen Selbstverhältnis eines Subjekts, das sein F-Sein einfach nur zur Kenntnis nimmt, sowie den volitional-evaluativen Selbstverhältnissen der positiven und der negativen Identifikation mit f zu unterscheiden.

Eine Eigenschaft f kann erst und nur dann in der auf personale Autonomie aufbauenden Konzeption von Menschenwürde *konstitutiv* für die würdebegründende Persönlichkeit eines Menschen sein, wenn sie Gegenstand der „Identifikation mit" ist. Für diesen Akt der Identifikation sollte man allerdings nicht die explizit reflexive Bewertung zum alleinigen Modell machen; unsere Handlungen bringen häufig – gleiches gilt für emotionale Einstellungen und affektive Reaktionen – implizite Identifikationen mit Eigenschaften zum Ausdruck. Auch in diesen impliziten evaluativen Selbstverhältnissen drückt sich die Persönlichkeit eines menschlichen Individuums aus, sodass sie nicht von vornherein ausgeschlossen werden sollten.[31] Wir müssen Stoeckers Einwand deshalb so lesen, dass die durch die Lebensqualitätsbewertung als extrem negativ bewertete Eigenschaft F dann eine Würdeverletzung der Persönlichkeit des Menschen x darstellt, wenn x diese Eigenschaft F durch eine Identifikation mit f zu einer konstitutiven Eigenschaft für seine Persönlichkeit gemacht hat („extrem negativ" ist diese Bewertung, weil sie im Kontext der Präimplantationsdiagnostik zur Begründung der Nicht-Implantation dient).

Hier greift nun unsere Fallunterscheidung zwischen positiver und negativer Identifikation mit einer Eigenschaft f. Wenn x sich negativ mit f identifiziert, dann ist nicht zu sehen, weshalb eine ebenfalls negative Bewertung durch die Gesellschaft zu einer Würdeverletzung von x führt, solange die Persönlichkeit von x Ort und Ursprung seiner Würde ist. Zu fragen bleibt allerdings, wie wir den Fall bewerten wollen, dass ein Mensch sich gerade positiv mit einer Eigenschaft identifiziert, die von anderen bzw. von der Gesellschaft derart negativ bewertet wird, dass sie als Indikationsgrund für die Nichtimplantation gilt. Hier haben wir es in der Tat mit einem essentiellen Wertungswiderspruch zu tun, der – so unsere Voraussetzung – eine Eigenschaft betrifft, die für die Persönlichkeit des fraglichen Individuums x konstitutiv ist.

---

30 In der Literatur zur personalen Autonomie wird, zurückgehend auf den terminologischen Gebrauch bei Harry G. Frankfurt „identification" zumeist mit der positiven Ausformung gleichgesetzt. Für die negativ evaluative Einstellung hat unlängst John Christman (2009) den Begriff der Entfremdung vorgeschlagen.

31 Wenn es allerdings dazu kommt, solche Identifikationen mit einer Eigenschaft zu begründen, dann ist es notwendig, sie explizit reflexiv durchzuführen. Wir müssen aber nicht in allen Kontexten unser Handeln gegenüber einer Person am Modell des diskursiven Begründens ausrichten. So ist es plausibel anzunehmen, dass sich der Respekt vor der Integrität einer Persönlichkeit auch auf die impliziten Identifikationen erstreckt, die diese Persönlichkeit konstituieren.

Um diesen Punkt richtig zu erfassen, muss klar sein, dass es nicht um die These geht, ein dispositional oder faktisch behinderter Mensch fühle sich in seiner Würde verletzt, weil Lebensqualitätsbewertungen im Kontext der Präimplantationsdiagnostik durchgeführt werden. Diese Rekonstruktion des Zusammenhangs führt auf die allgemeine Variante der Unverträglichkeitsthese zurück, nicht auf die von Stoecker gemeinte Version, in der es um die Persönlichkeit des fraglichen Individuums x als Ort der Würdeverletzung geht. Es muss vielmehr um einen spezifischen Wertungswiderspruch hinsichtlich einer spezifischen Eigenschaft f gehen.[32]

Wenn die Würde des Menschen in seiner Autonomie und der Möglichkeit eines rationalen Selbstverhältnisses wurzelt, dann müssen Akte der Identifikation mit f mit Gründen kritisiert werden dürfen, weil sonst die kognitiven Grundlagen unserer ethischen Praxis gefährdet sind. Unter Bedingungen des Pluralismus wird man außerdem anerkennen müssen, dass es Fälle gibt, in denen unterschiedliche Werthaltungen gegenüber ein- und derselben Eigenschaft rational vertretbar sind.

Aus dem Gesagten folgt: Es ist einem rationalen Subjekt zuzumuten, dass ein anderes rationales Subjekt zu divergierenden Einschätzungen kommt, ohne dass die wechselseitige Kritik zu einem Konsens oder zu einem eindeutigen Ergebnis führt. Dies bedeutet für unseren Fall, dass ein von einer Disposition oder einer aktualen Behinderung betroffener Mensch es ertragen muss, dass eine Eigenschaft, mit der er sich positiv identifiziert, von anderen negativ bewertet wird.[33] Umgekehrt sollte aber, wenn diese positive Identifikation rational nachvollziehbar ist, ernsthaft geprüft werden, ob die negative Identifikation wirklich angemessen ist. Auf das Beispiel der Präimplantationsdiagnostik bezogen könnte dies zu sehr viel restriktiveren Indikationslisten führen, als sie derzeit (in manchen Ländern) gelten. Dabei ist immer mit der Möglichkeit zu rechnen, dass eine negative Bewertung seitens der aktual oder dispositional Betroffenen die Internalisierung eines externen Standards – und damit einen Entfremdungszustand oder ein Stigma – darstellt. Entsprechend ist umgekehrt zu prüfen, ob die negative Beurteilung durch die Nichtbetroffenen nicht einfach nur eine unbemerkte

---

32 Ein ähnlich gelagertes Problem ergibt sich durch die Forderung von gehörlosen Eltern, man solle bei ihren Embryonen die Eigenschaft der Gehörlosigkeit herbeiführen. Hier treffen zwei gegensätzliche Bewertungen der Gehörlosigkeit aufeinander, wenn jemand diese Maßnahme für ethisch nicht akzeptabel hält. Dieser Fall ist allerdings nur ‚ähnlich gelagert', weil die potentiellen Eltern nicht für sich, sondern für ein anderes Individuum entscheiden. In der Debatte solcher Forderungen wird aber häufig auch die Frage der Wertigkeit der fraglichen Eigenschaft aufgeworfen, sodass eine Parallele zum obigen Fall entsteht.

33 Präziser muss es heißen, dass sich x damit identifiziert, selbst die Eigenschaft f zu haben. Denn es ist auch denkbar, dass ich eine Eigenschaft F wertschätze, ohne für mich zu wünschen, selbst f zu haben.

Projektion ihrer jeweils eigenen Wertvorstellungen ist, in der die Perspektive der Betroffenen nicht ausreichend zur Geltung kommt.

Genau diese Prüfung wird von der kritischen Anwendung des intersubjektiv-rationalen Standards – und zwar auf beiden Seiten – gefordert. Sie durchzuführen ist deshalb eine Vorbedingung dafür, dass auch eine divergierende Bewertung mit der Würde aller Betroffenen verträglich ist. Lassen sich aber auf beiden Seiten nachvollziehbare Gründe anführen, dann ist dies ein starkes Indiz dafür, dass die fraglichen Eigenschaften nicht sinnvoll in so krasser Weise negativ bewertet werden dürfen, wie es unserer Voraussetzung nach – Verwerfung aufgrund einer Präimplantationsdiagnostik – der Fall ist.

Ausblick

Die durch die Bundestagsentscheidung im Juli 2011 geschaffene Situation stellt gegenüber der Kriminalisierung der Präimplantationsdiagnostik, durch welche sich Deutschland bis dahin von einigen seiner europäischen Nachbarländer unterschieden hat, einen ethischen Fortschritt dar. Wenn das mit dieser Entscheidung erstmals ausgesprochene Ja zur Präimplantationsdiagnostik deshalb zu begrüßen ist, so darf darüber doch nicht vergessen werden, dass die jetzt beschlossene Regelung weiterhin als ethisch suboptimal eingeschätzt werden muss. So hat man nicht nur mit guten Gründen die Durchführung dieser medizinischen Option auf einige wenige Zentren beschränkt, sondern auch darauf verzichtet, eine allgemeine Liste zulässiger Indikationen für eine Präimplantationsdiagnostik zu formulieren. Stattdessen sollen an jedem der Zentren Ethikkommissionen in jedem Einzelfall entscheiden, ob ein betroffenes Paar Zugang zu dieser medizinischen Option haben darf. Abgesehen davon, dass auf diese Weise Menschen, die sich ohnehin in einer psychisch und ethisch konfliktträchtigen Lage befinden, auch noch einem moralischen Stresstest ausgesetzt werden, ist diese Lösung aus folgendem Grund problematisch: Die Ethikkommissionen an den einzelnen Standorten werden mit großer Wahrscheinlichkeit für sich eine implizite Liste mit akzeptablen Indikationen entwickeln, einfach schon deshalb, weil sie ihre eigene Entscheidungspraxis rational gestalten wollen. Zugleich ist zu erwarten, dass diese impliziten Listen von Standort zu Standort divergieren werden (allein schon deshalb, weil die Einstellung zur Präimplantationsdiagnostik unter anderem durch den Grad der religiösen, genauer sogar durch deren konfessionelle Geprägtheit bestimmt wird). Auf diese Weise ergibt sich ein doppelter Nachteil: Es wird mehrere Indikationslisten und, angesichts des Leidensdruck der betroffenen Paare, wahrscheinlich einen innerdeutschen Präimplantationstourismus geben. Vor allem aber werden diese Listen implizit bleiben und damit eines nicht sein: Gegenstand und Resultat eines gesamtgesellschaftlichen Diskussionsprozesses.

Fragt man sich, welche Gründe dazu bewogen haben mögen, die jetzt verabschiedete Variante zu wählen, so liegt die Vermutung nahe, dass man genau diesen gesellschaftlichen Reflexionsprozess vermeiden wollte. Und wahrscheinlich wollte man dies, weil man befürchtete, eine solche Diskussion müsse diskriminierende und würdeverletzende Folgen haben. So gesehen ist auch die jetzt verabschiedete gesetzliche Regelung an entscheidender Stelle immer noch von der Intuition geprägt, dass man Menschenwürde und Lebensqualitätsbewertungen eigentlich nicht miteinander vereinbaren kann. Die Überlegungen in diesem Beitrag sollen dazu beitragen, diese Intuition offen zu legen und einer kritischen Prüfung zu unterziehen. Nur so können wir erkennen, dass sie in der generellen Form nicht haltbar ist und wir deshalb auch nicht bei der jetzt gewählten Regelung Halt machen sollten. Ich bin sicher, dass wir in einigen Jahren darüber nachdenken werden, wie eine verantwortbare Indikationsliste für die Zulässigkeit der Präimplantationsdiagnostik aussehen sollte. Und ich bin optimistisch, dass eine solche Liste, wenn die Standards der Lebensqualitätsbewertung offen auf dem Tisch liegen und die vorgeschlagenen Indikationen einer kritischen Bewertung unterzogen werden, wesentlich restriktiver ausfallen wird als dies z. B. heute in Großbritannien der Fall ist.

In der Gesamtabwägung geht es dann nicht nur um die Frage, ob ein Leben mit solch einem genetischen Defekt, solch einer Behinderung oder solch einer Krankheit ein subjektiv sinnvolles Leben darstellen kann, auch wenn dieser Gesichtspunkt für den Nachweis der Verträglichkeit von Menschenwürde und Lebensqualitätsbewertung der Entscheidende ist. Es geht, wenn diese Verträglichkeit gegeben ist, immer auch um die Frage, ob die potentiellen Eltern oder die Gesellschaft als solche eventuell berechtigte Ansprüche haben, die in die Abwägung mit eingehen sollten. In einer solidarischen Gesellschaft, in der Eltern behinderter Kinder Hilfen gegeben oder aber diese von der Gemeinschaft solidarisch betreut werden, wird dieser Abwägungsprozess in ethischer Hinsicht in den meisten Fällen von genetischen Defekten und Behinderung zu Gunsten des menschlichen Lebens ausfallen. Deshalb verpflichtet gerade die Befürwortung der Präimplantationsdiagnostik zur Solidarität mit behinderten Menschen und all denen, die sich um sie kümmern.[34]

Literatur

Bayertz, K. (Hg.) 1996. *Sanctity of Life and Human Dignity*, Dordrecht.
Christman, J. 2009. *The Politics of Persons*, Cambridge.
Deutscher Ethikrat 2011. *Präimplantationsdiagnostik*. Stellungnahme, Berlin.
Damschen, G. & Schönecker, D. (Hg.) 2003. *Der moralische Status menschlicher Embryonen*, Berlin.
Kollek, R. 1999. „Vom Schwangerschaftsabbruch zur Embryonenselektion?", in: *Ethik in der Medizin* 11: 121–124.

---

34 Ich danke Caterina Quante für hilfreiche Verbesserungsvorschläge.

Nationaler Ethikrat 2003. *Genetische Diagnostik vor und während der Schwangerschaft*, Berlin.

Quante, M. 2002a. *Personales Leben und menschlicher Tod*, Frankfurt am Main.

Quante, M. 2002b. „Personale Autonomie und biographische Identität", in: J. Straub, J. / Renn, J. (Hg.): *Transitorische Identität*, Frankfurt am Main: 32–55.

Quante, M. 2007a. *Person*, Berlin.

Quante, M. 2007b. „The social nature of personal identity", in: *Journal of Consciousness Studies* 14: 56–76.

Quante, M. 2010a. *Menschenwürde und personale Autonomie*, Hamburg.

Quante, M. 2010b. „Personale Autonomie, in: *Philosophischer Literaturanzeiger* 63: 257–285 und 385–417.

Quante, M. 2011a. *Einführung in die Allgemeine Ethik*, Darmstadt.

Quante, M. 2011b. „Identifikation in Relation: Anmerkungen zum evaluativen Selbstverhältnis menschlicher Personen", in: Gethmann, C. F. (Hg.): *Deutsches Jahrbuch für Philosophie* 3: 603–620.

Quante, M. 2011c. „Die Bedeutung des Personenbegriffs für den moralischen Status der Person, in: Klein, E. / Menke, C. (Hg.): *Der Mensch als Person und Rechtsperson*, Berlin: 69–87.

Quante, M. 2013. „Being identical by being (treated as) responsible", in: Kühler, M. / Jelinek, N. (Hg.): *Autonomy and the Self*, Dordrecht: 253–271.

Quante, M. / Schweikard, D. 2012. „Person". In: Moser, V. / Horster, D. (Hg.): *Menschenrechte, Menschenwürde, Behinderung*, Freiburg i. Br.: 90–104.

Schockenhoff, E. 2001. „Einspruch im Namen der Menschenwürde", in: *Frankfurter Allgemeine Zeitung* vom 23. 4. 2001, S. 10.

Stoecker, R. (Hg.) 2002a. *Menschenwürde. Annäherungen an einen Begriff*, Wien.

Stoecker, R. 2002b. „Die Würde des Embryos", in: Groß, D. (Hg.): *Ethik in der Medizin in Lehre, Klinik und Forschung*, Würzburg: 53–70.

Meine Gedanken von Ferne – Gedankenlesen als neuroethisches Problem

Ralf Stoecker

Contemporary research on Neuroimaging seems to provide various techniques to read a person's mind and her individual thoughts. In this essay I examine some ethical and metaphysical aspects of mind reading with a focus on how techniques of mind-reading might concern the idea of human dignity.

Seit einigen Jahren gibt es ein neues Fach im Kanon der philosophischen Sub-disziplinen, die Neuroethik.[1] Die Bezeichnung suggeriert, dass es sich um eine weitere Spezialethik handelt, analog etwa der Medizinethik, Umweltethik oder Wirtschaftsethik. Ein Blick in die bislang erschienen Veröffentlichungen ergibt allerdings ein ganz anderes, erstaunlich heterogen anmutendes Bild. Besprochen werden sowohl klassische philosophische Fragen und Probleme wie auch The-men aus unterschiedlichen Bereichen der aktuellen Bioethik. Typische Beispiele sind etwa: Enhancement und Hirntod, Willensfreiheit und menschliche Irr-tumsanfälligkeit, personale Identität und Persönlichkeitsstörungen.[2] Angesichts dieser Vielfalt fragt sich natürlich, was das Charakteristische, Spezifische dieser neuen Disziplin ist.

Eine der führenden Vertreterinnen der Neuroethik, Adina Roskies, hat ver-sucht, diese Vielfalt zumindest in zwei Themenblöcken zusammenzufassen: *Ethik der Neurowissenschaften* und *Neurowissenschaften der Ethik* (Roskies 2002). So eingängig diese Zweiteilung aber auch ist, so unterschlägt sie doch wesentliche Aspekte des neuroethischen Themenspektrums. Erstens sind gerade die Unter-suchungen und Reflexionen des zweiten Themenblocks (beispielsweise zur Wil-lensfreiheit und menschlichen Verantwortlichkeit) längst nicht bloß neurowis-senschaftlich, sondern haben in der Regel große philosophische Anteile, und zweitens sind sie nicht auf die Ethik beschränkt, sondern betreffen unser gesamtes Menschenbild und überlappen deshalb deutlich mit der modernen Philosophie des Geistes.[3] Anstelle der suggestiven, aber letztlich unpassenden Dichotomie

---

1   Die Bezeichnung selbst stammt aus dem Jahr 2002. Zur Geschichte der Disziplin vgl. (Levy, 2007: 1 ff).

2   Einen guten Einblick bieten neben der Monographie von Neil Levy ein entspre-chender Sammelband, herausgegeben von Walter Glannon (2007) und die seit 2008 erscheinende Zeitschrift *Neuroethics*.

3   Vgl. z.B. Farah 2008, Levy 2007: 29 ff.

Roskies' würde ich deshalb eine andere, relativ vage Charakterisierung der Neuroethik vorziehen: Es ist die Disziplin, die sich mit den philosophischen Implikationen der kognitiven Neurowissenschaften beschäftigt, und zwar einerseits mit den Implikationen des Forschungs*prozesses* selbst (als Teil der Forschungsethik), und andererseits mit den Implikationen der erzielten Forschungs*ergebnisse*, wobei hier insbesondere die Fortschritte bei der bildlichen Repräsentation von Gehirnprozessen sowie der sich daraus ergebenden technischen Möglichkeiten etwa durch zerebrale Eingriffe von Bedeutung sind (Farah 2007).

Das Thema, mit dem ich mich in meinem Beitrag beschäftigen werde, Gedankenlesen, passt perfekt in diese Charakterisierung. Alle Aspekte der Neuroethik spielen eine Rolle. Vor allem aber wird an diesem Thema deutlich, dass der besondere Reiz vieler neuroethischer Themen darin liegt, dass sie uns zu Grenzgängern zwischen theoretischer und praktischer Philosophie machen. Es zeigt sich, wie eng verschränkt ethische Fragen letztlich mit unserem Verständnis des Menschen und seiner Situation in der Welt sind und wie unangemessen folglich die tradierte Zweiteilung der Philosophie in Theorie und Praxis ist. So werde ich dann in meinem Beitrag auch ausdrücklich einen theoretischen, man könnte auch sagen: metaphysischen, Aspekt und einen angewandt ethischen des Gedankenlesens diskutieren.

Gedanken lesen und Lügen erkennen

Die Vorstellung, man könnte die Gedanken anderer Menschen lesen, war schon immer faszinierend. In der christlichen Tradition ist es eine der hervorstechenden Fähigkeiten Gottes, in die ,Herzen' alle Menschen schauen zu können. „Ich sitze oder stehe auf, so weißt du es; du verstehst meine Gedanken von ferne" heißt es in Psalm 139. Und auch für Zauberkünstler und Hellseher gehört das Gedankenlesen seit jeher zum Standardrepertoire. Doch nun, so könnte es manchmal scheinen, stehen wir kurz davor, diese Kunst ganz unabhängig von Religion und Magie zu beherrschen. Aufsatztitel wie beispielsweise der des Berliner Neurowissenschaftlers John-Dylan Haynes, „Reading Hidden Intentions in the Human Brain" (Haynes et al. 2007) suggerieren, dass es bald auch uns Normalsterblichen möglich sein könnte, mithilfe moderner bildgebender Verfahren ,von ferne' abzulesen, was jemand denkt oder will.

Beim näheren Hinsehen zeigt es sich zwar, dass dieser Anspruch noch längst nicht einzulösen ist. Die prominente Neuroethikerin Martha Farah schrieb deshalb 2002 in einem Überblickartikel kurz und bündig: „Mind reading is the stuff of science fiction" (wiederabgedruckt in Glannon 2007: 28), und daran hat sich bis heute nichts geändert.[4] Aber die Fiktion von heute ist schnell der wissenschaft-

---

4 Vgl. die ausgezeichnete Überblickdarstellung Stephan Schleims, von der ich in

liche Alltag von morgen. Deshalb ist es in der Bioethik so wichtig, sich schon im Vorhinein, also bevor man vor vollendete wissenschaftliche Tatsachen gestellt wird, mit den ethischen Implikationen einer möglichen technischen Entwicklung auseinander zu setzen (zum Beispiel mit der Gentherapie, dem menschlichen Klonen, der Schaffung von Cyborgs). Und dass eine Technik, die es erlauben würde, Gedanken zu lesen, ethische Implikationen haben würde, steht außer Frage. Schon in Psalm 139 schließt sich an die oben zitierte Feststellung, dass Gott Gedanken lesen kann, unmittelbar die bange Frage an: „Wohin soll ich gehen vor deinem Geist, und wohin soll ich fliehen vor deinem Angesicht?" Das mag in der Beziehung eines Gläubigen zu Gott ein akzeptables Verhältnis sein, in Bezug auf andere Menschen wäre es möglicherweise ein Albtraum.

Wie bei anderen zwischenmenschlichen Albträumen hat allerdings auch dieser trotzdem seine überzeugten Anhänger gefunden. Gedanken lesen zu können, so scheint es, ist das ideale Gegenmittel, wenn man befürchten muss, von seinem Gegenüber belogen oder betrogen zu werden. Natürlich gehört es zu unserem sozialen Leben, dass wir uns manchmal wechselseitig belügen, aber zumindest in speziellen, besonders gravierenden Situation ist es uns wichtig, sicher sein zu können, nicht belogen zu werden. Das betrifft den privaten, intimen Bereich, aber auch das Geschäftsleben und das Verhältnis des Einzelnen zu den staatlichen Institutionen. Vor allem der Staat hat traditionell ein großes Interesse an der Aufrichtigkeit seiner Bürger, am prominentesten bei der Steuerehrlichkeit sowie in der Strafverfolgung und vorbeugenden Verbrechensbekämpfung. Es ist deshalb wenig verwunderlich, dass es eine lange Tradition staatlichen Handelns gibt, die Wahrhaftigkeit von Aussagen zu überprüfen. Dies kann auf verschiedene Weise geschehen, erstens natürlich dadurch, dass man versucht, die Tatsachen unabhängig von der Aussage des betreffenden Bürgers zu ermitteln (etwa durch Polizei und Steuerfahndung), zweitens dadurch dass man ihn gewaltsam dazu zwingt, aufrichtig zu sein (beispielsweise durch Strafandrohung oder Folter), und drittens schließlich dadurch, dass man die Glaubwürdigkeit der Äußerung selbst untersucht. Hier nun kommt die Kunst des Gedankenlesens ins Spiel.

Lange Zeit gab es nur ein einziges technisches Verfahren, um die Glaubwürdigkeit einer Äußerung zu untersuchen, den so genannten polygraphischen Lügendetektor. Er beruht auf der Erwartung, dass sich unaufrichtige Äußerungen physiologisch anders niederschlagen als aufrichtige (beispielsweise in einer Veränderung des Hautwiderstands oder der Atemfrequenz). Lügendetektoren sind zwar recht unzuverlässig und anfällig für Manipulationen, so dass sie in den meisten Ländern nicht vor Gericht als Beweismittel zugelassen sind, sie haben aber trotzdem lange Zeit eine gewisse Rolle gespielt, zum Beispiel im Rahmen von Mitarbeiterüberprüfungen bei der CIA und dem FBI.

Eine Technik, die es erlauben würde, die Gedanken eines Menschen zu lesen,

---

meinem Beitrag insgesamt sehr profitiert habe (Schleim 2008) sowie auch Haynes and Rees 2006, Ruchsow / Hermle / Kober 2010.

wäre dem herkömmlichen Lügendetektor natürlich haushoch überlegen. Man müsste nicht mühsam Rückschlüsse aus physiologischen Veränderungen ziehen, sondern könnte einfach direkt überprüfen, ob die betreffende Person wirklich glaubt, was sie sagt. Man müsste nur den geäußerten Gedanken mit demjenigen vergleichen, der aus dem Gedankenlesen hervorgegangen ist. So, wie man nach christlicher Überzeugung Gott nichts vormachen kann, könnte man dann auch den Steuerinspektor, Untersuchungsrichter oder Grenzkontrolleur nicht täuschen. Es ist deshalb kein Wunder, dass die neuen neurowissenschaftlichen Techniken umgehend auf ihre Tauglichkeit für diese Zwecke überprüft wurden.

Tatsächlich sind Anfang dieses Jahrtausends neurowissenschaftliche Alternativen zum Lügendetektor entwickelt worden und werden mittlerweile sogar kommerziell angeboten.[5] Interessanterweise basieren allerdings auch diese Verfahren nicht darauf, die wahren Gedanken eines Menschen zu erkunden, um sie dann mit den geäußerten Gedanken zu vergleichen. Wie schon der alte polygraphische Lügendetektor versuchen auch sie vielmehr, spezifische Kennzeichen des Lügens zu entdecken, nur dass sie sich nicht auf periphere körperliche Vorgänge stützen, sondern auf Gehirnprozesse. Ursprünglich wurden dazu EEG-Ableitungen verwendet, es gibt mittlerweile aber auch eine Reihe von Untersuchungen, die zeigen, dass es vermutlich möglich ist, mithilfe funktioneller Magnetresonanztomographie (fMRT) Täuschungen und Lügen zu erkennen. Wie Pinocchio eine lange Nase wächst, sobald er lügt, hätten wir dann einen verräterischen Fleck, ein Schandmal, auf unserem Gehirnscan.

Lügendetektoren aus ethischer Perspektive: erste Überlegungen

Die Entwicklung dieser Techniken wird, wie gesagt, von großen Hoffnungen getragen. Es fragt sich deshalb, was aus ethischer Sicht davon zu halten ist. Auf den ersten Blick gibt es eine ganze Menge, was *für* ihren Einsatz spricht. Es erhöht die Steuergerechtigkeit, wenn Steuerhinterziehung erschwert wird; es dient der Strafverfolgung und damit auch der Prävention, wenn Gerichte nicht so leicht belogen werden können; und es dient der allgemeinen Sicherheit, wenn potentielle Bombenleger und Amokläufer besser erkannt werden können. Beim näheren Hinsehen häufen sich allerdings die Probleme und Bedenken.

Erstens sind die neurowissenschaftlichen Verfahren trotz ihrer angeblich höheren Erfolgsquote gegenüber herkömmlichen Lügendetektoren, noch mit einer Vielzahl technischer und methodologischer Probleme behaftet. Weil aber gerade der Rückgriff auf neurowissenschaftliche Verfahren so faszinierend ist, besteht die Gefahr, dass eine *noch nicht ausgereifte Technik* vorschnell zum Einsatz kommt und möglicherweise Irrtümer und Fehlurteile produziert.

---

5 Vergleiche für das folgende neben den Ausführungen Schleims: Simpson 2008, Levy 2007: Kap. 4, Wolpe Foster und Langleben 2005.

Zudem sind bekanntlich nicht alle Staaten legitim, es besteht also eine *Missbrauchsgefahr.* Eine Technik, die echte Loyalität von bloßen Lippenbekenntnissen unterscheiden könnte, wäre Gold wert für jeden totalitären Staat. Eine Missbrauchsgefahr könnte aber auch jenseits staatlicher Verwendungen entstehen, selbst wenn diese für sich gesehen legitim sind. Firmen könnten Bewerber, Versicherungen Kunden überprüfen, Gangster leichter Geheiminformation erpressen.

Beide Schwierigkeiten, sowohl die technischen Mängel als auch die Missbrauchsgefahr, sind zwar praktisch sehr wichtig, aus theoretischer Sicht treffen sie aber nicht den eigentlichen Kern der Frage nach der ethischen Bewertung von Lügendetektoren. Denn dafür ist es entscheidend, dass es die Aufgabe der Lügendetektoren ist, festzustellen, ob jemand *lügt.* Lügen aber sind in zweierlei Hinsicht ethisch etwas Besonderes: zum einen, weil sie nach verbreiteter Überzeugung moralisch anrüchig sind, und zum anderen, weil sie eng mit dem Innenleben eines Menschen verbunden sind.

Die vermeintliche moralische Anrüchigkeit ist deshalb wichtig, weil es naheliegt, daraus den Schluss zu ziehen, dass es also auch nicht zu beanstanden sei zu testen, ob jemand gelogen hat oder nicht. Das würde Lügendetektoren von anderen mehr oder weniger futuristischen Maschinen unterscheiden, die vielleicht ebenfalls ganz nützlich wären: Intelligenzdetektoren, die zuverlässig überprüfen, wie schlau jemand ist, oder Liebesdetektoren, die die tatsächliche Verliebtheit anzeigen. Lügen, könnte man sagen, darf man nicht (anders als Klug- oder Verliebtsein), folglich darf man sich auch nicht beschweren, wenn die Ehrlichkeit kontrolliert wird. Die Guten, Aufrichtigen, hätten schließlich nichts zu befürchten.

Beim näheren Hinsehen hat diese Überlegung aber eine ganze Reihe von Schwächen, die sich in drei Stufen auftürmen: Erstens ist es auch gegenüber den Aufrichtigen nicht ganz unbedenklich, sie überprüfen zu lassen. Zweitens stimmt es nicht, dass Lügen immer unmoralisch ist. Und drittens ist es selbst gegenüber unmoralischen Lügen nicht zulässig, sie mit Hilfe eines Lügendetektors aufzudecken.

Ein wichtiges Argument für den Einsatz von Lügendetektoren besagt, dass sie zu Unrecht beschuldigten Angeklagten eine Chance bieten, sich freiwillig eines solchen Tests zu unterziehen und so ihre Unschuld zu beweisen. Bislang hat dieses Argument noch die Schwachstelle, dass die heute verfügbaren Detektoren Fehler in beide Richtungen aufweisen und zudem manipulierbar sind, so dass ihre Aussagekraft sehr begrenzt ist. Wären sie aber zuverlässig, dann würden sie vermutlich schnell ihren Freiwilligkeitscharakter verlieren, denn dann könnte man davon ausgehen, dass sich jeder tatsächlich Unschuldige dieses Mittels bedienen würde, um seine Unschuld zu beweisen, so dass kein Angeklagter ernsthaft umhin käme, sich testen zu lassen.

Das spricht allerdings aus Sicht der Aufrichtigen eher dafür als dagegen, Lügendetektoren einzusetzen. Wo liegt aus ihrer Sicht der Mangel? Es gibt mindestens zwei Gründe, die zusammen hängen, sich aber nicht decken: Erstens ist es ein Akt des Misstrauens, jemanden eines solchen Tests zu unterziehen, und wechselseitiges Vertrauen spielt in einer Gesellschaft eine unverzichtbare Rolle.[6] das ist für sich gesehen allerdings ein schwacher Grund, denn unser zwischenmenschliches Vertrauen kennt natürlich Grenzen, vor allem im Strafprozess. Trotzdem ist der Verweis auf das Vertrauen wichtig, weil wir mangelndes Vertrauen in vielen anderen sozialen Interaktionen als *ehrenrührig* ansehen. Wenn ich meinem Nachbarn den Rasenmäher geliehen habe und er mir erzählt, er habe ihn wieder in meine Garage zurückgestellt, dann werde ich gewöhnlich nicht sagen „Ich schau lieber noch einmal nach" – zumindest dann nicht, wenn mir an einer gutnachbarschaftlichen Beziehung gelegen ist. Das zeigt, wie wichtig Glaubwürdigkeit für unsere Selbstachtung ist und deutet damit schon an, dass an einer Maschine, die unsere Glaubwürdigkeit ersetzt, grundsätzlich etwas auszusetzen ist.

Das führt zu dem zweiten Grund, der auch aus Sicht der Aufrichtigen gegen die Lügendetektoren spricht: Es ist unter unserer Würde als Menschen, sich eines solchen Tests zu unterziehen. Da ich auf dieses Thema aber weiter unten im Zusammenhang mit dem Lügendetektortest im Fall von unmoralischen Lügen eingehen werde, wechsle ich zunächst zu der zweiten Stufe der ethischen Debatte, der Frage ob sich der Einsatz von Lügendetektoren aus dem moralischen Lügenverbot herleiten lässt.

Zur moralischen Bewertung des Lügens

Was ist überhaupt eine Lüge? – Ich möchte folgende Definition vorschlagen:[7] Ein Mensch lügt genau dann wenn
(i)   er etwas Unwahres behauptet,
(ii)   das er auch selbst für unwahr hält,
(iii) wohl wissend, dass er es für unwahr hält.

Die Bedingungen (ii) und (iii) sind unmittelbar einleuchtend. Wer glaubt, was er sagt, lügt nicht, also auch dann nicht, wenn die Behauptung falsch ist. Ebenso wenig lügt jemand, der nicht weiß, dass das, was er behauptet, im Widerspruch zu seinen Überzeugungen steht (zum Beispiel weil er ein Wort falsch verwendet). Nicht so selbstverständlich ist hingegen (i): Kann man nicht auch dadurch lügen, dass man faktisch etwas Wahres sagt, obwohl man es für falsch hält? In Sartres berühmter Geschichte *Die Mauer* versucht der Held, ein französischer Widerstandskämpfer, die Polizei dadurch in die Irre zu führen, dass er ihr im

---

6   Vgl. Baier 1986, Luhmann 2000.

7   Andere Vorschläge finden sich beispielsweise in Nyberg 1994: 67, Bok 1980: 31, Dietz 2003: 25.

Verhör ein falsches Versteck für einen Komplizen angibt. Doch sehr zu seinem Erstaunen und Unglück findet die Polizei den Komplizen tatsächlich in dem angegebenen Versteck. Hat der Verhörte die Polizei angelogen oder nicht? Augustinus hat in seiner sehr scharfsinnigen Abhandlung *Über die Lüge* behauptet, „dass man die Wahrheit sagen und doch lügen kann, wenn man meint, es sei unwahr und es als wahr ausspricht" (Augustinus 1953: 3). Augustinus hat insofern vielleicht Recht als es für die moralische Beurteilung einer Behauptung unwesentlich ist, ob man Falsches behauptet, obwohl man die Wahrheit kennt, oder Wahres, das man für falsch hält. Letzteres aber als eine Lüge zu bezeichnen scheint mir zumindest sehr irreführend zu sein. Wenn Person A etwas sagt und Person B erwidert, das sei eine Lüge, dann würde ich normalerweise annehmen, dass B das Gesagte für falsch hält.

Bedingung (i) könnte aber noch aus einem anderen Grund falsch sein, nämlich durch die enge Koppelung der Lüge an den Sprechakt des Behauptens. In gewisser Weise ist es sehr leicht, auch mit Hilfe anderer Sprechakte, beispielsweise durch Fragen oder Befehle, zu lügen, weil viele dieser nichtassertorischen Äußerungen Behauptungen implizieren. So könnte man beispielsweise die zuckersüße Frage Annas „Soll ich die Scherben von der Vase wegräumen, die Otto umgekippt hat?" als Lüge bezeichnen, wenn in Wirklichkeit Anna die Vase auf dem Gewissen hat, weil ihre Frage natürlich impliziert, dass Otto der Täter war. Das zeigt in meinen Augen aber nur, dass man manchmal mit Hilfe einer Frage zugleich auch eine Behauptung aufstellt, insofern steht es nicht im Widerspruch zu (i).

Interessanter sind allerdings Sprechakte, die tatsächlich keine Behauptungen implizieren, sondern diese nur nahe legen, insinuieren. Wer beispielsweise im Rahmen eines Politikskandals nachfragt, was eigentlich der Ministerpräsident gewusst habe, insinuiert unter Umständen dessen Mitwisserschaft. Wenn er dies aber tut, wohl wissend, dass der Ministerpräsident nichts mit dem Skandal zu tun hatte, dann könnte man die Frage möglicherweise ebenfalls als Lüge bezeichnen (zumindest würde man den Fragenden zu Recht „verlogen" nennen). Es gibt allerdings einen wichtigen Unterschied zwischen diesem Beispiel und paradigmatischen lügnerischen Behauptungen (einschließlich des Vasen-Beispiels): Wer etwas Falsches nur insinuiert, ist nicht auf die unwahre Aussage festgelegt, muss sich nicht dafür rechtfertigen. Darin liegt gerade der Reiz solcher Insinuationen; wer nur nach der Beteiligung des Ministerpräsidenten fragt, braucht sich nicht vorhalten zu lassen, diesem tatsächlich eine Beteiligung zugeschrieben zu haben, während Anna nicht bestreiten kann, dass sie Otto angeschwärzt hat. In meinen Augen spricht das dafür, Lügen tatsächlich auf Behauptungen zu beschränken und einzuräumen, dass man manchmal auch mit einer Frage eine Behauptung aufstellen kann, aber nur dann, wenn die Frage die Behauptung impliziert.

Trotzdem gibt es natürlich eine große Ähnlichkeit zwischen vielen Insinuationen und Lügen. Beide dienen häufig dazu, andere Menschen über einen wahren Sachverhalt hinweg zu *täuschen*. Damit ist ein weiterer möglicher Kritikpunkt an meiner Definition der Lüge angesprochen: Lügen werden zumeist als eine Form der Täuschung diskutiert. Es scheint also, als fehle eine Bedingung (iv), die Täuschungsabsicht des Sprechers.

Das ist offenkundig ein für die ethische Beurteilung von Lügen wichtiger Aspekt; denn wenn alle Lügen Täuschungen sind, dann sind sie auch moralisch so zu bewerten wie Täuschungen. Die These, dass es zu Lüge gehöre, andere täuschen zu wollen, ist aber für sich gesehen wenig plausibel. Darauf hat ebenfalls schon Augustinus hingewiesen. Er nennt das Beispiel eines Menschen, der so unglaubwürdig ist, dass er sein Gegenüber belügen muss, damit dieser die Wahrheit erkennt (Augustinus 1953: 4–5). Dieser Mensch lügt also gerade deshalb, weil er seinen Hörer nicht über den wahren Sachverhalt täuschen möchte.

Für unser alltägliches Leben wichtiger sind allerdings Beispiele, in denen allen Beteiligten klar ist, dass den Worten des Lügenden kein Glauben geschenkt werden wird und er trotzdem lügt. Das können ganz unspektakuläre, konventionelle Situationen sein, beispielsweise wenn der Kellner fragt, ob das Essen geschmeckt habe, oder ein entfernter Bekannter sich bei der Begrüßung nach dem Befinden erkundigt. Das konventionelle „Gut", dass man darauf antwortet, wird weder der Kellner noch der Bekannte als Beleg dafür werten, dass es einem geschmeckt hat beziehungsweise gut geht, noch auch ist dies die Absicht des Sprechers. Er lügt, weil es die Konvention nahelegt, und die Hörer glauben ihm nicht, weil sie die Konvention ebenfalls kennen.

Ein anderes, dramatischeres Beispiel ist das Aufrechterhalten einer Lüge, selbst wenn keine Chance besteht, die Hörer zu überzeugen. Ein zu Recht beschuldigter Angeklagter, der angesichts der überwältigenden Beweislage trotzdem daran festhält, seine Unschuld zu beteuern, lügt, auch wenn er sich längst nicht mehr der Illusion hingibt, irgendjemanden überzeugen zu können. Interessant an diesem Beispiel ist nicht nur, dass es belegt, warum wir auch dann von Lügen sprechen sollten, wenn keine Täuschungsabsicht vorliegt, sondern weil es zu der schon erwähnten engen Verbindung zwischen Glaubwürdigkeit und Ehre zurückführt. Offenkundig ist der Angeklagte bestrebt, auf jeden Fall sein Gesicht zu wahren, nicht einzuknicken, sondern an der Fassade, die er aufgebaut hat, festzuhalten, selbst wenn er nicht mehr damit rechnen kann, dass sie vor den anderen Menschen Bestand hat. Wie sich zeigen wird, gibt es hier einen engen Zusammenhang zur menschlichen Würde und ihrer Bedrohung durch die Lügendetektoren.

Die Diskussion der verschiedenen Aspekte der Definition der Lüge deutet schon an, wie schwierig es wäre, tatsächlich einen universell zuverlässigen Lügendetektor zu bauen. Schlicht unmöglich wäre es, wenn wir von ihm verlangten, auch die erste Bedingung zu überprüfen, denn natürlich gibt es keine Maschine, die alles weiß, so dass sie stets bestimmen könnte, ob das Gesagte falsch ist. Darüber hinaus zeigt aber gerade die Feststellung, dass Lügen ganz unterschiedlichen Zwecken dienen und nicht einmal notwendigerweise eine Täuschungsabsicht verfolgen, welche Bandbreite an psychologischen Einstellungen hinter einer Lüge stecken können, die es einem Lügendetektor schwer machen könnte, (ii) und (iii) zu überprüfen.[8] Ein universell zuverlässiger Lügendetektor müsste sowohl dann anschlagen, wenn der ertappte Gauner verzweifelt an seinem Alibi bastelt, als auch dann, wenn der Gast bloß nett zum Kellner sein will.

Allerdings muss man zugestehen, dass es ohnehin keinen Bedarf für universell zuverlässige Lügendetektoren gibt, während für praktische Zwecke allemal solche Geräte reichen, die eine Lüge unter bestimmten, stark beschränken Umständen, insbesondere mit Täuschungsabsicht, aufdecken können. Es bleibt also die Frage, ob der Einsatz derartiger Detektoren abgesehen von ihrer Unzuverlässigkeit und den Missbrauchsmöglichkeiten ethisch zulässig ist. Und die Annahme liegt, wie gesagt, nahe, dass sie es sind, weil es moralisch verwerflich ist zu lügen.

Die These, dass Lügen verwerflich ist, hat eine lange philosophische Tradition. Augustinus beispielsweise geht ganz selbstverständlich davon aus, dass das Gebot gilt, dass man nicht lügen darf. In seinen schon wiederholt erwähnten Traktat *Über die Lüge* widmet er sich deshalb fast ausschließlich den verschiedenen Situationen, in denen es den Anschein hat, dass man trotz allem lügen trotzdem dürfe, um dann jeweils zu zeigen, dass das Lügenverbot Bestand hat. Und Immanuel Kant behauptet in dem Essay *Über das vermeintliche Recht aus Menschenliebe zu lügen*, der vielleicht berühmtesten Schrift zur Ethik des Lügens, dass man nicht einmal dann lügen dürfe, wenn man damit das Leben eines Freundes retten könne, der von mörderischen Feinden verfolgt wird.

Wie Simone Dietz in ihrem Buch über *Die Kunst des Lügens* gezeigt hat, lassen sich hinter dieser weithin geteilten Überzeugung zwei Hauptargumente für das moralische Lügenverbot ausmachen. Das erste, dem sowohl Augustinus als auch Kant zuzurechnen sind, betrachtet die Lüge als eine Art Missbrauch der Sprache. Aufgabe sprachlicher Behauptungen sei es, die Welt so darzustellen wie sie ist, oder zumindest so, wie man glaubt, dass sie ist. Wer lügt, verwendet folglich das Instrument der Behauptung zweckwidrig.

Dieses erste Argument ist allerdings mit zwei Schwierigkeiten konfrontiert. Zum einen steht dahinter vermutlich ein zu enges und letztlich unhaltbares Verständnis der menschlichen Sprache. Ludwig Wittgenstein hat bekanntlich Augustinus' Beschreibung des Spracherwerbs als Ausgangspunkt seiner *Philosophischen Untersuchungen* gewählt, um dann überzeugend darzustellen, wie verfehlt die Vorstellung ist, Sprache diene immer nur dem Zweck, die Welt zu repräsentieren. Wenn man diese Vorstellung aber aufgibt, dann verliert auch der Vorwurf seine Kraft, Lügen missbrauchten die Sprache.

Ein möglicher Gegeneinwand, der sich beispielsweise bei Kant findet, verweist darauf, dass bestimmte sprachliche Praktiken nur Bestand haben können, wenn ihre Regeln nicht dauernd verletzt werden. Das stimmt sicher insofern, als wie-

---

8 Vgl. die Vielfalt an Problemen, auf die Ruchsow, Hermle und Kober (2010) hinweisen.

derholte lügnerische Behauptungen die Glaubwürdigkeit des Sprechers untergraben und es ihm dadurch im Extremfall unmöglich machen würden, überhaupt jemandem etwas mitzuteilen. Wenn alle ständig lügen würden, gäbe es sicher keine Praxis sprachlicher Behauptungen und also auch keine Lügen mehr. Anders als es uns das Sprichwort weismachen will, ist aber die radikale Schlussfolgerung „Wer einmal lügt, dem glaubt man nicht" trotzdem falsch. Unsere Sprachpraxis ist normalerweise viel toleranter gegenüber gelegentlichen Regelverletzungen. Deshalb muss sich kein Lügner Sorgen machen, mit seiner Handlung einer nützlichen Konvention den Boden zu entziehen.

Außerdem, und das ist die zweite Schwierigkeit für diese Verteidigung des Lügenverbots, ist es nicht notwendigerweise anstößig, Dinge zweckzuentfremden. Wer ein Schwert als Pflugschar benutzt, braucht sich nicht vorhalten zu lassen, dass das Eisen eigentlich einem anderen Zweck dienen sollte. Entsprechend kann man akzeptieren, dass Behauptungen normalerweise dazu dienen, Wahrheiten zu transportieren, es aber für durchaus lobenswert halten, davon in Einzelfällen abzuweichen, zum Beispiel dann, wenn, wie in Kants Beispiel, die Adressaten der Behauptung eine Bande von Mördern sind.

Das zweite prominente Argument für das Lügenverbot bezieht sich auf die mit einer Lüge normalerweise verbundene Täuschungsabsicht. Wie gezeigt, sind nicht alle Lügen Täuschungsversuche. Aber wenn sie es sind, dann liegt es nahe, sie deshalb moralisch zu verurteilen. Und entsprechend gerechtfertigt scheint es dann, sich schützen zu wollen, zum Beispiel durch den Einsatz eines Lügendetektors.

Doch auch gegen dieses Argument gibt es zwei starke Einwände. Erstens kann man bestreiten, dass es immer moralisch unzulässig ist, eine andere Person zu täuschen. Dabei kommen einem natürlich als allererstes vieler Situationen in den Sinn wie Kants Beispiel des verfolgten Freundes. Schließlich haben ihm nur sehr wenige Kommentatoren beigepflichtet, dass man trotz der Todesgefahr für den Freund verpflichtet wäre, die Häscher nicht zu täuschen. Es gibt aber auch ganz alltägliche und letztlich interessantere Situationen, in denen es fraglich ist, ob andere Menschen ein Recht uns gegenüber haben, nicht getäuscht zu werden. Das liegt daran, dass wir üblicherweise im Umgang miteinander starken konventionellen Gepflogenheiten unterliegen, zu denen es beispielsweise gehört, Fragen in einem Gespräch zu beantworten. Auf eine Frage nicht zu reagieren oder sie als unberechtigt zurückzuweisen, gehört sich normalerweise nicht. Es trotzdem zu tun verändert in der Regel deutlich das Gesprächsklima. Nimmt man nun aber an, dass es uns (abgesehen von Ausnahmesituationen wie Kants Gespräch mit den Häschern) moralisch verboten ist, andere Menschen zu täuschen, dann zwingt uns jede Frage, die wir nicht gerne beantworten möchten, in das Dilemma, sie entweder entgegen unserem Wunsch doch wahrheitsgemäß zu beantworten, oder die Gesprächssituation dadurch zu sprengen, dass wir die Antwort verweigern.

Dabei mag es häufig durchaus lobenswert sein, die ehrliche Antwort zu geben; was ich aber bezweifeln möchte ist, dass es obligatorisch ist. Der Koch, der den

Gast fragt, wie es ihm geschmeckt habe, hat kein Recht darauf, dass der Gast, dem es nicht geschmeckt hat, entweder mit der Erwiderung „Dazu möchte ich nichts sagen" brüsk das Klima vereist oder sich auf eine Kritik der dargebotenen Speisen einlässt. Wie gesagt, manchmal wäre es lobenswert, wahrhaftig zu antworten, aber möglicherweise hat der Gast ganz andere, wichtigere Anliegen, die ihn davon Abstand nehmen lassen – beispielsweise einen schönen Abend mit jemandem zu verbringen, ohne ihn sich von einer Diskussion über fade Saucen verderben zu lassen.

Fragen haben grundsätzlich etwas Aufdringliches, weil es sich gehört, sie nicht unbeantwortet zu lassen. Entsprechend haben wir bis zu einem gewissen Grad ein Abwehrrecht, sie nicht wahrheitsgemäß beantworten zu müssen, sondern uns dadurch diesem Druck entziehen zu können, dass wir lügen. Man muss aus seinem Herzen keine Mördergrube machen, und kann trotzdem nicht bereit sein, es jedem Beliebigen zu öffnen. Das ist in meinen Augen das stärkste Argument gegen ein generelles Lügenverbot.

Was aber, wenn das Herz tatsächlich eine Mördergrube ist? Der Einsatz von Lügendetektoren steht schließlich nur dort ernsthaft zur Debatte, wo Lügen offenkundig verwerflich zu sein scheinen, also beispielsweise zur Verschleierung von Straftaten, die man begangen hat. Beim näheren Hinsehen ist es allerdings nicht mehr so klar, wie solche Lügen moralisch zu bewerten sind (auch wenn man davon absieht, dass in vielen Ländern Taten strafbar sind, an denen moralisch nichts auszusetzen ist). Ist derjenige, der etwas Strafbares getan hat, verpflichtet, sich selbst zu bezichtigen? Oder ist er zumindest verpflichtet, sich nicht herauszureden? – Ob er es ist, hängt von verschiedenen Faktoren ab: Haben wir eine grundsätzliche Bürgerpflicht, an der Aufklärung von Verbrechen mitzuwirken? Haben wir umgekehrt ein Recht, uns nicht selbst zu schaden? Oder gibt es gar ein Gebot der Vernunft, dem zufolge es in unserem Interesse liegt, wenn Verbrechen gesühnt werden? Ich will hier nicht versuchen, diese Frage zu diskutieren, mir geht es nur darum, deutlich zu machen, dass es, wenn es kein grundsätzliches Lügenverbot gibt, auch nicht selbstverständlich ist, dass Straftäter moralisch verpflichtet sind, nicht zu lügen, so dass man möglicherweise den Einsatz von Lügendetektoren auch nicht daraus rechtfertigen kann, dass die aufzudeckenden Lügen etwas Verwerfliches seien.[9]

---

9 Daraus, dass Lügen bei der Strafverfolgung möglicherweise moralisch zulässig sind, folgt natürlich nicht, dass *alle* Lügen moralisch unbedenklich sind. Im Gegenteil, gerade in sozialen Nahbeziehungen sind Lügen normalerweise höchst unmoralisch, weil sie das dort typische Vertrauensverhältnis verletzen. Das aber ist, wie gesagt, gerade kein Anwendungsgebiet für Lügendetektoren.

Lügendetektoren als Gefahr für die Menschenwürde

Auch wenn es Straftätern moralisch erlaubt ist zu lügen, hat die Gesellschaft unbestreitbar ein Recht, die Vertrauenswürdigkeit ihrer Aussagen zu überprüfen, nur dass sich dieses Recht nicht daraus herleitet, dass Lügen grundsätzlich unmoralisch wäre. Die Polizei kann die Vertrauenswürdigkeit beispielsweise dadurch testen, dass sie den Sachverhalt unabhängig von der Aussage aufklärt, sie kann aber auch versuchen, die Glaubwürdigkeit der Aussage selbst zu untersuchen, z. B. indem sie ihre Kohärenz prüft, im Verhör Fangfragen stellt, usw. Es fragt sich also, warum sie nicht stattdessen auch einen zuverlässigen Lügendetektor verwenden sollte.

An dieser Stelle ist es wichtig festzustellen, dass es jedenfalls auch heute schon moralisch fraglich ist, wie weit die Polizei bei der Untersuchung der Äußerungen eines Verdächtigen gehen darf. Darf sie beispielsweise auch im Tagebuch des Verdächtigen nachschlagen oder sein Handy abhören? Ohne weiteres darf sie das jedenfalls nicht, weil sie damit massiv in die *Intimsphäre* des Verdächtigen eindringen würden. Verletzungen der Intimsphäre bilden aber wiederum eine wichtige Form der Verletzung unserer menschlichen Würde.

Die Frage, ob und auf welche Weise die Menschenwürde eine Rolle in der philosophischen Ethik spielen sollte, war in den letzten Jahren Gegenstand einer lebhaften Debatte.[10] Nach meiner Überzeugung gebührt dem Gebot, die Würde des Menschen zu achten, tatsächlich eine zentrale Stellung in der normativen Ethik. Dabei verstehe ich dieses Gebot ganz grob gesagt als die Verpflichtung, unseren Mitmenschen einen Spielraum persönlicher Würde zu erhalten.[11] Unsere Würde, die in vielerlei Aspekten mit unserer sozialen Ehre verknüpft ist, basiert wiederum stark auf der prinzipiellen Möglichkeit der Selbstdarstellung. Auch wenn wir nur begrenzten Einfluss darauf haben, wie uns die anderen sehen – insbesondere dann, wenn wir uns verbrecherisch verhalten haben –, so gehört es doch zum Anspruch auf Respekt der Menschenwürde, nicht vollständig bloßgestellt zu werden. Wir müssen einen Rest an Kontrolle über uns haben und darüber, wie wir uns nach außen hin geben.

Gerade das Beispiel des Angeklagten, der trotz der zwingenden Beweislage daran festhält zu leugnen, zeigt nun gut, worin der Unterschied zwischen herkömmlichen Ermittlungsverfahren und dem Einsatz von Lügendetektoren besteht. In ersterem Fall kann sich der Angeklagte immer noch darauf berufen, trotz allem sozusagen Herr im eigenen Haus zu sein, der einzige, der wirklich wissen kann, was geschehen ist, auch wenn die anderen felsenfest davon überzeugt sind, dass er lügt. Der Lügendetektor hingegen nimmt ihm diese letzte Autorität, er

---

10 Vergleiche die Artikel in der aktuellen Ausgabe der Zeitschrift für Menschenrechte 1/2010.

11 Diese Position habe ich an verschiedenen Stellen näher ausgeführt, beispielsweise in Stoecker 2003b, 2004, 2010.

zwingt den Angeklagten vielmehr, sozusagen als Kronzeuge gegen sich selbst aufzutreten. Deshalb ist jeder Gebrauch des Lügendetektors eine Bedrohung für dessen Menschenwürde. Indem er ihm keine Rückzugsmöglichkeit lässt, das Gesicht zu wahren, behandelt ihn nicht als jemanden, auf dessen Würde es ankommt, verweigert seiner Menschenwürde also den Respekt.

Das gilt bereits für die heute eingesetzten oder für die in denen nächsten Jahrzehnten zu erwartenden Detektoren, es würde aber in ungleich höherem Maße gelten, wenn es Maschinen gäbe, die nicht nur prüfen, ob jemand lügt, sondern die tatsächlich das tun könnten, wovon heute manchmal schon in den Neurowissenschaften geträumt wird, nämlich Gedanken lesen. Wir haben keine Probleme, die Beklemmung des Psalmisten zu verstehen, dessen Gedanken Gott von Ferne liest und der sich deshalb nirgendwohin verkriechen kann, sondern nackt und wehrlos ausgeliefert ist, und sei es auch nur gegenüber einem unendlich gütigen Gott. Dass jemand meine Gedanken lesen kann, ist die extremste Form des Bloßgestelltseins, die man sich vorstellen kann. Entsprechend wichtig ist die Frage, ob dies tatsächlich eine denkbare Entwicklung unserer technischen Möglichkeiten ist. Kann es eines Tages Maschinen geben, die Gedanken lesen können? An dieser Stelle vollziehen wir, wie angekündigt, den Schritt von der moralphilosophischen Debatte zur metaphysischen, zur Philosophie des Geistes.

Kann es eine Maschine geben, die Gedanken liest?

Um die Frage zu beantworten, ob es eine Maschine geben kann, die Gedanken liest, muss man zunächst mindestens zwei andere Fragen beantworten: Was sind Gedanken? Und was kann damit gemeint sein, dass jemand sie liest?

Der Ausdruck „Gedanken" weist generell, besonders aber in seiner Verwendung in der Philosophie des Geistes eine wichtige Doppeldeutigkeit auf. Unter „Gedanken" kann man sowohl dasjenige verstehen, was einem gerade ‚durch den Kopf geht', also Episoden, die eine bestimmte Zeit dauern und nicht selten in Sprache stattfinden, als auch dasjenige, was in der Philosophie üblicherweise als „internationale Einstellungen" bezeichnet wird, also unsere Meinungen, Wünsche, Absichten, Hoffnungen, Befürchtungen, usw. Es ist evident, dass sich diese beiden Verwendungen des Wortes „Gedanken" nicht decken. Längst nicht alles, was wir z. B. glauben, geht uns irgendwann einmal durch den Kopf. Die meisten Menschen glauben, dass ein Hühnerei kaputt geht, wenn ein Elefant darauf fällt, aber ich wette, dass noch nicht viele Menschen jemals daran gedacht haben, dass dies passieren könnte. Auf den ersten Blick einleuchtender ist die umgekehrte Vermutung, dass dasjenige, was uns durch den Kopf geht, eine Teilmenge unserer internationalen Einstellungen bildet. In meinen Augen ist allerdings auch diese Vermutung falsch, in Wirklichkeit ist das Verhältnis zwischen gedanklichen Episoden und internationalen Einstellungen wesentlich komplexer. Zunächst möchte ich darauf aber nicht eingehen, sondern beschränke mich auf die Frage, ob es möglich wäre, dass eine Maschine Gedanken im Sinne internationale Einstellungen lesen kann.

Diese Frage provoziert unmittelbar die Rückfrage, was mit dieser Fähigkeit genau gemeint sein soll. Oben habe ich wiederholt darauf hingewiesen, dass Gedankenlesen gewöhnlich als eine göttliche oder magische Fertigkeit verstanden wird, also als etwas, das kein Normalsterblicher beherrscht. Und tatsächlich ist es das ja auch, was wir von diesen Maschinen erwarten würden: Sie sollen uns etwas ermöglichen, was uns bislang verschlossen ist. Worin aber liegt genau diese Fähigkeit? Sie kann nicht bloß darin liegen, dass eine Maschine in der Lage wäre festzustellen, welche internationalen Einstellungen ein Mensch hat, denn diese Fähigkeit haben wir alle ebenfalls, und zwar in extrem hohem Maße. Wenn ich nicht regelmäßig in der Lage wäre zu erkennen, was andere Autofahrer wollen, denen ich im Straßenverkehr begegne, dann sollte ich mich besser nicht hinters Steuer wagen. Jedes Geburtstagsgeschenk wäre ein verzweifelter Schuss ins Blaue, würde ich nicht die Wünsche und Abneigungen meiner Freunde kennen.

Doch stimmt das wirklich, kenne ich wirklich die Wünsche meiner Freunde? Irre ich mich nicht manchmal darin, was die anderen Autofahrer wollen? Und liegt das nicht gerade daran, dass ich ihre Gedanken nicht lesen kann, sondern sie bloß daraus, wie sich die Leute verhalten und was sie sagen, erschließen muss? – Wenn einem diese Rückfragen sinnvoll und einleuchtend erscheinen, dann deshalb, weil man mit der Idee des Gedankenlesen eine ganz bestimmte, philosophiehistorisch höchst einflussreiche Vorstellung verbindet, die Vorstellung, dass unsere Kenntnisse von den internationalen Einstellungen unserer Mitmenschen grundsätzlich immer nur vermittelt sein können: Die internationalen Einstellungen eines Menschen sind etwas, was sich in seinem Inneren befindet, während uns nur sein Äußeres, seine Gestalt, sein Verhalten, seine Äußerungen zugänglich sind.

Traditionellerweise wird mit diesem Bild der Gedanke verknüpft, das es einen grundsätzlichen Unterschied zwischen unseren Kenntnissen der Intentionen anderer Menschen und unserer Kenntnis der eigenen internationalen Einstellungen gibt. Zu uns selbst, zu dem, was wir glauben, wollen, usw., haben wir einen direkten Zugang, zu den Einstellungen der anderen nicht. Entsprechend irrtumsanfälliger sind wir in Bezug auf Letztere.

Vor dem Hintergrund dieses Bildes, lässt sich nun leicht erläutern, worin die phantastische Fähigkeit des Gedankenlesen bestehen könnte: Sie verschafft einem einen unmittelbaren Zugang nicht nur zum eigenen Innenleben, sondern auch zu dem anderer Menschen, ganz ohne den Umweg über ihr Äußeres. Und das Zitat aus dem Psalm bietet auch gleich eine unmittelbar einleuchtende Erläuterung, wie man sich das vorstellen kann: Gott schaut dem Menschen ins Herz, sein Inneres steht unmittelbar vor Gottes Angesicht. Gedankenlesen besteht also darin, einen Menschen in sein Inneres zu blicken, so wie er es sonst nur selbst kann. Es ist eine Introspektion von außen.

Vor dem Hintergrund dieser traditionellen Vorstellung, dass jeder Mensch für sich, durch Introspektion, Zugang zu seinen internationalen Einstellungen hat, während er in Bezug auf seine Mitmenschen darauf angewiesen ist, ihre Einstellungen aus Äußerlichkeiten zu erschließen und entsprechend irrtumsanfällig ist, lässt sich allerdings die Frage, ob Maschinen dazu in der Lage wären, uns einen solchen introspektiven Zugang in andere Menschen zu gewähren, leicht beantworten: Sie können es nicht, einfach deshalb, weil das zu Grunde liegende Bild der menschlichen Psyche falsch und überholt ist. Mitte des 20. Jahrhunderts haben eine Reihe von Philosophen und Philosophinnen, am prominentesten Ludwig Wittgenstein und Gilbert Ryle, überzeugend vorgeführt, dass sich die besondere Autorität eines Menschen in Bezug auf seine internationalen Einstellungen nicht auf eine spezielle Form der Erkenntnis, genannt Introspektion, zurückführen lässt.[12] Wenn es aber keine Introspektion gibt, dann gibt es auch keine Maschinen, die dazu in der Lage sind.

Aus neurowissenschaftlichen Sicht viel näher liegend ist deshalb auch eine andere Vorstellung vom Gedankenlesen, die nicht darauf bauen muss, dass sich das Gedankenlesen an irgendeiner Form von Introspektion orientiert. Schließlich, so die Grundidee, müssen die internationalen Einstellungen, damit sie sich in unserem Verhalten, Befinden usw. ausdrücken können, überhaupt erst in uns drin sein, und zwar vermutlich in unserem Gehirn. Damit aber eröffnet sich prinzipiell die Möglichkeit, anstatt sich auf die unsicheren Konsequenzen dieser inneren Einstellungen in unserem Verhalten zu stützen, direkt im Gehirn feststellen, welche internationalen Einstellungen sich dort vorfinden und welche nicht.

Unterstützt wird diese Idee durch die Erfolge bildgebender Verfahren in den Neurowissenschaften. Insbesondere das fMRT scheint zu versprechen, dass wir über Kurz oder Lang alle outputrelevanten Strukturen des Gehirns identifizieren können.[13] Warum sollten wir nicht auch erwarten, auf diesem Weg direkten Zugang zu den intentionalen Einstellungen eines Menschen zu erlangen, also beispielsweise festzustellen, dass er in Wirklichkeit weiß, dass der Ministerpräsident nicht in den aktuellen Skandal verwickelt ist oder das Otto unschuldig am Zerbrechen der Vase ist? – Die Antwort hat zwei Teile: Erstens sind die intentionalen Gehalte und zweitens sind auch die intentionalen Einstellungen selbst nicht im Gehirn. Diese beiden Teile der Antwort sollen im Folgenden nacheinander kurz erläuter werden.

Intentionale Einstellungen haben zwei wesentliche Merkmale: erstens die Art der Einstellung, also ob es sich um eine Meinung, Hoffnung, Absicht etc. handelt, und zweitens ihren intentionalen Gehalt, also dasjenige, *was* gemeint gehofft beabsichtigt etc. wird. Wer Gedanken lesen will, muss einen Zugang zu beidem finden. Das aber ist letztlich ein unlösbares Problem. Denn der intentionale

---

12 Eine positive Erläuterung dieser so genannten Autorität der ersten Person versuche ich in Stoecker 2003a zu geben.

13 Es besteht allerdings die Gefahr, den Fortschritt dieser Technik überzubewerten, vgl. Roskies 2008.

Gehalt findet sich nicht in unserem Gehirn. Die Frage, wie man den intentionalen Gehalt verstehen soll, ist Gegenstand einer umfassenden Debatte in der Philosophie des Geistes. Es kann mittlerweile aber als gesichert gelten, dass dieser Gehalt nicht allein davon abhängen kann, wie ein Mensch (beziehungsweise sein Gehirn) physiologisch beschaffen ist, sondern auch damit zusammenhängt, in welchem sprachlichen Umfeld sich der Mensch bewegt.[14] Daraus folgt aber, dass eine Maschine noch so genau und tief in uns forschen kann, sie wird allein auf dieser Grundlage nie mit Gewissheit ‚sehen' können, welchen Inhalt unsere Einstellungen haben.

Noch schlechter stehen die Aussichten für die Maschine, wenn diejenigen Theoretiker Recht haben, die der Ansicht sind, dass die Zuschreibung intentionaler Einstellungen wesentlich an die Beachtung bestimmter hermeneutische Prinzipien gekoppelt ist, insbesondere auch an das so genannte Principle of Charity, dem zufolge Meinungen im Großen und Ganzen kohärent und wahr sein müssen.[15] Will eine Maschine diese hermeneutische Leistung erbringen, dann kann sie erstens die Gedanken nicht Stück für Stück einzeln lesen, sondern sollte immer ein ganzes Netz von Einstellungen in Augenschein nehmen, und zweitens muss die Maschine sehr viel von der Welt wissen.

Darüber hinaus fragt es sich schließlich, ob ernsthaft zu erwarten steht, dass die Maschine überhaupt etwas Lesbares in den neuronalen Strukturen des Menschen findet. Das hängt davon ab, von welcher Art unsere intentionalen Einstellungen sind. Worauf beziehen wir uns, wenn wir von Meinungen, Wünschen, etc. reden? – An dieser Stelle besteht die Gefahr, sich allzu leicht von einem naiven Materialismus einwickeln zu lassen. Gebannt von den Unplausibilitäten traditioneller ontologischer Dualismen, liegt es nahe, den Schluss zu ziehen, dass also alles Psychische etwas Materielles sein müsse, d. h. physiologische Eigenschaften, Strukturen oder Systeme im Gehirn. Dabei wird vergessen, dass auch in einer durch und durch materiellen Welt viele Eigenschaften eines Gegenstands nicht *in* diesem Gegenstand vorzufinden sind. Ganz einfache Beispiele sind das Gewicht und Alter. Dass eine Kiste 50 kg schwer und über 100 Jahre alt ist, lässt sich nicht dadurch verifizieren, dass man den Deckel hebt und hinein schaut. Erst recht kann man auf diese Weise natürlich nicht herausbekommen, beispielsweise ob die Kiste ursprünglich Martin Heidegger gehört hat oder ob sie ein wichtiges Beweisstück in einem Mordprozess ist. Es wäre aber denkbar, dass die Tatsache, dass jemand etwas glaubt oder befürchtet, eher solchen Eigenschaften gleicht als denen, dass die Kiste aus Eichenholz ist oder vier Schlösser hat.[16] Wenn ja, dann wären selbst in einer vollständig aus Materie zusammengesetzten Welt intentio-

---

14   Terminologisch ausgedrückt ist der Gehalt intentionaler Einstellungen nicht supervenient auf neuronale Eigenschaften, vgl. Peacocke 1994.

15   Vgl. auch Ruchsow / Hermle / Kober 2010: 1089 f.

16   Dafür dass dies die richtige Art ist, intentionale Einstellungen zu verstehen, bin ich in den letzten Jahren wiederholt eingetreten, z. B. in Stoecker 2008.

nale Einstellungen keine Strukturelemente des Gehirns. Sind sie es aber nicht sind, dann fehlte den futuristischen maschinellen Gedankenlesern schlicht der Lesestoff.

Diese Überlegungen sind viel zu skizzenhaft, um schlüssig zu belegen, dass es unmöglich ist, eine Maschine zu bauen, die die intentionalen Einstellungen eines Menschen aus dessen Gehirn herausliest. Sie deuten aber zumindest darauf hin, wie wenig selbstverständlich diese Erwartung ist und wie viel besser unser philosophisches Selbstverständnis sein muss, um diese Aussicht seriös einschätzen zu können. Ich persönlich bin jedenfalls skeptisch, dass intentionale Einstellungen auch nur von der richtigen Art sind, um maschinell entdeckt werden zu können.

Wie zu Beginn dieses Abschnitts erwähnt, kann man unter „Gedanken" allerdings nicht nur intentionale Einstellungen verstehen, sondern auch dasjenige, was uns gelegentlich durch den Kopf geht, insbesondere dann, wenn es – wie rudimentär auch immer – sprachlich gefasst ist. Diese inneren Monologe sind keine intentionalen Einstellungen, eher sind es stumme Zwiegespräch mit uns selbst, entsprechend enthalten sie auch alle rhetorischen Elemente öffentlicher Zwiegespräch: Fragen, Vermutungen, Einwände, Behauptungen, Gegenbehauptungen, Geistesblitze, ja vielleicht sogar Lügen und Täuschungen. Gleichwohl sind sie nach meiner Überzeugung essentiell dafür, dass wir überhaupt intentionale Einstellungen haben können. Ohne diese stillen, privaten Simulationen öffentlicher Diskussionen und Deliberationen hätten wir weder intentionale Einstellungen, noch könnten wir willentlich, absichtlich handeln. Es fehlte uns das wichtigste Element der Selbstbestimmung, wir könnten uns keine *Gedanken machen.*

Diese Behauptungen sind natürlich erläuterungs- und begründungsbedürftig.[17] Hier möchte ich nur darauf hinweisen, dass es viel wahrscheinlicher ist, dass es eines Tages gelingen könnte, diesen inneren Monolog auszuspähen (abzuhören?) als unsere intentionalen Einstellungen. Das aber hätte zur Konsequenz, dass wir der Außenwelt auf eine ähnliche Weise ausgeliefert wären wie kleine Kinder und manche geistig behinderte Menschen, die nicht anders können, als ihre Selbstgespräche laut oder halblaut zu führen. Gerade wenn man an die große Bedeutung der Selbstdarstellung für unsere menschliche Würde denkt, wird das Erniedrigende einer solchen Form von Überwachung deutlich, ganz abgesehen davon, wie hilflos wir den anderen Menschen ausgesetzt wären, wenn sie an allem teilhaben könnten, was uns durch den Kopf geht.

---

17 Vgl. die Erläuterungen in meinem Artikel Stoecker 2009.

Fazit

Der Charme der Neuroethik liegt, wie ich eingangs behauptet habe, darin, dass ihre Themen häufig Überlegungen der praktischen und theoretischen Philosophie verbinden. Die Frage nach der Zulässigkeit von Lügendetektoren illustriert sehr schön diese Brückenfunktion der Neuroethik.

Zunächst lässt sich die Frage mit Blick auf die real existierenden oder heute schon realistischen Lügendetektoren stellen. Hier reichen die Mittel der angewandten Ethik, und sie mahnen zur Vorsicht. Weil auch herkömmlichen Lügendetektoren darauf angelegt sind, einen Menschen auf eine Weise in die Karten zu sehen, die ihm keine Möglichkeit zur Selbstdarstellung mehr lässt, missachten sie seine menschliche Würde.

Das verbreitete öffentliche Interesse an den Möglichkeiten zur Entwicklung neuer Lügendetektoren verdankt sich aber nicht bloß der Erwartung, dass diese Detektoren eines Tages deutlich zuverlässiger werden, sondern der Idee, sie könnten (anders als heute) Lügen dadurch erkennen, dass sie unsere Gedanken lesen. Um diese Option moralphilosophische zu beurteilen, reichen die Mittel der angewandten Ethik aber nicht aus, denn dazu ist es erforderlich abzuschätzen, inwieweit ganz generell so etwas wie Gedankenlesen möglich sein könnte. Das Ergebnis meiner sehr skizzenhaften Überlegungen zu diesem Thema ist zwiespältig. Gedankenlesen in dem Sinne, wie es häufig verstanden wird, als Möglichkeit, die intentionalen Einstellungen eines Menschen direkt zu erkunden, ist vermutlich nicht möglich, weil dieser Konzeption des Gedankenlesen ein verfehltes Bild intentionaler Einstellungen zu Grunde liegt. Was allerdings viel aussichtsreicher sein könnte wären Versuche, den inneren Monolog, das Nachdenken eines Menschen, technisch abzuschöpfen. Eine Technologie, die dies erlaubte, würde ihre Opfer allerdings auf besonders grausame Weise ihrer elementaren Menschenwürde berauben. In George Orwells „1984" brauchten die Folterknechte noch einen Rattenkäfig, um einem Menschen den letzten privaten inneren Winkel zu rauben, den letzten Rest einer Reservatio mentis, an den er seine Würde heften konnte. Eine Maschine, die uns beim Nachdenken über die Schulter schaute, würde diesen Aufwand geradezu altmodisch erscheinen lassen.

Literatur

Augustinus, A. 1953. *Die Lüge und Gegen die Lüge*, Würzburg.

Baier, A. 1986. Trust and Antitrust, in: *Ethics* 96: 231–60.

Bok, S. 1980. *Lügen: vom täglichen Zwang zur Unaufrichtigkeit*, Reinbek bei Hamburg.

Dietz, S. 2003. *Die Kunst des Lügens : eine sprachliche Fähigkeit und ihr moralischer Wert*, Reinbek bei Hamburg.

Farah, M. 2008. *Neuroethics and the Problem of Other Minds*, in: *Neuroethics* 1, 9–18.

Farah, M. J. 2007. *Social, legal, and ethical implications of cognitive neuroscience: "neuroethics" for short*, in: Journal of Cognitive Neuroscience 19: 363–4.

Glannon, W. 2007. *Defining right and wrong in brain science : essential readings in neuroethics*, New York, NY.

Haynes, J.D. / Rees, G. 2006. *Decoding mental states from brain activity in humans*, in: Nature Reviews Neuroscience 7: 523–34.

Haynes, J.D. / Sakai, K. / Rees G. / Gilbert, S. / Frith, C. / Passingham, R. E. 2007. Reading hidden intentions in the human brain, in: *Current Biology* 17: 323–8.

Levy, N. 2007. *Neuroethics*, Cambridge.

Luhmann, N. 2000. *Vertrauen: Ein Mechanismus der Reduktion sozialer Komplexität*, Stuttgart: UTB.

Nyberg, D. 1994. *Lob der Halbwahrheit: Warum wir so manches verschweigen*, Hamburg.

Peacocke, C. 1994. *Content*, in: Guttenplan (Hg.) *A Companion to the Philosophy of Mind*, Oxford.

Roskies, A. 2002. *Neuroethics for the new millenium*, in: *Neuron* 35: 21–3.

Roskies, A. 2008. *Neuroimaging and Inferential Distance*, in: *Neuroethics* 1: 19–30.

Ruchsow, M. / Hermle, L. / Kober, M. 2010. *MRT als Lügendetektor und Gedankenleser*, in: *Nervenarzt* 81: 1085–91.

Schleim, S. 2008. *Gedankenlesen: Pionierarbeit der Hirnforschung*, Hannover.

Simpson, J.R. 2008. Functional MRI lie detection: too good to be true?, in: *Journal of the American Academy of Psychiatry and Law* 36: 491–8.

Stoecker, R. 2001. Agents in Action, in: *Grazer Philosophische Studien* 61: 21–42.

Stoecker, R. 2003a. First Person Authority and the Merits of Minimal Monism, in: Baechli, P. (Hg.) *Monism*, Frankfurt a. M. / New York.

Stoecker, R. 2003b. Menschenwürde und das Paradox der Entwürdigung, in: Stoecker (Hg.) *Menschenwürde – Annäherung an einen Begriff*, Wien.

Stoecker, R. 2004. *Selbstachtung und Menschenwürde*, in: *Studia Philosophica* 63: 107–19.

Stoecker, R. 2008. *Wie erklären Handlungserklärungen?*, in: *Internationale Zeitschrift für Philosophie* 1: 38–66.

Stoecker, R. 2009. *Why Animals Can't Act*, in: *Inquiry* 52: 1–28.

Stoecker, R. 2010. Three Crucial Turns on the Road to an Adequate Understanding of Human Dignity, in: Kaufmann / Kuch / Neuhäuser / Webster (Hg.): *Violations of Human Dignity*.

Wolpe, P. R. / Foster, K. R. / Langleben, D. D. 2005. *Emerging neurotechnologies for lie-detection: promises and perils*, in: *American Journal of Bioethics* 5: 39–49.

120

Kritische Bemerkungen zum aktuellen Gerechtigkeitsdiskurs

Christoph Horn

Many contemporary philosophers consider justice to be the crucial normative concept of ethics and political philosophy. This view goes back to J. S. Mill's Utilitarianism *(ch. 5), and to J. Rawls'* A Theory of Justice. *In this paper, I challenge this view. As I take it, justice is not the core of our normative convictions for many normative convictions do not concern questions of justice. I aim to show that our idea of justice has a very specific content and function.*

Könnte es sein, dass Gerechtigkeit der meistüberschätzte Begriff der aktuellen philosophischen Debatte ist? Wer sich einige Zeit mit der rezenten Diskussion um Gerechtigkeit beschäftigt hat, kann jedenfalls leicht zu diesem Verdacht gelangen. Sieht man genauer hin, dann – so die These dieses Aufsatzes – verstärkt sich der Eindruck, dem Gerechtigkeitsbegriff werde in der Philosophie der Gegenwart eine übergroße Bedeutung beigemessen. Um dies zu belegen, möchte ich im Folgenden sowohl semantische Beobachtungen sammeln als auch metatheoretische Überlegungen anstellen, die sich aus meinen Analysen ergeben. Meine grundlegende Frage lautet: Wie wichtig ist Gerechtigkeit im Gesamtfeld unserer moralischen Intuitionen? Ich werde antworten: Bei weitem nicht so bedeutend, wie dies viele Gerechtigkeitstheoretiker(innen) glauben. Für meine semantische Untersuchung berufe ich mich auf unseren mehr oder minder geteilten alltagssprachlichen Gerechtigkeitsbegriff. Auch wenn dieser zu wenig konturscharf sein mag, um in der Philosophie als brauchbar gelten zu können, muss er doch als ständiger Bezugspunkt in jeder ernsthaften philosophischen Analyse präsent sein. Genau dies geschieht bislang nicht, was vor dem Hintergrund der immens differenzierten Debatte um Gerechtigkeit eigentlich als kuriose Tatsache gelten sollte.

Zunächst scheint es mir hervorhebenswert, dass Gerechtigkeit das erklärte Zentrum von zwei verschiedenen, wenn auch vielfältig miteinander verknüpften normativen Diskursen bildet. Zum einen handelt es sich seit John Rawls' *A Theory of Justice* (1971) um den Leitbegriff der Debatte um die angemessene Grundstruktur einer Gesellschaft. Ich bezeichne dies als die institutionenethische Verwendung des Ausdrucks. Zum anderen wird Gerechtigkeit zur Bezeichnung dessen gebraucht, was wir als das Herzstück der moralischen Ansprüche eines Individuums ansehen würden – und zwar über dessen legitime Interessen als Gesellschaftsmitglied hinausgehend. Diese zweite Verwendung bezeichne ich als individualethische Verwendung von Gerechtigkeit. Die Präsenz der Letzteren innerhalb der neueren Debatte dürfte maßgeblich durch John S. Mills Schrift *Utilitarianism* (1861) inspiriert sein. Damit will ich nur einen herausragenden Textzeugen nennen; vermutlich hat Mills schmaler, aber ungemein suggestiver Text direkt oder indirekt entscheidend auf mehrere Philosophen des 20. Jahrhunderts gewirkt. Eine historische Quellenhypothese, also die Annahme, Mill sei geradezu der Erfinder dieser Auffassung von Gerechtigkeit, verbinde ich damit nicht.[1]

Mills Analyse von Gerechtigkeit ist einfach und pointiert. Bei den normativen Problemen, die wir der Gerechtigkeit zurechnen, soll es sich nach Kapitel 5 seines kleinen Buchs um den Bereich derjenigen moralischen Regeln handeln, die wir von anderen unbedingt befolgt sehen wollen und für deren Einhaltung wir uns daher notfalls die Aufbietung von Zwangsmitteln wünschen. Mill schreibt in seiner Auseinandersetzung mit dem Gerechtigkeitsbegriff:

„Glauben wir, dass jemand der Gerechtigkeit nach verpflichtet ist, etwas zu tun, so pflegen wir zu sagen, dass man ihn zwingen sollte, es zu tun. Es wäre uns durchaus recht, wenn die Erfüllung der Pflicht durch jemanden, der die Macht dazu hat, erzwungen würde. Sehen wir, dass es unklug wäre, die Pflicht durch die Gesetze erzwingen zu wollen, so finden wir dies bedauerlich und halten es für ein Übel, dass die Ungerechtigkeit straflos ausgeht; wir versuchen, dafür Ersatz zu schaffen, indem wir den Schuldigen die eigene und die allgemeine Missbilligung seines Tuns nachdrücklich spüren lassen."[2]

Wie das Zitat belegt, ist das Feld der gerechtigkeitsrelevanten Phänomene für Mill zugleich dasjenige der Pflicht. Einschränkend fügt er hinzu, dass Gerechtigkeit zwar nicht deckungsgleich sei mit moralischen Pflichten überhaupt, aber immerhin mit deren wichtigstem Teilbereich, nämlich dem der ‚vollkommenen Pflichten‘. Vollkommene Pflichten sind nach Mill dadurch gekennzeichnet, dass einer Pflicht auf Seiten des Leistungserbringers ein direkter Erfüllungsanspruch auf Seiten des Anspruchsberechtigten korrespondiert, während es bei unvollkommenen Pflichten keinen solchen Rechtsanspruch des Empfängers geben soll; vielmehr existiert bei ihnen ein Ausführungsspielraum seitens des Pflichtträgers:

„Nun werden die moralischen Pflichten von Ethikern bekanntlich in zwei Klassen eingeteilt, die sie (etwas unglücklich) als ‚vollkommene‘ und ‚unvollkommene‘ Pflichten bezeichnen, wobei bei den letzteren bei aller Verpflichtung zur Handlung als solcher die konkreten Gegebenheiten ihrer Ausführung unserer Wahl überlassen sind, wie im Fall der Barmherzigkeit und der Wohltätigkeit, die zu üben wir zwar verpflichtet sind, aber

---

1   Vor Mill findet sich eine ähnliche Begriffsverwendung z. B. bereits bei Adam Smith. In *The Theory of Moral Sentiments* (1759) kontrastiert auch Smith Gerechtigkeit (*justice*) und Wohltätigkeit (*beneficence*) miteinander im Sinn von erzwingbaren und freiwilligen Leistungen (Part II, Sect. II). Für diesen Hinweis danke ich Norbert Anwander (Berlin).

2   Zitiert nach: J.S. Mill, Der Utilitarismus. Übersetzung, Anmerkungen und Nachwort von D. Birnbacher, Stuttgart 1985: 83 f.

weder gegenüber einer bestimmten Person noch zu einer bestimmten Zeit. In der genaueren Sprache der Rechtsphilosophen: vollkommene Pflichten sind solche Pflichten, durch die eine oder mehrere andere Personen ein entsprechendes *Recht* erwerben, unvollkommene Pflichten solche, denen kein solches Recht gegenübersteht. Wie sich leicht feststellen lässt, fällt diese Unterscheidung mit der zwischen der Gerechtigkeit und den anderen sittlichen Pflichten genau zusammen."[3]

Für Mill ist Gerechtigkeit das, was durch eine Staats- und Rechtsordnung, nämlich durch ihre Justiz, erzwungen werden kann. Man mag hier ein im Englischen naheliegendes Missverständnis wittern, nämlich die kurzschlüssige Gleichsetzung von *justice* als ‚Gerechtigkeit' mit *justice* als ‚Justiz'. Dieser Verdacht kann zutreffen, muss aber nicht. Wichtiger als die Suche nach den Wurzeln von Mills Auffassung ist die Frage, ob wir den Gerechtigkeitsbegriff tatsächlich so verwenden, wie er dies behauptet. Bereits auf den ersten Blick erscheint Mills semantische Analyse als wenig plausibel. Sie gewinnt vielleicht vorübergehend an Überzeugungskraft, wenn man Mills Ausführungen bis zu seinen Feststellungen über das Gerechtigkeitsgefühl folgt: Unter diesem versteht er unseren intensiv empfundenen Wunsch nach Sanktion und Strafe für jemanden, der ein gravierendes Vergehen verschuldet hat. Mill schreibt:

„Der Begriff der Gerechtigkeit setzt zweierlei voraus: eine Verhaltensregel und ein Gefühl als Sanktion der Regel. Das eine, die Regel, muss der gesamten Menschheit gemeinsam sein und ihrem Wohl dienen. Das andere, das Gefühl, ist der Wunsch, dass die, die gegen die Regel verstoßen, bestraft werden."[4]

Mills Auffassung ist damit hinlänglich konturiert: Unsere Gerechtigkeitsvorstellungen ergeben sich aus einem (angeblich tief in unserer Natur verankerten) Gefühl, durch welches wir uns auf den Bereich der Kernmoral beziehen – nämlich auf das Feld der unbedingt gültigen Regeln, auf deren Einhaltung alle Menschen einen Anspruch erheben können. Verletzt jemand einen solchen Anspruch, dann, so meint er, stellt sich bei uns ein stark emotional gefärbter Sanktionswunsch ein, und eben dies ist das Gerechtigkeitsgefühl. Nicht umsonst weist Mill auf den im Deutschen bestehenden sprachgeschichtlichen Zusammenhang zwischen ‚Gerechtigkeit' und ‚Rache' hin. Andere moralische Pflichten, so Mill, sind uns vergleichsweise weniger wichtig; verstößt jemand gegen eine solche mindere Pflicht, dann erwächst in uns kein vergleichbares affektives Verlangen, den Täter bestraft zu sehen.[5]

Aber ist Mills Rekonstruktion überzeugend? Die Frage wäre müßig, wenn Mill eine willkürliche terminologische Festlegung im Sinn hätte; natürlich hat jeder

---

3   A.a.O. 86.
4   A.a.O. 91 f.
5   Zu Mills Theorie vgl. etwa den informativen Aufsatz von Rinderle 2006.

Philosoph das Recht, eine solche Festlegung nach seinem Gutdünken zu treffen. Doch augenscheinlich geht es Mill um eine veritable semantische Analyse, für die er sich explizit am historischen und am zeitgenössischen Sprachgebrauch orientiert. Eine solche Analyse muss sich die Frage gefallen lassen, wie weit sie mit unserer alltags- und theoriesprachlichen Verwendung übereinstimmt.

Eine erste Irritation ergibt sich aus folgender Beobachtung: Zumindest in der an Rawls anschließenden zeitgenössischen Debatte wird Gerechtigkeit keineswegs als Kernbegriff der Moralphilosophie angesehen; es geht in ihr, wie wir bereits sahen, so gut wie gar nicht um Individualethik, sondern um Politische Philosophie, um Institutionenethik. Dabei werden hauptsächlich sieben Themen verhandelt, nämlich (*i*) politische Gerechtigkeit, verstanden als die angemessene Verteilung von Rechten, Freiheiten, Ämtern und Chancen, (*ii*) soziale und ökonomische Gerechtigkeit, welche die Verteilung materieller Güter, Arbeitsstellen und Ressourcen betrifft, (*iii*) Gerechtigkeit zwischen den Geschlechtern, d. h. Fragen der Gleichstellung und Gleichbehandlung von Frauen und Männern, (*iv*) intergenerationelle Gerechtigkeit, (*v*) juridische Gerechtigkeit, einschließlich der Strafgerechtigkeit, (*vi*) medizinische Gerechtigkeit, also die Verteilung von gesundheitsrelevanten Gütern, sowie (*vii*) internationale Gerechtigkeit, als Nachfolgerin der älteren Diskussion um den gerechten Krieg. Offenkundig sind dies nicht die Themen, die Mill unter Gerechtigkeit subsumieren will: denn bei den hier genannten Themen geht es nicht primär um erzwingbare Pflichten, deren Nichterfüllung in uns Sanktionswünsche weckt. Zwar unterstellt auch Mill eine institutionelle Erzwingbarkeit bzw. Sanktionierbarkeit der von ihm gemeinten Pflichten; das ändert aber nichts daran, dass er an zwischen Einzelpersonen auftretende Schädigungsfälle wie Mord, Raub oder Betrug zu denken scheint.[6]

Aber könnte es nicht so sein, dass zwar nicht Mill, wohl aber Rawls und seine Nachfolger ‚Gerechtigkeit' in einem terminologischen Sinn verwenden? Sie könnten ja den Ausdruck als inhaltlich unbestimmtes Label für dasjenige gebrauchen, worum es in der Politischen Philosophie normativ gesehen gehen sollte – gleichgültig, wie wir den Gerechtigkeitsbegriff alltagssprachlich verwenden mögen. Es scheint mir jedoch eindeutig, dass Rawls und die an ihn anknüpfenden Autoren nicht so zu verstehen sind. Gerechtigkeit gilt bei ihnen nicht als *terminus technicus*, sondern als intuitiv aufgeladener Begriff, der sich auf die politischen, sozialen und ökonomischen Lebensbedingungen in modernen Gesellschaften richtet; insbesondere unsere Fairness-Intuition spielt in diesem Theoriekontext eine herausragende Rolle.

Wenn nun aber weder Rawls noch Mill Gerechtigkeit unabhängig von unseren geteilten Intuitionen und losgelöst vom üblichen Sprachgebrauch verwenden wollen, ergibt sich folgendes seltsame Bild: Sowohl die an Rawls anknüpfende

---

6 Mill beschreibt als die beiden entscheidenden Komponenten unserer Gerechtigkeitsvorstellung „die Schädigung einer oder mehrerer Personen und das Verlangen, den Urheber des Schadens bestraft zu sehen" (a. a. O. 92).

institutionenethische Diskussion als auch die an Mill orientierte individualethische Tradition erklärt den Gerechtigkeitsbegriff zum normativen Zentrum; nur soll es sich einmal um den Zentralbegriff der Politischen Philosophie handeln, zum anderen um den der Moralphilosophie. Es liegt auf der Hand, dass die beiden Auffassungen nicht deckungsgleich sind; und offenbar können nicht beide zugleich recht haben. Nach meiner Überzeugung liegen beide Lager falsch, wobei mir die Fehldeutung von Gerechtigkeit im Millschen Kontext noch krasser zu sein scheint.

Damit zurück zu Mill. Dass dessen semantische Analyse nicht zutreffen kann, zeigt sich, sobald man folgende Frage stellt: Werden tatsächlich die zentralen moralischen Probleme erfasst, wenn von Gerechtigkeitsfragen die Rede ist? Meiner Meinung nach lässt sich durch eine genauere Analyse zeigen, dass sich Gerechtigkeitsprobleme nicht angemessen so definieren lassen, wie Mill es vorschwebt. Doch ehe ich dieser Frage weiter nachgehe, werde ich einen Blick auf die enorme Karriere werfen, die diese Auffassung von Gerechtigkeit – speziell in der aktuellen deutschsprachigen Debatte – gemacht hat.

1. Mills Gerechtigkeitsbegriff und die aktuelle Theoriedebatte

Wie bereits gesagt, möchte ich die Frage nach Mills direktem (oder indirektem) Einfluss (oder möglichen anderen Quellen) beiseite lassen. In jedem Fall bleibt es bemerkenswert zu sehen, wie stark die von Mill formulierten beiden Merkmale den Sprachgebrauch zeitgenössischer Theoretiker bestimmen. Eines von vielen Beispielen liefert etwa Otfried Höffes Bestimmung von Gerechtigkeit im Sinn einer „geschuldeten Sozialmoral". Höffe schreibt in einer grundlegenden Darstellung (2001: 29 f.):

„Den Gesamtbereich der Moral deckt die Gerechtigkeit aber nicht ab. Schon etwaige Pflichten des Menschen gegen sich fallen heraus. Und im Rahmen der Sozialmoral betrifft die Gerechtigkeit nur einen kleinen, den geschuldeten Teil: die sogenannten Rechtspflichten bzw. die Rechtsmoral. Während man bei Verstößen gegen Tugendpflichten wie Mitleid, Wohltätigkeit und Großzügigkeit auch Dankbarkeit und die Bereitschaft zu verzeihen, enttäuscht ist, regen sich bei Gerechtigkeitsverstößen Empörung und Protest. Die Anerkennung von Tugendpflichten kann man vom anderen nur erbitten und erhoffen, die der Gerechtigkeit dagegen verlangen. Als geschuldete Sozialmoral hat die Gerechtigkeit den Rang des elementar-höchsten Kriteriums allen Zusammenlebens, während die Wohltätigkeit das optimal-höchste Kriterium bildet und die Solidarität eine Zwischenstellung einnimmt."

Es ist unverkennbar, dass Höffe dem Vorbild Mills präzise folgt. Nach Höffe impliziert Gerechtigkeit zwar nicht die moralischen Aspekte unseres Selbstverhältnisses und auch nicht die gesamte Moral, wohl aber das, was anderen normativ betrachtet unbedingt zusteht. Gerechtigkeitsfragen bilden auch für Höffe den

125

harten Kern der Moral, nämlich den strikt geschuldeten Teil, dessen Missachtung wir mit Empörung zur Kenntnis nehmen und deren rechtliche Erzwingung wir uns wünschen. Höffe teilt mit Mill zudem explizit die Überzeugung, dass sich unser Gerechtigkeitsgefühl markant von anderen moralischen Gefühlen unterscheidet.[7]

Doch Höffe steht hier keineswegs allein. Als weiteres Beispiel für die Präsenz von Mills Begriffsanalyse mag Peter Koller dienen, der in einer der wenigen vorliegenden semantischen Untersuchungen den Gerechtigkeitsbegriff wie folgt charakterisiert (2001: 22):

„Die Gerechtigkeit, als Ganze genommen, bildet demnach einen Teil der *Moral*, der Menge jener Maßstäbe und Richtlinien des menschlichen Handelns, von denen wir glauben, dass sie allgemeine und vorrangige Geltung besitzen und darum von jeder Person sowohl akzeptiert als auch befolgt werden sollten. Und zweifellos spielt die Gerechtigkeit innerhalb der Moral eine sehr wichtige Rolle, weil sie moralische Forderungen zum Gegenstand hat, die erstens das *zwischenmenschliche Verhalten* betreffen und zweitens als *in hohem Maße bindend*, ja gewöhnlich als strikt verpflichtend gelten. Gerechtigkeit hat also mit moralischen Forderungen zu tun, die wechselseitige Ansprüche und Verbindlichkeiten, Rechte und Pflichten von Menschen begründen." (Hervorhebungen im Original)

Auch bei Koller bezeichnet Gerechtigkeit den harten Kern der Moral, nämlich dasjenige, was im zwischenmenschlichen Verhalten in hohem Maße bindend ist. Ähnliche Äußerungen finden sich, um die Liste prominenter Beispiele fortzuführen, bei Stefan Gosepath. Auch Gosepath spricht von einer „Definition der Gerechtigkeit", wenn er schreibt: „Gerechtigkeit hat es mit der Herstellung oder Erhaltung von Zuständen zu tun, auf die es einen moralischen Anspruch gibt" (2004: 48). Bei Gosepath kommt noch etwas anderes hinzu: Er analysiert die Wortbedeutung von Gerechtigkeit genauer als ‚Angemessenheit' (2004: 44) und bestimmt sie weiterhin im Sinn eines Egalitarismus. Gerechtigkeit sei „zunächst äquivalent mit einem Prinzip der moralischen Angemessenheit, das besagt, jede Person soll entsprechend den moralischen Normen ihrer Situation oder ihren Umständen nach angemessen behandelt werden, also so, wie es ihr moralisch zusteht" (2004: 48). Bei Gosepath bezieht sich das qualifizierende ‚zunächst'

---

7 Soweit ich sehe, führt Höffe seine Verwendung von Gerechtigkeit selbst nicht auf Mill, sondern auf Kants Gegenüberstellung von Rechtspflichten und Tugendpflichten zurück. Aber dies scheint mir problematisch: Erstens spricht Kant in diesem Zusammenhang nicht von Gerechtigkeit. Zweitens setzt Kant vollkommene Pflichten keineswegs mit Rechtspflichten gleich. Während nämlich für Kant rechtlich erzwingbare Pflichten keine angemessene moralische Motivation erfordern, sondern bloße ‚Gesetzmäßigkeit' oder Legalität (vgl. *Rechtslehre* VI 219), verlangen vollkommene Pflichten nach Kant mehr als nur äußere Befolgung, nämlich eine echte moralische Motivation (vgl. die Rede von „inneren vollkommene Pflichten": *Grundlegung* IV 422 Anm.).

darauf, dass zwei Ebenen von Gerechtigkeit unterschieden werden. Während die Gerechtigkeitsstandards, die er auf einer ersten Ebene ansiedelt, angeben sollen, wem was in welchem Umfang zusteht, geht es auf einer zweiten, wie Gosepath sagt, „moralisch bedeutsameren Ebene" darum zu klären, was die Standards selbst gerecht macht. Damit bringt er ein Moment ins Spiel, von dem bei Mill, Höffe oder Koller nicht die Rede ist: das eines höherstufigen Egalitarismus. Gemeint ist nämlich, dass sich Gerechtigkeitsstandards aus einer übergeordneten Perspektive der Unparteilichkeit rechtfertigen lassen müssen. Gosepath spricht von einer ‚Präsumtion der Gleichheit' und behauptet, dass stets eine Gleichver-teilung gerecht sei, außer es gebe gute, rechtfertigbare Gründe für eine Un-gleichverteilung. Andererseits betont er, darin wieder in Übereinstimmung mit Mill, Höffe und Koller, dass „Gerechtigkeit und der forderbare Teil der Moral" zusammenfielen, und fügt schließlich auch noch die Millsche Emotionskompo-nente hinzu: „In diesem Bereich reagieren viele auf ein widersprechendes Ver-halten mit moralischen Sanktionen wie Affekten der Empörung, Verachtung, Schuld und Scham und dazu passenden Sprechakten wie Tadel und Vorwurf" (2004: 73).[8]

Gosepaths Zwei-Ebenen-Unterscheidung von Gerechtigkeit ist eng verwandt mit einem Modell, das Ernst Tugendhat in mehreren seiner späten Schriften entwickelt hat.[9] Gerechtigkeit bildet, so Tugendhat im *Dialog in Leticia*, „nicht einfach ein zusätzliches Thema" – gemeint ist: zusätzlich zur Moral. Sie ist viel-mehr „ein integraler Bestandteil der Moral" (1997: 58). Wie Gosepath nimmt auch Tugendhat an, dass der primäre Ort, an dem das Gerechtigkeitsphänomen zu situieren sei, das Äquilibrium jener Regeln sein müsse, die als Metaregeln für die daraus abgeleiteten, nämlich die konkreten politisch-sozialen Gerechtigkeits-fragen zu dienen hätten; erst in letzteren soll es um das konkrete Verhalten von Individuen gehen. Bemerkenswerterweise bekennt sich Tugendhat in seinen

---

8 Gosepath geht in *Gleiche Gerechtigkeit* 2004 soweit zu behaupten, Gleichheit sei der Inbegriff von Gerechtigkeit (S. 463). Mehr noch, er vertritt sogar die starke An-nahme, Gleichheit bilde die ahistorische, allgemein geteilte Kernbedeutung des Begriffs Gerechtigkeit (31–34). Hintergrund dieser überraschenden These ist die Überlegung, dass man ohne eine solche invariante Kernbedeutung die Rolle von Gerechtigkeit in den moralischen und politischen Debatten nicht erklären könne. Mir scheint dies bei einem Blick auf die Begriffsgeschichte von Gerechtigkeit klarerweise falsch zu sein, vgl. Horn / Scarano 2002.

9 Tugendhat hat sich in vier kürzeren Texten mit den Problemen einer philosophi-schen Gerechtigkeitstheorie befasst: 1984, 1993: 364–391, 1997a: 58–82 und 1997b: 3–25. Trotz ihrer relativen Knappheit handelt es sich um Beiträge von erheblichem Gewicht – und zwar sowohl was ihre sachliche Relevanz anlangt als auch mit Blick auf die Bedeutung, die ihnen der Autor selbst (wenn ich mich nicht täusche) für sein Nachdenken über normative Fragen beimisst. Besonders im *Dialog in Leticia* 1997 wird auf wenigen Seiten die Skizze einer umfassenden Gerechtigkeitstheorie geliefert.

Vorlesungen über Ethik explizit zu Mill, wenn er schreibt: „Die beste Phänomenologie bzw. Hermeneutik unseres Verstehens von Gerechtigkeit, die ich kenne, ist die von J. St. Mill im 5. Kapitel seines Büchleins *Utilitarismus*" (1993: 369 Fn.4). Zwar tadelt er Mill dafür, dass dieser – ebenso wie schon Adam Smith und Schopenhauer – Gerechtigkeit im Wesentlichen auf die Einhaltung negativer Pflichten beschränkt habe. Tugendhat hält es aber mit Mill für richtig, Gerechtigkeit als den Bereich des prinzipiell strafrechtlich Erzwingbaren zu beschreiben (1993: 370):

> „Auch wenn es nicht besonders einleuchtet, das Verletzen negativer Pflichten als Ungerechtigkeit zu bezeichnen, so hat Mill doch recht, dass sich hier ein engerer Begriff von Pflicht ergibt. Ähnlich sieht es Kant. Auch für Kant ist es charakteristisch für negative Pflichten, dass ihre Einhaltung strafrechtlich erzwungen werden kann. Das legt es nun aber [...] nahe, das, was (im Prinzip) strafrechtlich verfolgbar ist, als grundlegend für die Einheit dieser Klasse anzusehen, und nicht die negativen Pflichten. Auch wenn z. B. Eltern ihre positiven Pflichten gegenüber ihren Kindern verletzen, ist das strafrechtlich verfolgbar."

Was Tugendhat über Kant behauptet, ist allenfalls zum Teil korrekt, tut aber nichts zur Sache (vgl. oben Anm. 7). Wichtig ist für unseren Zusammenhang nur, dass auch er den Gerechtigkeitsbegriff im Sinn des rechtlich Erzwingbaren interpretiert. Auch Tugendhat steht somit *grosso modo* in der begrifflichen Tradition Mills. Und eine ganze Reihe von weiteren Autoren ließe sich hier zusätzlich anführen.[10]

2. Einige Beobachtungen zur Semantik von Gerechtigkeit

Bislang existieren nur wenige semantische Analysen zum Begriffsfeld von Gerechtigkeit;[11] und in ihnen herrscht ein tiefreichender Dissens. Nur soviel scheint klar: Gerechtigkeit bildet eine unserer wichtigen und häufig gebrauchten normativen Vorstellungen in Ethik und Politischer Philosophie. Wenn uns eine Person als gerecht erscheint, betrachten wir dies als einen hochgradig lobenswerten Charakterzug; eine ungerechte soziale Situation oder politische Institution finden wir empörend und verlangen ihre Korrektur. Wie mir scheint, beruht unsere alltägliche Gerechtigkeitsintuition so gut wie immer auf einer von zwei traditionellen Ideen. Entweder meinen wir, gerecht sei es, dass jedem das Seine

---

10   Vgl. etwa O. O'Neill, die in *Towards Justice and Virtue* 1996 unter Gerechtigkeit das Feld von universell gültigen Rechtsprinzipien versteht. R. Forst verbindet gewissermaßen die Rawls- und die Mill-Tradition, wenn er Gerechtigkeit als das bestimmt, was zwischen das Bürgern einer politischen Gemeinschaft forderbar ist 2007: 180.

11   Das sind besonders Tugendhat 1993, Krebs 2000, Koller 2001, Horn/Scarano 2002 und Gosepath 2004.

zukommt; folgen wir dieser Intuition, so soll jede(r) erhalten, was sie oder er verdient, und zwar entweder im positiven Sinn eines Vorteils oder Nutzens, oder im negativen Sinn eines Nachteils oder Schadens. Oder aber wir denken an die Idee einer angemessenen Gleichheit; gerecht ist hier eine Gleichbehandlung gleicher Fälle sowie eine Ungleichbehandlung ungleicher Fälle. Der erste Grundsatz geht auf Platon zurück – die sogenannte Idiopragieformel – und wird meist in der lateinischen Formel als *(ius) suum cuique tribuere* zitiert; der zweite Grundsatz ist in seinem Ursprung aristotelisch.[12] Bis heute ist mit diesen zwei Ideen eine grundlegende theoretische Alternative formuliert. Zu beachten ist ihr prinzipieller Unterschied: Im ersten Fall stützen wir uns auf die Vorstellung, dass einzelnen Personen etwas für sich genommen zukommt – und zwar entweder, dass sie einen bestimmten Vorteil verdient haben oder dass sie eine bestimmte Last tragen müssen. Dafür, dass der Person A das Gut x zukommt und der Person B das Übel y, braucht kein Vergleich zwischen A und B im Spiel zu sein. Anders im zweiten Fall; hier haben unsere Überlegungen ein bestimmtes soziales Verteilungsprofil zum Gegenstand und beruhen auf einem interpersonalen Vergleich. Wir urteilen dann mit Blick auf einen Distributionszustand, welcher zugleich mehrere Personen betrifft, z. B. die Aufteilung von Kuchenstücken unter den Teilnehmern einer Kindergeburtstagsfeier. Der Person A kommt hier x zu, weil die Person B y verdient hat und umgekehrt; die Begründungen für die Verteilung von Gütern und Lasten sind interdependent. Man kann die erste Begriffsverwendung mithin als den *absoluten* (nämlich ausschließlich auf eine Person bezogenen) Gerechtigkeitsbegriff bezeichnen und die zweite als den *relationalen* oder *interpersonalen*. Nur im zweiten Fall ist es dann auch möglich, unter Gerechtigkeit soviel wie unparteiliche Regelanwendung oder die Gleichverteilung von Gütern und Übeln zu verstehen.

Ist das Bedeutungsfeld von Gerechtigkeit mit den beiden genannten Gebrauchsvarianten bereits erschöpft? Sicher nicht; die Semantik des Gerechtigkeitsbegriffs stellt ein komplexes Problemfeld dar. Unser alltäglicher Sprachgebrauch erweckt ebenso wie die philosophische Begriffsverwendung den Verdacht einer substantiellen Mehrdeutigkeit. Als irrelevant lässt sich zunächst ausschließen, dass wir ,gerecht' bisweilen deskriptiv verwenden können (wie in den Ausdrücken ,sachgerecht' oder ,behindertengerecht'); von Bedeutung ist allein der normative Sprachgebrauch. Hier fällt jedoch ins Auge, auf wie viele unterschiedliche Gegenstände sich der Ausdruck beziehen lässt. Unser alltäglicher wie unser philosophischer Sprachgebrauch richtet sich, wie mir scheint, auf wenigstens zehn verschiedene Typen von Objekten. Als gerecht oder ungerecht bezeichnen wir (1) Personen und Personengruppen, (2) deren Handlungen, Verhaltensweisen, Einstellungen und Charaktere und weiter (3) von ihnen ausgehende Urteile, Einschätzungen und Wertungen (*personale* Verwendungsformen von Gerechtigkeit). Hinzu kommt (4) ein Begriffsgebrauch im Blick auf Ver-

---

12 Platon, *Politeia* IV, 433a8 ff.; 586e und Aristoteles, *Politik* III 12, 1282b14–22.

fahren, Regeln sowie Gesetze und (5) die Anwendung auf soziale Institutionen, politische Zustände, Staaten, Wirtschaftssysteme und Gesellschaftsordnungen (*institutionelle* Gebrauchsweisen). Eine wichtige weitere Verwendungsform ist (6) diejenige im Blick auf abstrakte Theorien, Prinzipien, Konzeptionen und Modelle (*theoretische* Verwendungsform). Hinzu kommt (7) der Gebrauch im Blick auf Verteilungsvorgänge und Prozeduren, z. B. ein Wettbewerbs- oder ein Losverfahren (*prozedurale* Gebrauchsweise). Daneben existiert (8) diejenige Verwendung, bei der wir das Verhältnis von Gabe und Gegengabe bei einem Tausch oder aber die Relation von Leistung und Entlohnung bei einer Arbeit oder aber das Verhältnis von Tat und Strafe bei einem Verbrechen als gerecht oder ungerecht bezeichnen. Nicht selten gebrauchen wir den Gerechtigkeitsbegriff ferner (9) für das Resultat eines Sportwettkampfs, eines Bewerbungsverfahrens, einer historischen Entwicklung oder für den schicksalhaften Verlauf eines ganzen menschlichen Lebens (*resultative* Gebrauchsweise), und damit verwandt ist schließlich (10) seine Verwendung im Blick auf einen Verteilungszustand, besonders bezogen auf den Gesamtzustand des Universums, wenigstens soweit dieser Zustand Lebewesen betrifft, die wir als moralisch anspruchsberechtigt betrachten (*situationsbezogene* Gebrauchsweise). Welche Objektklasse ist es, die man im eigentlichen Sinn als gerecht oder ungerecht kennzeichnet? Sind es verteilende Personen, verteilende Institutionen, abstrakte Verteilungstheorien, Verteilungsprozeduren, Verteilungsresultate oder Verteilungszustände? Mir scheint, dass hier dem Aspekt des Verteilungszustands ein Vorrang zukommt, weil wir Personen, politische Ordnungen, Theorien immer nur mit Blick auf diese gerecht nennen.

Mein Argument für den Vorrang der situationsbezogenen Gebrauchsweise ist somit Folgendes: Sooft wir etwas als gerecht oder ungerecht charakterisieren, nehmen wir dabei implizit Bezug auf die Vorstellung eines angemessenen Verteilungszustands von Gütern und Übeln. Denn Personen gelten als gerecht oder ungerecht genau dann, wenn sie gerechte Handlungen, Regeln oder Institutionen hervorbringen – und d.h. letztlich: wenn sie für gerechte Zustände sorgen. Handlungen, Regeln und Institutionen bezeichnen wir ihrerseits genau dann als gerecht, wenn sie gerechte Zustände schaffen oder begünstigen. Dasselbe trifft zu auf Theorien, Prinzipien, Konzeptionen und Konzeptionen aus Politik oder Philosophie. Man kann leicht den umgekehrten Test machen und andere Konstellationen durchspielen: Sind Personen ungerecht, wenn sie ungerechte Verteilungstheorien entwerfen? Nicht unbedingt, da ja neben einem Charakterdefizit auch ein kognitiver Mangel vorliegen kann. Sind Institutionen gerecht, wenn sie gerechte Personen hervorbringen? Wir würden dies sicher nicht als primäre Aufgabe gerechter Institutionen ansehen. Meine Folgerung aus solchen Beobachtungen lautet, dass die Semantik von Gerechtigkeit mehr als eine bloße ‚Familienähnlichkeit' aufweist. Sie besitzt eine fokale Struktur: Die unterschiedlichen Gebrauchsweisen münden letztlich in die situationsbezogene Verwendung ein. D.h. angemessene oder unangemessene Verteilungszustände sind das primäre Referenzobjekt, auf die sich alle Verwendungsformen *pros hen* beziehen lassen.[13]

Ist mit dem Nachweis, dass die situationsbezogene Gebrauchsweise grundlegend ist, zugleich auch gezeigt, dass der relationale Gerechtigkeitsbegriff vorrangig gegenüber der absoluten Verwendungsweise ist? Vielleicht lässt sich so argumentieren. Zu bedenken ist aber, dass in gewissem Sinn auch die absolute Gebrauchsweise mit diesem Ergebnis leben kann. Ihre Verteidiger können behaupten, dass eine gerechte Welt eine sei, in der jeder das Seine erhält, und zwar unabhängig davon, was die anderen erhalten oder nicht erhalten. Wie dem auch sei, klar ist, dass meine semantische Analyse zu zwei weiteren Bedenken gegen Mills These führt: Zum einen findet sich bei Mill nichts, was der Unterscheidung zwischen dem absoluten und dem relationalen Sprachgebrauch entsprechen würde. Zum anderen steht zu bezweifeln, ob das, was die Fragen der Kernmoral ausmacht, wirklich angemessene oder unangemessene Verteilungszustände von Gütern und Übeln sind. Auf beide wichtige Punkte werde ich gleich zurückkommen.

Zunächst aber noch eine begriffsgeschichtliche Bemerkung. Wie bereits erwähnt, werden in der zeitgenössischen Debatte um Gerechtigkeit hauptsächlich institutionenethische Fragen behandelt. Demgegenüber zeigt ein Blick auf die ältere Theoriegeschichte, dass die Mehrzahl der Philosophen aus Antike und Mittelalter Gerechtigkeit primär als personale Eigenschaft, nämlich als Tugend von Personen, aufgefasst haben, und d. h. als habituelle Fähigkeit der Erzeugung angemessener Güter- und Lastenverteilungen oder der korrekten Zuweisung des individuell Geschuldeten. In einem sekundären Sinn wurde Gerechtigkeit häufig als institutionenethisches Thema behandelt, freilich i. d. R. mit einem personalistischen Einschlag, insofern es dabei in starkem Maße um den gerechten Amtsträger, den gerechten Herrscher oder den gerechten Staatsbürger ging. Insofern ist es *grosso modo* sicher zutreffend zu sagen, das Gerechtigkeitsthema sei in der Vormoderne eher im Rahmen der Individualethik, in Neuzeit und Gegenwart dagegen eher im Horizont der Institutionenethik bearbeitet worden.

In gewissem Sinn scheint die institutionenethische Sichtweise der individualethischen überlegen zu sein, da wir Personen – wie gezeigt – immer nur gerecht nennen würden, wenn sie gerechte Zustände, Regeln, Theorien oder Institutionen hervorbringen. Dennoch liegt in der modernen Vernachlässigung der personalen Eigenschaft Gerechtigkeit ein Problem. Lässt man diesen Aspekt beiseite, dann blendet man einen wesentlichen Teil unseres lebensweltlichen Gerechtigkeitsverständnisses aus. Insbesondere unterschätzt man damit den individuellen Gerechtigkeitssinn und missachtet ein bedeutsames Persönlichkeitsideal. Weiterhin missachtet man auf diese Weise die Frage nach den moralischen Grundlagen einer Gesellschaft; die dürftige Alternative zur Gerechtigkeit als Motivationshintergrund bestünde darin, Kooperationsbereitschaft durch ein strategisch-prudenti-

---

13   Vgl. Aristoteles, *Metaphysik* IV 2.

elles Vorteilsstreben und durch strafrechtlichen Sanktionsdruck motivieren zu wollen (hier zeigt sich Mills verengtes Begriffsverständnis besonders deutlich, da ja er genau dies tun möchte). Und schließlich würde in einem rein institutionen-ethischen Szenario jenes Element der Billigkeit, der aristotelischen *epieikeia*, fehlen, das der Ergänzung und Kontextualisierung von Gerechtigkeit dient. *Epieikeia* meint die Fähigkeit zur sinngemäßen Erweiterung und zur situations-, personen- und sachgerechten Anwendung institutioneller Prozeduren, also eine kontextsensitive Urteilskraft, die durch ein *principle of charity*, ein Prinzip von Nachsicht und Wohlwollen, charakterisiert ist.

Ebenso fehlt auf der modernen Agenda die traditionelle Vorstellung von einer kosmischen Gerechtigkeit. Auch hier trifft, wie mir scheint, der Obsoletheits-verdacht sicher nicht ohne Weiteres zu. Beispielsweise benötigen wir die Vor-stellung einer kosmischen Ungerechtigkeit immer dann, wenn wir die Aufga-benbereiche sozialstaatlicher Verteilung zu klären versuchen: So betrachten wir etwa eine Körperbehinderung, wenn sie ein berufliches Handicap darstellt, als eine ausgleichenswerte kosmische Ungerechtigkeit. Viel weniger eindeutig scheint uns dagegen, ob man besonders vorteilhafte natürliche Anlagen, z.B. praktische Intelligenz oder Geschäftssinn, mit einer staatlichen Begabungssteuer belegen sollte. Offenkundig ist unsere Intuition philosophisch klärungsbedürftig. Die Vorstellung einer kosmischen Gerechtigkeit ist also genau so lange von Be-deutung, wie wir nicht nur von Menschen verursachte, sondern auch physische Übel bzw. Güter (allgemeiner gesagt: die natürliche Verteilung von Übeln und Lasten bzw. von Gütern und Vorzügen) für ein moralisch relevantes Phänomen halten. Man könnte sich den extremen Fall vorstellen, dass jemand die These vertritt, eine staatlich kontrollierte gentechnische Merkmalsplanung zur Erzeu-gung allgemeiner Chancengleichheit sei ein dringliches Gebot der Gerechtigkeit; umgekehrt könnte jemand der Meinung sein, jede Krankheit, Behinderung oder Minderbegabung müsse als das persönliche Los der Betroffenen betrachtet wer-den.

Als grundlegende semantische Auffassungen, die in der langen Theoriege-schichte des Gerechtigkeitsbegriffs vertreten worden sind, lassen sich nach mei-ner Beobachtung die folgenden acht Aufassungen anführen:[14]

(a) Gerechtigkeit verstanden als Gleichheit (egalitäre Gerechtigkeit);
(b) Gerechtigkeit als Fairness, Unparteilichkeit, Verfahrens- oder Regelkon-formität (prozedurale Gerechtigkeit);
(c) Gerechtigkeit als Äquivalenz von Gabe und Gegengabe (kommutative oder Tauschgerechtigkeit);
(d) Gerechtigkeit als Ausgleich relevanter fremdverschuldeter Nachteile oder Handicaps (korrektive Gerechtigkeit);
(e) Gerechtigkeit als Gratifikation von Leistung oder Verdienstlichkeit (meri-torische Gerechtigkeit);

---

14 Zu den wichtigsten Einzelpositionen vgl. Horn / Scarano 2002.

(f) Gerechtigkeit als Äquivalenz von krimineller Tat und Strafe (retributive oder Strafgerechtigkeit);
(g) Gerechtigkeit als Äquivalenz von Verlauf und Ergebnis, von Tun und Ergehen (konnektive Gerechtigkeit)[15];
(h) Gerechtigkeit als angemessene Verteilung natürlicher Güter und Lasten (natürliche oder kosmische Gerechtigkeit).

Die Vorstellungen (a), (b) und (c) lassen sich eindeutig dem relationalen Sprachgebrauch zuordnen. In ihnen gilt als gerecht oder ungerecht, was oder wie viel jemand zugewiesen erhält im Vergleich zu dem, was ein anderer bekommt. Die anderen Gebrauchsweisen, also (d)-(h), scheinen mir dafür offen zu sein, entweder relational oder absolut verstanden zu werden. Hat jemand einen fremdverschuldeten Schaden erlitten, dann sollte er, so unterstellt (c), hierfür angemessen entschädigt werden – sei es gemäß den Standards in vergleichbaren Schädigungsfällen, sei es unabhängig davon. Wenn jemand etwas verdient hat, dann, so meinen wir gemäß (e), entweder mit ausschließlichem Blick auf seine eigenen Leistungen oder im Vergleich zu den Zuweisungen an andere Personen usw. usf.

Vielleicht hat nun Gosepath mit der oben genannten Auffassung recht, dass sich die beiden wichtigsten Lesarten von Gerechtigkeit auf eine einzige grundlegende Wortbedeutung zurückführen lassen, nämlich auf Angemessenheit: Im Fall der relationalen Gerechtigkeit ginge es dann um interpersonale Angemessenheitsprinzipien, im Fall der absoluten Gerechtigkeit um solche, die auf irgendwelchen anderen Güter- oder Werttheorien beruhen, welche auf Individuen beziehbar sind. Gerechtigkeit wäre dann Angemessenheit im Hinblick auf unterschiedliche (relationale oder absolute) Bezugsparameter. Ich denke, dass diese Auffassung durchaus attraktiv ist. Wäre mit Gerechtigkeit das Zentrum unserer normativen Intuitionen benannt, so wäre sie sogar bedeutend. Gleichgültig jedoch, ob die These zutrifft: Es ändert sich durch sie weder etwas daran, dass Gerechtigkeit nicht zentral ist, noch daran, dass die beiden Verständnisvarianten von Angemessenheit erheblich voneinander verschieden bleiben. Im Grunde kommt es aber gar nicht so sehr darauf an, ob man eine verborgene Einheit hinter den zwei Grundbedeutungen identifizieren kann oder nicht. Viel wichtiger ist zu untersuchen, wo man Gerechtigkeit innerhalb unseres normativen Vokabulars platzieren sollte.

---

15 Der Ausdruck stammt von J. Assmann 1990. Er bezeichnet bei Assmann die altägyptische Vorstellung einer übergreifenden kosmischen Gerechtigkeitsordnung: Gerechtigkeit (*ma'at*) steht dabei für einen strikten Tun-Ergehens-Konnex, der die kosmisch-religiöse Ebene ebenso umfasst wie die moralische und die politisch-rechtliche Dimension.

3. Kritik an der These vom moralisch zentralen Charakter von Gerechtigkeit

Angesichts der starken Präsenz des Millschen Begriffsverständnisses in der aktuellen Gerechtigkeitsdebatte möchte ich nunmehr kritische Beobachtungen vorbringen, die sich aus der Semantik unseres modernen alltagssprachlichen wie philosophischen Begriffsgebrauchs ergeben. Was zahlreiche Gerechtigkeitstheoretiker zum Nachteil ihrer Modelle unterlassen, ist eine Klärung der Frage nach der präzisen moralischen Reichweite unseres Gerechtigkeitsverständnisses. Unbedingt zu fragen wäre, wie bedeutend das Thema Gerechtigkeit eigentlich ist, wenn man es zu unseren anderen normativen Vorstellungen in Beziehung setzt. Ist Gerechtigkeit von ausschließlicher Wichtigkeit, von vordringlicher oder aber von erheblicher Bedeutung oder allenfalls von relativer Tragweite? Diese Fragen werden – soweit ich sehe – erstaunlich selten gestellt und – von wenigen Ausnahmen abgesehen – kaum je sorgfältig beantwortet. Eine klare Stellungnahme findet sich immerhin bei Peter Koller (2001: 23):

„Wenn mich mein Sprachgefühl nicht trügt, stehen die Begriffe des Rechten und der Gerechtigkeit in einem Verhältnis der Über- beziehungsweise Unterordnung: Der Begriff des Rechten fungiert dabei als der allgemeinere Oberbegriff, in dem der Begriff der Gerechtigkeit als speziellerer Unterbegriff enthalten ist. Infolgedessen kann jeder Sachverhalt, der als gerecht (ungerecht) betrachtet wird, auch recht (unrecht) genannt werden, nicht aber umgekehrt. So ist es zum Beispiel sicher möglich, das Verhalten eines Lehrers, der einen seiner Schüler grundlos diskriminiert, nicht nur ungerecht, sondern auch unrecht zu nennen, wogegen man nicht gut sagen kann, ein Mord sei eine Ungerechtigkeit, obwohl er ein schlimmes Unrecht ist."

Für Koller teilt sich das semantische Feld des Moralischen offenbar zunächst in die Bereiche des Guten und des Rechten oder Richtigen. Das Rechte enthält die Teilmenge der Gerechtigkeitsfragen, worunter Koller, wie wir bereits sahen, wie Mill das Feld des unbedingt Geschuldeten und des Einforderbaren versteht. Jede Ungerechtigkeit ist demnach ein Unrecht, wenn es sich auch nicht bei jedem Unrecht um eine Ungerechtigkeit handeln soll. Stimmt das? Ich meine nein.

Um die Wichtigkeit von Gerechtigkeitsfragen bestimmen zu können, sollten wir anzugeben versuchen, wie ernst wir Gerechtigkeit im Kontext unserer normativen Leitvorstellungen gewöhnlich nehmen oder überlegtermaßen nehmen sollten. Wie mir scheint, muss man dazu zwischen zwei verschiedenen Problemtypen differenzieren, die ich als *moralisch zentrale* und als *moralisch periphere Gerechtigkeitsfragen* bezeichnen möchte. Zentrale Gerechtigkeitsfragen sollen solche heißen, die zugleich Probleme der Kernmoral sind, die also zum Bereich dessen gehören, was unsere moralische Intuition zu einer scharfen und deutlichen Reaktion herausfordert. Ich meine damit Folgendes: Wir teilen weitestgehend die moralische Intuition, es sei inakzeptabel (sei es strikt, sei es in den meisten Fällen), dass eine Person eine andere ermordet, verletzt, verstümmelt, unterdrückt, foltert, ausbeutet, diskriminiert, einsperrt, erniedrigt, beraubt, belügt, täuscht, gravierend benachteiligt usw. Nun existieren zweifellos Gerechtigkeitsprobleme, die bei uns dieselbe heftige Reaktion moralischer Abwehr und Zurückweisung auslösen, wie dies für die genannten Fälle gilt. Doch es scheint mir genauso zutreffend zu sein, dass zahlreiche andere Gerechtigkeitsfragen keine vergleichbare Reaktion bei uns hervorrufen. Sie fallen nicht in dieselbe Problemkategorie, weswegen ich sie als peripher bezeichnen würde.

Ich möchte den gemeinten Punkt an folgendem Beispiel veranschaulichen. Angenommen, zwei Personen würden in der Warteschlange, die sich an einer Bäckereitheke gebildet hat, von ein und demselben Gerechtigkeitsproblem betroffen: Beide würden nämlich von der Verkäuferin hinter der Theke zunächst übergangen werden, und der jeweils nächste Kunde käme vor ihnen an die Reihe. Angenommen weiter, für das ungerechte Verhalten der Verkäuferin wären verschiedene Gründe verantwortlich: Die eine Person würde wegen ihrer ethnischen Zugehörigkeit ignoriert werden, die andere, weil die Verkäuferin eine befreundete Kundin vorziehen möchte. In der ersten Situation wäre die Unfairness in der Bchandlung der betreffenden Person mithin ein Fall von Diskriminierung, in der zweiten Situation dagegen eine harmlose Gefälligkeit unter Freundinnen. Nehmen wir weiter an, beide zunächst übergangenen Kunden würden sich über den Vorfall gleichermaßen empören und daher anschließend doch noch bedient werden, und beide erhielten dabei das Brot, das sie in der Bäckerei ursprünglich kaufen wollten. Dann hätten wir es im ersten Fall, wie mir scheint, dennoch mit einem Problemfall aus dem Feld der Kernmoral zu tun, während man im zweiten Fall allenfalls ein Problem von peripherer moralischer Bedeutung diagnostizieren würde. Um das Gemeinte weiter zu veranschaulichen, seien einige zusätzliche Beispiele angeführt ([A] und [B]).

[A] *Moralisch zentrale Gerechtigkeitsprobleme:* Gerechtigkeitsfragen ergeben sich, wie wir sahen, vor dem Hintergrund relationaler oder absoluter Angemessenheitsprobleme. Ein solches Problem, das mir zugleich moralisch provokativ scheint, bildet die öffentliche Gesundheitsversorgung. Da das öffentliche Gesundheitssystem von staatlicher Seite finanziert und betrieben wird, kommen hierbei unsere relationalen oder absoluten Gerechtigkeitsintuitionen deutlich ins Spiel. Nehmen wir nun ein Land, in dem das öffentliche Gesundheitssystem stark ausgedünnt ist. Folgt man sozialwissenschaftlichen Untersuchungen, dann ist es in diesem Land zu erwarten, dass Armut die Lebenserwartung beträchtlich absenkt. Es besteht ein signifikanter Zusammenhang zwischen sozialer Schichtzugehörigkeit und individueller Lebenserwartung. Arme sterben im Durchschnitt bedeutend früher als Reiche, was offenbar nicht allein daran liegt, dass die Angehörigen der Mittel- und Oberschicht aufgeklärter sein mögen und daher gesündere Lebensformen und Ernährungsgewohnheiten praktizieren. Vielmehr hängt die Lebenserwartung entscheidend mit dem Niveau der medizinischen Versorgung zusammen.[16]

Ganz ähnlich gelagert sind diejenigen Gerechtigkeitsprobleme, die sich aus der extrem ungleichen Verteilung des Wohlstands unter der Weltbevölkerung ergeben. Man muss sich klarmachen, dass 46 % der Weltbevölkerung (d. h. 2,8 Milliarden Menschen) unter der Armutsgrenze leben: Es handelt sich um Personen, die mit weniger als 2,15 US-Dollar am Tag auskommen müssen (bezogen auf die Kaufkraft dieses Betrags in den USA im Jahr 1993); teilweise unterschreiten sie diese Grenze sogar sehr deutlich. Jährlich sterben 18 Millionen Menschen aufgrund armutsinduzierter Ursachen, darunter im statistischen Durchschnitt täglich 34.000 Kinder im Alter von unter fünf Jahren.[17] Während der zweite Weltkrieg insgesamt rund 50 Millionen Menschenleben kostete, starben allein seit dem Ende des Kalten Krieges etwa 270 Millionen Menschen an armutsbedingten Ursachen. Jährlich kommen 18 Millionen hinzu, ein Drittel aller Todesfälle. Zudem müssen 800 Millionen Menschen als chronisch unterernährt gelten, eine Milliarde verfügt nicht über sauberes Trinkwasser. Mehr noch, 880 Millionen müssen ohne jede Gesundheitsfürsorge auskommen, 2,4 Milliarden ohne sanitäre Einrichtungen. Hinzu kommt schließlich, dass zwei Milliarden Menschen keinen elektrischen Strom haben und eine Milliarde obdachlos ist. Geschätzte 876 Millionen Erwachsene sind Analphabeten.[18]

[B] *Moralisch periphere Gerechtigkeitsprobleme:* Angenommen, ein Unternehmer, den wir mit einem Reisekoffer in der Hand antreffen, würde sich lebhaft darüber beklagen, dass die Steuerlast im Inland unerträglich geworden sei. Er befinde sich gerade auf dem Weg in ein Steuerparadies, denn er halte das hiesige Steuersystem angesichts seiner Arbeitsbelastung und mit Blick auf sein unternehmerisches Risiko für äußerst ungerecht. In einem solchen Fall würden wir nicht von einem Problem der Kernmoral sprechen, da die Schädigung des Unternehmers allenfalls sein (nehmen wir einmal an: ohnehin recht stattliches) Vermögen um ein Geringes vermindert. Ein ähnlich gelagertes Beispiel für das, was ich meine, ergibt sich vielleicht aus der Benachteiligung eines Fußballteams durch einen unfair agierenden Schiedsrichter: Der Referee könnte z. B. aus Furcht vor der Reaktion des heimischen Publikums die Gastmannschaft spürbar benachteiligen. Angenommen weiter, der Einfluss des Schiedsrichters ginge soweit, dass das Team der Gäste seinetwegen das Spiel verlieren würde. Zweifellos läge dann trotz der substantiellen Unfairness kein gravierendes moralisches Problem vor, weil die Niederlage einer Sportmannschaft niemandes Interessen so

---

16 Folgt man sozialwissenschaftlichen Untersuchungen, so besteht ein enger Zusammenhang zwischen Armut, öffentlicher Gesundheitsversorgung (einschließlich öffentlicher Unterstützung privater Eigenvorsorge) und der Lebenserwartung; vgl. James C. Riley 2005 und seine Rede von einem „Jamaika Paradox'.

17 Meine Quelle ist Th. Pogge 2002: 2 und 97 f.

18 So Pogge in der *Frankfurter Rundschau* vom 12.02.2004.

verletzt, wie Mord, Freiheitsberaubung, Diskriminierung, Unterdrückung, Armut, Unterversorgung usw. dies tun. Um schließlich noch ein etwas klassischeres Beispiel anzuführen, sei an den Fall des Achilleus in der Homerischen *Ilias* erinnert. Dem Achilleus wird ungerechterweise eine junge Frau, die ihm als „Ehrengeschenk" überreicht worden war, wieder entzogen, weil zuvor der ranghöhere Agamemnon seine Beute eingebüßt hat und nach einer statuskonformen Kompensation verlangt. Verdeutlicht man sich den Leistungsanteil, den Achilleus zum kriegerischen Erfolg der Griechen beigesteuert hat, mag es tatsächlich hochgradig ungerecht sein, ausgerechnet ihn (anstelle des zwar ranghöheren, aber weniger effizienten Agamemnon) um seine Gratifikation zu bringen.

Es geht mir bei der zweiten Kategorie von Beispielen, also bei [B], nicht darum zu bestreiten, dass hier echte Fälle von Ungerechtigkeit vorliegen mögen. Im Gegenteil, dem Unternehmer und den Fußballanhängern der Gastmannschaft sei es ebenso konzediert wie Achilleus, dass sie Opfer tatsächlicher Ungerechtigkeit sind. Ihre Erregung und Empörung mag vollkommen nachvollziehbar und sachlich völlig berechtigt sein. Worum es mir lediglich geht, ist die Einsicht, dass es sich hier nicht um Fälle handelt, in denen jene charakteristische Empörung, die wir bei Fällen von Ungerechtigkeit empfinden, im engeren Sinn moralisch legitimiert wäre. Das scheint mir eine bemerkenswerte Beobachtung zu sein: Nicht jedes Gerechtigkeitsproblem ist *eo ipso* auch ein Problem der Kernmoral. Gehört etwas zur Menge aller Gerechtigkeitsprobleme, dann kann es, braucht aber nicht zugleich ein Problem der Kernmoral sein. Kurioserweise scheint es mitunter – zumindest im Fall des Achilleus – geradezu so zu sein, dass man sich über eine Ungerechtigkeit empören kann, die sich überhaupt erst auf der Basis einer unmoralischen, aber als legitim angesehenen Praxis (hier der Sklaverei) ergibt. Dies sollte uns zur Vorsicht mahnen: Es könnte sich bei unserer Gerechtigkeitsintuition um einen irgendwie trügerischen, oberflächlichen und kurzschlüssigen Wegweiser in Moralfragen handeln. Zumindest ließen sich zahlreiche Beispiele ausdenken, in denen eine Ungerechtigkeit vorliegt, die allenfalls eine sekundär-moralische Qualität besitzt: Ich meine etwa Fälle wie den, dass eine Räuberbande ihre durch Gewaltanwendung erworbenen Güter so verteilen würde, dass es dabei innerhalb der Bande zu einer gravierenden Ungerechtigkeit käme. Dann würden wir nicht die ungerechte Verteilung der Beute, sondern ihren unmoralischen Erwerb zurückweisen. Unsere Intuition davon, was moralisch entscheidend ist, deckt sich offenbar nicht ohne Weiteres mit unserer Intuition in Bezug auf die Forderungen der Gerechtigkeit.[19] Mit einem anderen Beispiel gesprochen:

---

19 Man könnte einwenden, dass sich meine Unterscheidung von Gerechtigkeitsproblemen, die der Kernmoral angehören, und solchen, die von eher peripherer moralischer Bedeutung sind, nicht trennscharf durchführen lässt. Auf welche Seite gehört z. B. der gegenwärtig diskutierte extreme Zuwachs bei Unternehmensgewinnen und Managergehältern im Vergleich zu den allenfalls bescheidenen Steigerungsraten bei Arbeitnehmerlöhnen? Aber Grenzfälle unserer Urteilsfähigkeit sprechen nicht prinzipiell gegen

Nehmen wir an, die sechs Läufer eines 100 m-Laufs würden vorab darüber informiert werden, dass die drei Erstplatzierten ein hohes Preisgeld erhalten, während die drei weniger Erfolgreichen fortan als Galeerensklaven eingesetzt werden. Nehmen wir weiter an, die Gewinnchancen seien in etwa gleichverteilt und es bestünden faire Trainings- und Wettkampfbedingungen. Würden wir dann schließen, dass perfekte Gerechtigkeit in den Ausgangs- und Durchführungsbedingungen die moralische Korrektheit eines Falls garantiert? Zweifellos nein. Manches, was vollkommen gerecht ist, ist zugleich unmoralisch; und nicht alles, was moralisch korrekt ist, hat das Mindeste mit Gerechtigkeit zu tun.

Vor dem Hintergrund der angeführten Beispiele scheint es mir von erheblicher Relevanz herauszufinden, wie man eigentlich zwischen moralisch zentralen und moralisch peripheren Gerechtigkeitsproblemen unterscheiden kann. Wenn es stimmt, dass nicht alle Gerechtigkeitsprobleme zugleich Fragen der Kernmoral sind, dann muss man eine wenigstens ungefähre Demarkationslinie zwischen der einen und der anderen Klasse von Problemen anzugeben versuchen. Wie kann es dazu kommen, dass einander so ähnliche Fälle wie die beiden aus dem Bäckerei-Beispiel so ungleich zu beurteilen sind?

Mir scheint sich hier die These aufzudrängen, dass das moralisch Entscheidende an Fällen von kernmoralischer Ungerechtigkeit gar nicht in jenem Begriffsanteil enthalten ist, der mit unserer Gerechtigkeitsintuition verknüpft ist. Was den Unterschied zwischen Fällen der Kernmoral und solchen von peripherer moralischer Bedeutung ausmacht, ist vielmehr etwas ganz anderes: eine grundlegende Differenz in Bezug auf die Güter, die bei einem aus Ungerechtigkeit (oder aus einem anderen Grund) geschädigten Akteure jeweils im Spiel sind. Es scheint mir nicht schwer, die fraglichen Güter zu benennen, die bei einer ethnischen Diskriminierung bzw. bei einer harmlosen Benachteilung im Spiel sind. Diskriminierung steht für einen Angriff auf die rationale Autonomie einer Person, während eine einfache Benachteiligung diese freie Selbstbestimmung eines Akteurs grundsätzlich unangetastet lässt. Es wirkt auch keineswegs schwierig, verschiedene für die rationale Autonomie konstitutive Inhalte entweder der

---

eine Klassifikation, die in den meisten Fällen eindeutige Zuweisungen gestattet. Ferner könnte man zu bedenken geben, dass es auch nicht-zentrale Schädigungen unserer für die rationale Autonomie konstitutiven Güter gibt, z. B. leichte Körperverletzungen oder ein nicht-gravierender Mundraub. In solchen Fällen müsste man jedoch zusehen, ob nicht doch eine substantielle Schädigung vorliegt, etwa weil auch eine leichte physische Verletzung unser Integritätsgefühl stark in Mitleidenschaft ziehen kann. Schließlich könnte jemand behaupten, meine Attacke gegen den Gerechtigkeitsbegriff ziehe leicht zynische Konsequenzen nach sich, indem man scheinbar jede Ungerechtigkeit rechtfertigen kann, solange sie nur nicht die wichtigsten Grundgüter der sozioökonomisch Schlechtergestellten berührt. Aber das ist natürlich unsinnig; es geht mir nicht darum, die Wichtigkeit von Gerechtigkeitsfragen zu bestreiten, sondern darum, eine falsche moralische Zentralitätsannahme mit Blick auf den Gerechtigkeitsbegriff zurückzuweisen.

einen Seite (der der moralisch zentralen Güter) oder aber der anderen Seite (der der moralisch peripheren Güter) zuzuordnen: Das Überleben, die körperliche Gesundheit und leibliche Integrität einer Person, ihre kulturelle Identität, Familien- und Gruppenzugehörigkeit, ihre psychische, soziale und politische Selbstverfügung, ihr grundlegendes Selbstbild und ihre Kooperationsfähigkeit. Alle diese Güter fallen ungleich stärker ins Gewicht als ihre Freizeitinteressen, ihre Reisewünsche, ihre musikalischen Vorlieben oder Karrierepläne etc. Würde man jemanden mit Blick auf die erste Güterklasse schädigen, so beginge man eine ungleich schwerer wiegende Tat als im Fall einer Schädigung bezüglich der zweiten Klasse. Hier ist eine substantielle Gütervorstellung im Spiel.

Das theoretisch Interessante an diesen Beobachtungen liegt nun darin, dass unser Gerechtigkeitssinn auch dann höchst aktiv sein kann, wenn aus einer moralischen Optik gesehen nichts allzu Gravierendes geschehen ist. Gerechtigkeitsprobleme sind dennoch typischerweise solche, auf die wir mit Empörung reagieren. Doch liegt dies m. E. daran, dass in ihnen unser relativer sozialer Status, unser Sozialprestige und unser Selbstbewusstsein angetastet werden. Der leistungsstarke Unternehmer als Steuerflüchtling, die Fans der benachteiligten Fußballmannschaft sowie Achilleus, der sein Ehrengeschenk abtreten muss, empfinden moralische Entrüstung in einem wesentlich höheren Empörungsgrad, als es dem objektiven Rang jener Schädigung entspricht, durch welche sie ungerechterweise betroffen sind. Um es anders auszudrücken: Geschädigt werden die von moralisch peripherer Ungerechtigkeit betroffenen Personen ausschließlich im *Surplus*-Bereich ihrer Güterausstattung. Dennoch empört sie die mit Gerechtigkeitsfragen typischerweise verknüpfte Zurücksetzung in besonderem Maße. Anhand eines simplen Beispiels veranschaulicht: Wenn anlässlich einer Kindergeburtstagsparty eine ungerechte Kuchenverteilung vorgenommen wird, so dürften die von dieser ‚Schädigung' betroffenen Kinder zutiefst empört sein und sich gekränkt fühlen, obwohl der Mangel an jenem kleinen Kuchenstück, auf das sie aufgrund der inadäquaten Verteilung verzichten müssen, ihnen gar nicht aufgefallen wären, wenn die Backversuche der Mutter von vornherein im häuslichen Mülleimer geendet hätten und deshalb gar kein Kuchen zur Verteilung angestanden hätte.

Was die weit verbreitete falsche Zentralitätsannahme mit Blick auf Gerechtigkeit anlangt, so werden wir möglicherweise von zwei wichtigen Tatbeständen aus der älteren Philosophiegeschichte und der aktuellen Debatte in die Irre geführt: vom Sprachgebrauch der Antike bzw. von der Rawls-Diskussion.[20] Erstens:

---

20 So stellt etwa Tugendhat fest, es existiere „eine erstaunlich weitgehende Kontinuität in der Verwendung des Wortes ‚gerecht' seit den alten Griechen bis heute" 1997a: 60. Auch rekurriert er ausdrücklich zustimmend auf die Gerechtigkeitsformel des Simonides, also auf Platons Idiopragieformel. Demnach besäße jemand auf alles, was ihm moralisch zusteht, einen ‚gerechten' Anspruch. Mir scheint das ein überdehnter Gerechtigkeitsbegriff zu sein, der sich mit unserem modernen Begriffsverständnis nicht zur

In der antiken Theoriegeschichte bildete der Begriff der Gerechtigkeit (*dikaion* und *dikaiosynê* bzw. *iustitia*) und nicht der Begriff des moralisch Guten (*kalon* bzw. *honestum*) den wichtigsten Ausdruck zur Bezeichnung des moralisch Geschuldeten; hinzu kommt, dass auch das politisch Wünschenswerte häufig als ‚das Gerechte' bezeichnet wurde. Und zweitens hat, wie ich bereits erwähnte, in der jüngeren Debatte John Rawls den Begriff mit einiger Vehemenz und Einseitigkeit zum normativen Zentralbegriff der Politischen Philosophie stilisiert. Mir scheint jedoch, dass beide Verwendungskontexte des Ausdrucks, der antike wie der Rawlssche, in einem erheblichen Abweichungsverhältnis zu unserem gewöhnlichen Sprachgebrauch stehen und deshalb mit größter Vorsicht zu behandeln sind.[21]

Als Ergebnis meiner bisherigen Überlegungen halte ich Folgendes fest: Die Millsche Deutungstradition des Gerechtigkeitsbegriffs kann unsere moralische Intuition nicht einfangen. Wir unterscheiden zwischen moralisch zentralen und moralisch peripheren Fällen, und zwar sowohl innerhalb des Felds aller Gerechtigkeitsprobleme als auch außerhalb. Wenn die Mill-Tradition jedoch dazu unfähig ist, dürfte es kaum angemessen sein, dass dem Gerechtigkeitsbegriff eine Schlüsselrolle in der Gesamtheit unserer normativen Ideen zukommt. Und Rawls steht unserem gewöhnlichen Sprachgebrauch vielleicht noch ferner, weil wir Gerechtigkeit im Alltag sicher nicht institutionenethisch fokussieren. Ich vermag nicht zu sehen, inwiefern Gerechtigkeit den Kern unserer moralischen oder politischen Intuitionen ausmachen sollte.[22]

Mein Argument in Bezug auf die Mill-Tradition hat somit die Struktur einer *reductio ad absurdum:* Wäre Gerechtigkeit für die Moral zentral, so müsste sie in allen Fällen eine Rolle spielen, in denen unsere zentralen moralischen Intuitionen

---

Deckung bringen lässt. Man muss sich fragen, ob Tugendhat ernsthaft behaupten könnte, dass alle Fragen der Moral Gerechtigkeitsfragen sind, sofern durch sie ein *allotrion agathon* betroffen ist.

21 Für die wichtigsten Differenzen zwischen dem Rawlsschen Sprachgebrauch und dem in der antiken Philosophie üblichen vgl. Horn 2002: 182–185.

22 Bei Gosepath findet sich eine Verteidigung des Millschen Begriffsverständnis von Gerechtigkeit durch einen Rückgriff auf Platon und Ulpian. Platons Idiopragieformel aus *Politeia* IV und Ulpians Formel vom „festen und dauerhaften Willen, jedem sein Recht zuzuteilen" aus den *Digesten* unterstützen, wie er meint, ein Verständnis, wonach sich Gerechtigkeit auf den Bereich dessen bezieht, was jedem zusteht (2004: 43–48). Doch das stimmt zumindest nicht im Sinne Gosepaths: weder bei Platon noch bei Ulpian sind mit dem Bereich des einem Individuum Zustehenden allein (oder auch nur primär) moralische Rechte gemeint. Der entscheidende Unterschied, den Gosepath aus dem Blick lässt, ist der zwischen dem, was jemandem zusteht, und dem, was jemandem *unbedingt* zusteht. Die Tatsache, dass mir etwas zusteht, kann äußerst verschiedene Hintergründe haben. Was jemandem zusteht oder zukommt, kann eine Trivialität sein; beispielsweise könnte es ungerecht sein, mich als Mitspieler bei einem Brettspiel zu übergehen, weil „es mir zusteht", den nächsten Zug mit der Spielfigur zu machen.

berührt sind. Das ist jedoch nicht der Fall. Moralisch zentrale Probleme sind vielmehr solche, bei denen Güter im Spiel sind, welche eine entscheidende Bedeutung für die rationale Selbstbestimmung von Akteuren besitzen. Einige, aber keineswegs sämtliche dieser Probleme sind zugleich Gerechtigkeitsfragen. Wie groß diese Schnittmenge sein mag, lässt sich schwer angeben; mir scheinen sie zumindest nicht in der Mehrzahl zu sein. Viele Gerechtigkeitsfragen betreffen ausschließlich den *Surplus*-Bereich jener Güter, deren Nichtbesitz jemanden nicht entscheidend schädigt. Mehr noch, es scheint sogar auf substantieller Unmoral basierende Gerechtigkeitsprobleme zu geben, bei denen sich die ungerechte Schädigung eines Akteurs vor einem moralisch fragwürdigen Hintergrund ergibt (Beispiel der Räuberbande) oder bei denen ein Akteur auf unmoralische Weise in seinen Interessen tangiert wird, obwohl gleichzeitig faire Gerechtigkeitsstandards bestehen. Gewöhnlich tendieren wir dazu, Gerechtigkeitsprobleme zu überschätzen, weil sie mit einem heiklen emotionalen Punkt zusammenhängen: mit unserer mehr oder minder prekären Selbstachtung.

4. Relationaler und absoluter Gerechtigkeitsbegriff

Damit komme ich auf die zuvor analysierte semantische Unterscheidung eines relationalen (und tendenziell egalitären) Gerechtigkeitsverständnisses einerseits und einer absoluten, auf Einzelpersonen bezogenen Deutung von Gerechtigkeit andererseits zurück. Wie wir sahen, hat man es bei Gerechtigkeitsproblemen in der Regel entweder mit Fragen der Güterverteilung im interpersonalen Vergleich zu tun oder aber mit etwas, was einem Individuum unabhängig von interpersonalen Vergleichen nach irgendwelchen anderen Wertgesichtspunkten zukommt. In Gerechtigkeitsfragen geht es um das, was jemandem entweder relativ zu anderen Personen zusteht oder zugemutet werden darf, oder aber um das, worauf wir einen wie auch immer legitimierten persönlichen Anspruch haben (bzw. in Bezug worauf uns eine Erfüllungspflicht zukommt). Mit Blick auf diese beiden recht unterschiedlichen Möglichkeiten möchte ich zu der Frage zurückkehren, ob sich die Idee, der Gerechtigkeit komme eine zentrale Rolle im Gesamtfeld unserer moralischen Bewertungen zu, nicht doch noch von einer der zwei Seiten her retten lässt.

Wenden wir uns zunächst nochmals dem relationalen Gerechtigkeitsverständnis zu, in dem es um interpersonale Vergleiche mit Blick auf Güter- und Lastenverteilungen geht. Mein Einwand war folgender: Wird aus moralischer Perspektive über Mord, Köperverletzung, Unterdrückung, Diskriminierung, Ausbeutung usw. diskutiert, dann haben wir es – aus der Perspektive des relationalen Begriffsverständnisses betrachtet – gar nicht mit Gerechtigkeitsfragen zu tun; doch klarerweise handelt es sich um zentrale Moralfragen. Auch wenn wir einem Unfallopfer Erste Hilfe leisten, tun wir dies nicht vor dem Hintergrund einer Gerechtigkeitspflicht; maßgeblich ist hier vielmehr eine Hilfspflicht. Mit

Gerechtigkeitsproblemen meinen wir hingegen z.B. die Allokationsfragen im Gesundheitswesen, die Probleme der Verteilung des ökonomischen Kooperationsertrags in einer Gesellschaft oder die Frage, wem unter Bedingungen extremer Knappheit welche Lasten zuzumuten sein mögen; diese können, müssen aber nicht zentrale Moralfragen sein. Für relationale Gerechtigkeitsprobleme ist es charakteristisch, dass man die Frage aufwirft, ob eine Verteilung hinreichend egalitär, regelkonform und fair ausfällt, ob sie relevante Leistungs- oder Zumutbarkeitsaspekte adäquat spiegelt, ob sie den Bedürfnissen oder der relativen Tragkraft der involvierten Personen entspricht oder ob sie in irgendwelchen anderen interpersonalen Hinsichten angemessen oder unangemessen ist. Als gerecht oder ungerecht bezeichnen wir Äquivalenzrelationen wie das Verhältnis von Leistung und Verdienst, von Schädigung und Kompensation, von Gabe und Gegengabe, von gesundheitlichem Handicap und wohlfahrtsstaatlicher Unterstützung oder von krimineller Tat und Strafe. Kurzum, Gerechtigkeitsfragen dieses Typs betreffen die komparativen Aspekte von Verteilungsszenarien.[23] Stellt man sich als Bezugspunkt etwa eine Räuberbande vor, dann träten in ihr an zwei typischen Stellen Gerechtigkeitsprobleme auf: bei Fragen der Kompetenzzuweisung (oder Rangordnung) und bei Fragen der Beuteverteilung.

Gerechtigkeitstheorien des egalitaristischen Typs werden prominenterweise z.B. von John Rawls, Ronald Dworkin oder Amartya Sen verteidigt, deren Standpunkte nicht im Einzelnen vorgestellt zu werden brauchen. Generelles Anliegen aller Vertreter dieser Richtung scheint es zu sein, gleiche Lebenschancen für alle Bürger eines Gemeinwesens herzustellen. Dabei sind allerdings

---

23   Eine Bemerkung scheint mir hier wichtig zu sein: Der Verteilungsbegriff, der bei dieser Deutung unserer Gerechtigkeitsintuition im Spiel ist, braucht nicht als ein Aktivitätsprädikat verstanden zu werden. ,Verteilung' lässt sich auch als ein Zustandsprädikat auffassen. Es wäre eine unsinnige Verengung, würde man den Verwendungsbereich der Ausdrücke ,gerecht' und ,ungerecht' auf das beschränken, was durch ein Allokationsverfahren oder eine Verteilungsprozedur zustande kommt oder gekommen ist. Vielmehr ist es sinnvoll, alle faktischen und alle möglichen Verteilungsprofile und Distributionszustände als gerecht oder ungerecht zu bezeichnen. Tatsächlich sprechen wir von Ungerechtigkeit ja nicht nur dann, wenn bestimmte Kuchenverteilungen bei Kindergeburtstagen (die von unbedachten Eltern aktiv vorgenommen wurden) schief ausfallen, sondern auch in dem zufällig eingetretenen Fall, dass ein Kind immer die schlechtesten Lose zieht und kein anderes die Gewinne mit ihm tauschen will. Güter- und Lastenverteilungen müssen von niemandem verursacht sein und können gleichwohl unseren Gerechtigkeitssinn zutiefst beschäftigen. Wichtig ist nur, dass wir eine Um- oder Neuverteilung vornehmen *könnten*, indem wir z.B. das benachteiligte Kind begünstigen. Hierin liegt auch der Grund, weshalb das Problem der kosmischen Gerechtigkeit selbst dann noch ein bedeutendes Thema der Gerechtigkeitstheorie bildet (z.B. in der Frage, was aus der Verteilung natürlicher Handicaps oder Begabungen an sozialen Rechten bzw. Pflichten folgen sollte), wenn wir keine verteilende metaphysische Größe im Hintergrund anzunehmen bereit sind.

zwei differenzierende Bemerkungen angebracht. Erstens ist zu beachten, dass ganz unterschiedliche Güter egalitär distribuiert werden können. Tatsächlich gilt es unter Egalitaristen als vollkommen kontrovers, woran man bei jener Gleichverteilung, die dem Egalitarismus seinen Namen gibt, näherhin denken soll: Sind primär Freiheitsrechte gemeint oder soziale Chancen oder Ressourcen oder die individuellen Niveaus von Fähigkeiten oder der ökonomische Nutzen, welcher sich aus der gesellschaftlichen Kooperation ergibt? Kurzum, ungelöst und strittig ist die Frage, in Bezug worauf Gleichheit herrschen soll. Zweitens kann man einen Egalitarismus auf mindestens drei voneinander grundsätzlich abweichende Arten verstehen: [a] als einen Verteilungsegalitarismus, bei dem die aufzuteilenden Güter gleich groß sind (wie die Kuchenstücke beim Kindergeburtstag), [b] als einen Verfahrensegalitarismus, der eine gleichmäßige, nicht-privilegierende Regelanwendung vorsieht (wie bei einem Sportwettkampf, bei welchem auf sämtliche Athleten die gleichen Regeln angewandt werden) oder [c] als einen Ergebnisegalitarismus, bei dem man Güter solange ungleich verteilt oder umverteilt, bis Gleichheit unter ihren Besitzern hergestellt ist (so wie wenn die Kellner eines Lokals ihre Trinkgeldeinnahmen bei Dienstende untereinander ausgleichen). Kurzum, kontrovers ist hier die Frage, an welcher Stelle des gesellschaftlichen Lebens Gerechtigkeit überhaupt ins Spiel kommen soll: bei der Distribution jenes Vorrats an Gütern, die irgendwie allen gehören (oder allen gehören sollten), bei der Definition der Ausgangssituation und der gesellschaftlichen Spielregeln oder mit Blick auf die daraus resultierenden sozialen Stellungen der betroffenen Individuen. Alle diese Perspektiven scheinen irgendwie sinnvoll, aber man gewinnt nicht den Eindruck, es mit dem Zentrum normativer Fragestellungen zu tun zu haben.

Tugendhat und Gosepath gehen deshalb weiter und erheben gerade nicht den Anspruch, Moral sei mit dieser niedrigstufigen Form von Verteilungsgleichheit zu identifizieren; vielmehr beziehen sie die moralisch relevante Egalität auf eine höhere Stufe. Während also die gewöhnlichen Gerechtigkeitskontroversen auf dieser (in Tugendhats Sprachgebrauch ‚ersten') Ebene stattfinden, soll eine zweite, höhere Ebene diejenige sein, die den Egalitarismus der abgeleiteten Standards erst konstituiert. Tugendhat ist davon überzeugt, dass diese zweite Ebene bislang zu wenig beachtet worden sei, wenn er sagt: „Die ganze Diskussion über Gerechtigkeit seit dem Altertum leidet darunter, ich will nicht sagen, dass man die zweite Ebene nicht sah, sondern dass nie jemand allgemein sagte, was es heißt, Aussagen auf dieser zweiten Ebene auszuweisen" (1997: 66). Auf die Diagnose, dass hier eine entscheidende Missachtung vorliege, stützt sich denn auch Tugendhats Vorwurf an Rawls, dessen Thematisierung von Gerechtigkeit berufe sich zu Unrecht auf Intuitionen, wodurch einfach die Unbegründbarkeit der vertretenen Positionen behauptet werde. Nach Tugendhat zeigt sich der grundlegende Vorrang des in einer Metaebene verwurzelten Egalitarismus in unserer Möglichkeit, miteinander kontrovers über Gerechtigkeitsfragen zu diskutieren: „Wenn wir nichts mit einem neutralen Sinn von Gerechtigkeit anfangen

143

könnten, wäre es überhaupt nicht möglich, sich darüber zu streiten, was nun gerecht ist" (1997: 67). Tugendhat bezeichnet das Primärphänomen mit dem Terminus der 'Konfiguration': gemeint ist die Verteilung von grundlegenden Rechten und Pflichten in einer Gemeinschaft. Egalitarismus auf diesem Niveau soll maßgeblich für unsere Präsumtion der Gleichheit sein, also für unsere Unterstellung, dass es stets Ungleichheit sei, für die eine eigene Begründung gegeben werden müsse, andernfalls sei stets Gleichheit anzunehmen. Den Egalitarismus im gewöhnlichen Sinn einer sozioökonomischen Gleichverteilung materieller Güter siedelt Tugendhat dagegen auf der zweiten Stufe an, der der konkreten Gerechtigkeitskontroversen. Diese ersten beiden Aspekte des Gerechtigkeitsthemas nimmt er zu einer einzigen Ebene distributiver Gerechtigkeit zusammen. Ein daran anschließendes zweites Themenfeld von Gerechtigkeitsfragen befasst sich dann mit zivilrechtlichen Aspekten von Gerechtigkeit; und eine dritte Ebene ist schließlich den Fragen der strafrechtlichen Gerechtigkeit gewidmet. Entscheidend für das theoretische Anliegen Tugendhats ist aber die erste Ebene, besonders deren als Konfiguration bezeichneter Primäraspekt.

Aber lässt sich Moral im Sinn eines solchen höherstufigen Egalitarismus begreifen? Ich denke nicht. Güter wie beispielsweise körperliche und psychische Unversehrtheit oder politische Freiheit sind keineswegs deswegen grundlegend für unsere moralische Intuition, weil sie für alle Individuen *gleichermaßen bedeutend* wären. Vielmehr sind sie für rationale Akteure des uns bekannten Typs – nämlich Menschen – zentral, weil wir Wesen sind, die zur Wahrnehmung ihrer rationalen Autonomie diese und viele andere Güter benötigen. Dass wir in dieser Hinsicht gleich sind, ist ein kontingentes Faktum, das mit einer – unterstellten oder tatsächlichen – anthropologischen Invarianz der freiheitsrelevanten Eigenschaften zusammenhängt. Wären rationale Lebewesen substantiell ungleich (man denke an *science fiction*-Beispiele wie gentechnische Veränderungen oder an eine extraterrestrische rationale Spezies), dann müsste man deren Güterkatalog entsprechend modifizieren und sie als Ungleiche mit dem für sie jeweils Wesentlichen ausstatten. Mein Einwand ist somit, dass Moral nur insofern eine egalitäre Dimension aufweist, als sich rationale Akteure in dem, was ihre Handlungsfähigkeit grundlegend ermöglicht, nicht wesentlich voneinander unterscheiden – was jedoch unerheblich ist.

Auch wenn man diesen Punkt etwas anders wendet, nämlich so, dass Gleichheit als ein Teil der Rechtfertigungsbedingungen erscheint, liegt Tugendhat m. E. nicht richtig. Tugendhat meint, dass Gerechtigkeit verstanden als Gleichheit deswegen zentral für die Moralbegründung sei, weil Gleichheit unmittelbar impliziert sei im Sinn dessen, was es heiße, eine moralische Norm zu begründen (1997a: 17 und 58 ff.). Gleichheit wird somit als notwendige Eigenschaft eines legitimen Begründungsdiskurses verstanden, in welchem es um normative Moralfragen geht. Die moralische Relevanz von Begründungsansprüchen anhand der Frage zu überprüfen, ob die betreffenden Normen vor dem Forum aller anderen Personen Bestand haben könnten, mag oberflächlich einleuchtend sein. Aber ein

144

solches Testverfahren führt keineswegs aus den richtigen Gründen zur Aufdeckung moralisch korrekter Normen (falls es dies überhaupt tut). Wenn ich mit der oben angedeuteten freiheitsbasierten Güterkonzeption recht habe, könnten in einem gegebenen Fall alle Personen zustimmen und dennoch ergäbe sich die Richtigkeit der zu prüfenden Norm nicht aus dieser Zustimmung. Denken wir uns hingegen wiederum substantiell differente Vernunftwesen, dann wäre ein egalitäres Begründungsverfahren erneut als unnütz erwiesen.

Damit komme ich zum absoluten Gerechtigkeitsverständnis. Gelingt es diesem, die moralische Zentralität des Gerechtigkeitsbegriffs zu retten? Im deutschen Sprachraum wurde diese Deutung von Gerechtigkeit in den letzten Jahren besonders von Angelika Krebs verteidigt. Nach Krebs setzen wir unseren Gerechtigkeitsbegriff in solchen Kontexten ein, in denen wir glauben, dass einzelnen Personen etwas absolut betrachtet zusteht. Ich denke, man sollte zugestehen, dass diese zweite Verwendung wenig mit einer relationalen Auffassung von Gerechtigkeit zu tun hat, wie sie für das erste Verständnis maßgeblich war. Ob nämlich das, was jemandem zuteil werden sollte, niemandem sonst zusteht oder auch einigen anderen oder allen anderen gebührt, kann völlig unentschieden bleiben. Es ist leicht einzusehen, dass etwas, worauf jemand einen Anspruch hat, keineswegs zugleich dasjenige sein muss, was das Gleichheitsprinzip oder eine andere kollektive Verteilungsregel vorsieht. Vielmehr weisen manche Ansprüche einer Person einen individuellen Charakter auf, sofern nämlich je eigene Bedürfnisse, Rechte, Privilegien, Leistungen, Verdienste oder Begabungen im Spiel sind.

Krebs führt in der Einleitung zu ihrem Sammelband *Gleichheit oder Gerechtigkeit?* (2002) Egalitarismuskritiker wie Harry Frankfurt, Avishai Margalit oder Michael Walzer an und beruft sich auf deren Überzeugung, wonach die Herstellung von Gleichheit weder ein geeignetes Maß noch ein angemessenes Motiv für Gerechtigkeit ist. Wenn z. B. alle Gesellschaftsmitglieder unter der Tyrannei eines Diktators litten, sei deren relative Gleichheit *in puncto* Unterdrückung irrelevant. Leide jemand unter persönlicher Unterdrückung, so sei die Absicht, ihn mit den nicht-unterdrückten Bürgern gleichzustellen, moralisch gesehen das falsche Handlungsmotiv. Man kann diesen Punkt als das ‚Argument aus der normativen Irrelevanz von Gleichheit' bezeichnen. Charakteristisch für einen Inegalitarismus ist ferner der Hinweis, dass Ungleichheit allenfalls eine oberflächliche Beschreibungskategorie für soziale Probleme darstellt. Sind beispielsweise ganze soziale Gruppen (etwa Frauen, ethnische Minderheiten oder religiöse Bevölkerungsgruppen) von Gerechtigkeitsproblemen betroffen, so sei mit der Analysekategorie einer fehlenden Gleichheit wenig gewonnen; gefordert seien Begriffe wie Ausbeutung, Marginalisierung, Machtlosigkeit, Kulturimperialismus oder Gewalt. Dieser Punkt mag als ‚Argument aus der deskriptiven Unzulänglichkeit von Gleichheit' bezeichnet sein. Ein weiterer typisch inegalitaristischer Einwand besteht in dem Hinweis, dass Gerechtigkeitsprobleme in so unterschiedlichen sozialen Kontexten auftreten können, dass vereinheitlichende Theorien unterkomplex blieben oder illusionär seien. Man kann hier von einem ‚Argument aus dem Kontextualismus' sprechen, weil verlangt wird, Gerechtigkeit im Licht eines Kontextprinzips zu verstehen. Nicht-komparative, egalitarismuskritische Positionen sind jüngeren Datums; sie existieren seit den 80er oder 90er Jahren.

Die Relevanz dieser Bedenken sei ausdrücklich zugestanden. Ich denke, sie lassen sich meiner Kritik am Standpunkt von Tugendhat und Gosepath unterstützend zur Seite stellen. Aber gelingt es Krebs oder anderen Verteidigern des absoluten Gerechtigkeitsbegriffs, den Ausdruck Gerechtigkeit selbst gegen die oben genannten semantischen Bedenken zu schützen? Ich denke nein. Vielmehr ist es verblüffend zu sehen, dass sich auch Krebs' Begriffsverständnis eindeutig der Millschen Tradition zuordnen lässt (2002: 19):

„Relationale Standards zielen auf Gleichheit. Sie funktionieren wie eine Balkenwaage, die nur messen soll, ob die betrachteten Objekte gleich schwer sind, aber nicht, ob jedes Objekt einen bestimmten Messwert, ein Kilogramm zum Beispiel, erreicht. Indem der Egalitarismus Gerechtigkeit wesentlich relational, als Gleichheit in unverdienten Lebensaussichten, begreift, verfehlt er die Natur elementarer Gerechtigkeitsansprüche. Menschenwürde ist ein absoluter Begriff."

In gewisser Weise kann man die grundlegende Demarkationslinie der aktuellen Gerechtigkeitsdebatte zwischen diesen beiden Lagern ansetzen, also zwischen den Egalitaristen und den Inegalitaristen. Auch wenn an der Krebsschen Argumentation vieles richtig sein mag, halte ich es aus denselben Gründen, die ich bereits gegen den Sprachgebrauch Mills und seiner egalitaristischen Nachfolger gerichtet habe, für falsch, Platons Idiopragieformel für dasjenige zu erklären, was wir unter Gegenwartsbedingungen als Gerechtigkeit ansehen würden. Die Verteidiger des absoluten Gerechtigkeitsbegriffs gehen von derselben übertriebenen semantischen Deutung aus wie die Verteidiger eines relationalen Verständnisses. Immerhin scheint es mir gegen die Egalitaristen richtig zu sagen, dass man unseren normativen Intuitionen nur gerecht werden kann, wenn man ein ein absolutes, anspruchsbasiertes Moralprinzip einbezieht. Ein wichtiges Argument hierfür ergibt sich aus dem Asymmetrieproblem: Kleinkinder, Todkranke, Behinderte, Komatöse und viele andere Personengruppen haben moralische Ansprüche, die sich nicht aus ihrer ursprünglichen Gleichheit ergeben (man wüsste vielmehr gar nicht, was dies in ihrem Fall heißen sollte). Moralische Ansprüche können mithin ebenso personenrelativ sein, wie sie einer Egalitätsvorstellung entspringen können. Man muss, um solche Ansprüche angemessen zu interpretieren, eine Theorie freiheitsfunktionaler Grundgüter entwickeln. Dass man unter Gerechtigkeit unmöglich allein dasjenige verstehen kann, was die individuellen moralischen Ansprüche so-und-so verfasster Individuen konstituiert, darin scheint mir wiederum ein Wahrheitsmoment der egalitaristischen Position zu sein. Gerechtigkeit sollte also sowohl als interpersonale wie als individuenrelative Angemessenheit aufgefasst werden, auch wenn es falsch wäre, sie deswegen für moralisch zentral zu erklären.[24]

Prof. Dr. Christoph Horn, Universität Bonn,
Institut für Philosophie, Am Hof 1, D-53113 Bonn,
christoph.horn@uni-bonn.de

Literatur

Assmann, J. 1990. *Ma'at. Gerechtigkeit und Unsterblichkeit im Alten Ägypten*, München.

Forst, R. 2007. *Das Recht auf Rechtfertigung. Elemente einer konstruktivistischen Theorie der Gerechtigkeit*, Frankfurt a.M.

Gosepath, S. 2004. *Gleiche Gerechtigkeit. Grundlagen eines liberalen Egalitarismus*, Frankfurt a.M.

Höffe, O. 1987. *Politische Gerechtigkeit. Grundlegung einer kritischen Philosophie von Recht und Staat*, Frankfurt a.M.

Höffe, O. 2001. *Gerechtigkeit – eine philosophische Einführung*, München.

Horn, Ch. 2002. Politische Gerechtigkeit bei Cicero und Augustinus, in: *Internationale Zeitschrift für Philosophie* 2/2002, 181–204.

Horn, Ch./Scarano, N. (Hgg.). *Philosophie der Gerechtigkeit. Texte von der Antike bis zur Gegenwart*, Frankfurt a.M. 2002.

Koller, P. 2001. Zur Semantik der Gerechtigkeit, in: ders. (Hg.), *Gerechtigkeit im politischen Diskurs der Gegenwart*, Wien: 19–46.

Koller, P. 2005. Soziale und globale Gerechtigkeit, in: O. Neumaier/C. Sedmak/M. Zichy (Hgg.), *Gerechtigkeit. Auf der Suche nach einem Gleichgewicht*, Frankfurt/Lancaster: 89–120.

Krebs, A. (Hg.) 2002. *Gleichheit oder Gerechtigkeit. Texte der neuen Egalitarismuskritik*, Frankfurt a.M.

Pogge, Th. 2002. *World Poverty and Human Rights*, Cambridge.

Riley, J. C. 2005. *Povertà and Life Expectancy*. The Jamaica Paradox, Bloomington, Indiana.

Rinderle, P. 2006. John Stuart Mills Theorie der Gerechtigkeit, in: M. Aßländer/P. Ulrich (Hgg.), *John Stuart Mill – der vergessene politische Ökonom und Philosoph, Bern*, 79–123.

Tugendhat, E. 1984. Bemerkungen zu einigen methodischen Aspekten von Rawls' *Eine Theorie der Gerechtigkeit*, in: ders., *Probleme der Ethik*, Stuttgart: 10–32.

– 1993. Vorlesungen über Ethik, Frankfurt a.M.

– 1997a. Dialog in Leticia, Frankfurt a.M.

– 1997b. Gleichheit und Universalität in der Moral, in: Willaschek, M. (Hg.) 1997. Ernst Tugendhat: *Moralbegründung und Gerechtigkeit*. Vortrag und Kolloquium in Münster 1997, Münster: 3–25.

---

24 Für zahlreiche kritische und konstruktive Kommentare zu meinem Text möchte ich Guido Löhrer (Erfurt) herzlich danken.

Was soll ich spenden?
Peter Singer fordert mehr private Hilfsleistung für die Dritte Welt

Christoph Schamberger

Rezension zu Peter Singer: *Leben retten. Wie sich die Armut abschaffen lässt – und warum wir es nicht tun*, 269 S., Zürich/Hamburg: Arche 2010.

In Deutschland ist Peter Singer in erster Linie für seine provokanten Thesen zur Freigabe der Euthanasie bekannt, die bei Behindertenverbänden großen Widerstand hervorrufen. In zweiter Linie kennt man ihn als Vordenker der modernen Tierrechts-Ethik, als der er überwiegend Zustimmung findet. Dass Singer seit fast 40 Jahren unermüdlich zu mehr privater Hilfsleistung für die Dritte Welt aufruft, wird hierzulande wenig beachtet. Sein jüngstes Buch *The Life You Can Save*, von Olaf Kanter vorzüglich ins Deutsche übertragen, könnte den Fokus der Aufmerksamkeit verschieben.

Die ethische Argumentation der ersten beiden Kapitel folgt weitgehend dem Abschnitt „Rich and Poor" aus Singers Hauptwerk *Practical Ethics*.[1] Dessen Grundideen gehen wiederum auf den Aufsatz „Famine, Affluence, and Morality"[2] zurück, über den Thomas Nagel schreibt: „[It] has probably been read by more students of moral philosophy than any other text, ancient oder modern."[3] Ausgangspunkt ist ein Gedankenexperiment: Stellen Sie sich vor, Sie bemerken ein Kleinkind, das in einem seichten Teich zu ertrinken droht. Solange niemand anderer zu Hilfe kommt, würden Sie sich selbstverständlich dazu verpflichtet fühlen, das Kind zu retten, auch wenn Sie dadurch Ihre Schuhe und Kleider ruinieren. Warum? Schuhe und Kleider sind weit weniger wert als das Leben eines Kindes.

Das erfundene Beispiel vergleicht Singer mit der realen Situation von Kindern der Dritten Welt, die wegen Nahrungsmangel oder schlechter medizinischer Versorgung vom Tod bedroht sind; tatsächlich sterben deshalb nach Schätzung der UNICEF jeden Tag mehr als 25.000 Kinder. Konsequenterweise müssten wir uns auch dazu verpflichtet fühlen, so viele Menschen wie möglich vor extremer

---

1   Cambridge 1979, zweite Auflage 1993, dritte Auflage 2011. Deutsche Übersetzung der zweiten Auflage: *Praktische Ethik*, Stuttgart 1994.

2   *Philosophy and Public Affairs* 1972, 1: 229–243.

3   „What Peter Singer Wants of You", in: *The New York Review of Books*, 25.03.2010.

Armut und Hungertod zu retten, indem wir auf alles verzichten, was wir nicht unbedingt benötigen, und das ersparte Geld einer Hilfsorganisation spenden.

Die Analogie zwischen dem Kind im Teich und den Kindern der Dritten Welt ist umstritten. Ein Unterschied sticht ins Auge: In Falle des ertrinkenden Kindes sind Sie der Einzige, der das Leben retten kann; und es ist wahrscheinlich einfach, das Kind aus dem Wasser zu ziehen. Deshalb haben Sie hier eine unbedingte Hilfspflicht. Den Kindern der Dritten Welt können Sie nicht direkt helfen – das können nur die Entwicklungshelfer vor Ort. Zudem können politische Akteure und reiche Wohltäter weitaus mehr als Sie ausrichten. Daraus schließen einige Kritiker Singers, jeder wohlhabende Bürger habe bloß eine geteilte Verantwortung bzw. eine beschränkte Pflicht, für die Armutsbekämpfung einen gerechten Beitrag zu leisten. Zwar spenden die meisten Wohlhabenden nichts oder nur wenig, doch es wäre ungerecht, von jemandem zu verlangen, so viel Geld wie möglich zu spenden, um die Versäumnisse der anderen auszugleichen.

Singer hat selbst erkannt, dass Gedankenexperimente und Analogien bestenfalls die einschlägigen Intuitionen aufzeigen. Die aber variieren und unterliegen kulturellen Schwankungen. Deshalb begründet Singer ausführlicher als bisher die ethischen Prinzipien, die unserem Impuls zum Helfen zugrundeliegen:

(1) „Wenn es in unserer Macht steht, etwas Schlimmes (*something bad*) zu verhindern, ohne ein annähernd so bedeutendes Opfer bringen zu müssen, dann ist es verwerflich (*wrong*), dies nicht zu tun." (S. 30)

(2) Die zweite Prämisse ist kaum zu bestreiten: Leid und Tod wegen mangelnder Nahrung, Unterkunft und medizinischer Versorgung ist schlimm – betroffen sind v. a. über 1,4 Milliarden Menschen, die in extremer Armut leben und pro Tag nicht einmal über 1,25 US-Dollar verfügen.

(3) Singer ist aber überzeugt, dass jeder von uns dagegen etwas unternehmen könne: Durch Spenden an Hilfsorganisationen steht es in unserer Macht, Leid und Tod wegen mangelnder Nahrung, Unterkunft und medizinischer Versorgung zu verhindern, ohne ein annähernd so bedeutendes Opfer bringen zu müssen.

(4) Daraus schließt Singer: „Wer kein Geld für Hilfsorganisationen spendet, handelt falsch." (Ebd.)

Die Schlussfolgerung ist nicht ganz korrekt, was ein so klar strukturierter Denker wie Singer natürlich weiß. Offensichtlich will er die Leser nicht schon am Anfang des Buchs mit massiven Forderungen abschrecken. Erst später verdeutlicht er die weitreichende Konsequenz der drei Prämissen: Es ist verwerflich, Leid und Tod wegen mangelnder Nahrung, Unterkunft und medizinischer Versorgung nicht zu verhindern.

Wer dies ernst nimmt, müsste sein Leben grundlegend ändern und die eigenen Ausgaben so weit wie möglich einschränken, um das Ersparte den Ärmsten der Armen zukommen zu lassen. (Eine weitere Konsequenz übergeht Singer: Ingenieure und Ärzte wären verpflichtet, sich erforderlichenfalls als Entwicklungshelfer zu engagieren.)

Das dritte Kapitel weist einige der üblichen Einwände gegen Singers Argument zurück. Viele halten die Hilfe für die Dritte Welt primär für eine politische oder staatliche Aufgabe: Die Bundesregierung leiste bereits Entwicklungshilfe, und es wäre an der Politik, die strukturellen Ursachen der Armut zu bekämpfen. Doch es kann noch lange dauern, bis die Ordnung des Welthandels wesentlich gerechter gestaltet wird. Auf die staatliche Entwicklungszusammenarbeit sollte man nicht zu viel Hoffnung setzen, denn sie reicht bei weitem nicht dazu aus, das Leid der Dritten Welt zu beseitigen. Zuletzt beliefen sich deren Ausgaben nur auf 0,4 Prozent des Bruttoinlandsprodukts. Damit unterschreitet Deutschland deutlich die UNO-Zielmarke von 0,7 Prozent und erreicht nicht einmal die Hälfte dessen, was Schweden, Dänemark oder die Niederlande geben. Zudem wird die staatliche Entwicklungshilfe von politischen und wirtschaftlichen Interessen bestimmt, sodass die am wenigsten entwickelten Staaten verhältnismäßig wenig erhalten. „Die politischen und bürokratischen Zwänge, denen die Entwicklungshilfe staatlicher Institutionen unterliegt, sind doch nur ein [weiterer Grund] dafür, wie wichtig es ist, für effektive Projekte von Nichtregierungsorganisationen zu spenden." (S. 148)

Das vierte und fünfte Kapitel erklärt, warum die Spendenbereitschaft weit unter dem ethisch gebotenen Maß liegt: Einerseits sind es psychologische Hürden, die von größeren Spenden abhalten, andererseits glauben die Menschen oft, Spenden seien wirkungslos – bloß ein Tropfen auf dem heißen Stein. Die Kapitel sechs und sieben sollen diese Befürchtungen ausräumen und damit Prämisse (3) empirisch belegen. Die Aktivitäten der Hilfsorganisationen und der staatlichen Entwicklungshilfe nimmt Singer durchaus kritisch unter die Lupe, und er verschweigt nicht, dass einige Einrichtungen Spendengelder verschwenden oder die Lage der Betroffenen langfristig sogar verschlechtern. Doch es finden sich auch Nichtregierungsorganisationen, die das Geld äußerst effizient einsetzen und im Kampf gegen tödliche Krankheiten und Unterernährung Erfolge erzielen – oft mit erstaunlich geringem finanziellen Aufwand.

Anschaulich beschreibt Singer die Arbeit von Oxfam, UNICEF und mehreren US-amerikanischen Hilfsorganisationen. Bei vielen tödlichen Krankheiten, so seine minutiöse Berechnung, koste die Vorbeugung oder Behandlung einschließlich anteiliger Verwaltungs- und Infrastruktur-Kosten nur 150 bis 200 Euro je Person. Hätten die Organisationen mehr Geld zur Verfügung, könnten sie noch mehr Menschen erreichen. Insofern stehe es in unserer Macht, durch Spenden Leid und Tod zu verhindern – spenden wir 1000 Euro, retten wir vielleicht fünf bis sechs Menschenleben.

Die philosophische Kontroverse kreist um Prämisse (1), derzufolge es verwerflich sei, etwas Schlimmes zuzulassen, solange dessen Beseitigung nicht annähernd gleich schlimm wäre. Diesem Prinzip liegt die (präferenz-) utilitaristische Überzeugung zugrunde, dass die Interessen jeder Person in gleichem Maße zählen. Für uns Bewohner privilegierter Weltregionen bedeutet das: Die Bedürfnisse der Armen müssen wir so weit durch Spenden oder andere Hilfsleistungen befriedigen, „bis jede weitere Gabe ein Opfer wäre, das annähernd so schwer wiegt wie die Not, die unsere Hilfe lindern soll." (S. 185) Was aber wiegt schon so schwer wie der Wunsch nach ausreichender Ernährung oder das Lebensinteresse, das durch extreme Armut akut bedroht wird? Sicherlich wäre es für uns weniger schlimm, auf Dinge zu verzichten, die wir fürs Überleben nicht wirklich benötigen: großzügige Wohnräume, Reisen, Fernseher, Autos, Alkohol, Zigaretten, Restaurant-, Kino-, Konzertbesuche usw. Folglich müssten wir darauf verzichten und solange spenden, bis wir selbst in ähnlichen Verhältnissen wie die Ärmsten leben.

Singer ist sich dessen bewusst, dass philosophische Argumente keinen derartig radikalen Lebenswandel bewirken können. Kaum jemand vermag diesen moralischen Standard einzuhalten – nicht einmal Singer selbst, der immerhin ein Viertel seines Professorengehalts spendet. Das aber wirft die Frage auf: Ist seine Forderung nicht zu anspruchsvoll? Handeln wir wirklich alle ethisch falsch, wenn wir uns gewisse Annehmlichkeiten leisten? Die Antwort auf diese Frage hängt davon ab, ob wir die von Prämisse (1) geforderte Unparteilichkeit akzeptieren. Müssen wir jeder Person und ihren Interessen das gleiche Gewicht zumessen? Dem widersprechen Kritiker des Utilitarismus, die das eigene Wohlergehen und die Selbstbestimmung hervorheben. Zwischen Unparteilichkeit und eigenen Interessen gelte es, einen Ausgleich zu finden.[4] Denn in den Momenten, in denen wir eine schöne Wohnung oder ein Haus, Reisen und Restaurantbesuche genießen, hat das Leben einen Sinn.

Ein ethischer Standard, an den sich kaum einer hält, nützt nichts, schlimmer noch, er könnte die Menschen sogar vom Spenden abhalten. Als Utilitarist strebt Singer jedoch eine Spendenformel an, „mit der wir den höchsten Gesamtbetrag erzielen können – und damit den größten Nutzen." (S. 200) Deshalb entwickelt er am Ende des Buchs, im zehnten Kapitel, einen „realistischen Ansatz", in dem er die moralischen Grundsätze auf die menschliche Natur abstimmt, insbesondere auf unsere Neigung, die eigenen Interessen und die der Bekannten höher zu gewichten als die der Fremden. Den Gutverdienern, die jährlich über 105.000 US-Dollar verdienen, empfiehlt er, mindestens fünf Prozent ihres Einkommens zu spenden. Wer deutlich mehr verdient, sollte der Gerechtigkeit halber wie in einem progressiven Steuertarif mehr geben; wer weniger verdient, je nach frei verfügbarem Einkommen zwischen einem und fünf Prozent.

Würden sich auch nur die US-Amerikaner an diesen Standard halten, ließe sich die extreme Armut weltweit abschaffen. Natürlich ist nicht zu erwarten, dass alle Wohlhabenden spenden; viele lehnen dies aus Prinzip ab, andere haben sich darüber einfach noch keine Gedanken gemacht oder wissen nicht, wie viel ihre

---

4 Vgl. Thomas Nagel: „What Peter Singer Wants of You", in: *The New York Review of Books*, 25.03.2010.

Spende bewirken würde. Um mehr Menschen zum Spenden zu bewegen, empfiehlt Singer, möglichst vielen Leuten zu erzählen, wie viel man selbst spende – getreu dem Motto: „Tue Gutes und rede darüber". Das erhöht sozialpsychologischen Studien zufolge die Spendenbereitschaft. Auf der Homepage zum Buch *www.TheLifeYouCanSave.com* haben bisher über 16.000 Menschen öffentlich versprochen, den von Singer vorgeschlagenen Spendenstandard einzuhalten.

Singers Buch ist trotz seines nüchternen Tons ein Manifest für eine neue Kultur des Spendens, von der wir freilich in Deutschland weiter entfernt sind als in den USA. Die freigebigen Leser dürfen sich ermutigt fühlen, mit Ihrer Spende Teil einer großen Bewegung zu sein, welche die Weltarmut abschafft. Im letzten Abschnitt unter dem Titel „Der größte Motivationsschub" heißt es: „Es ist gar nicht mal unwahrscheinlich, dass Sie sogar glücklicher sind als zuvor. Sie sind jetzt Teil des weltumspannenden Projekts, den Ärmsten der Armen zu helfen, und das wird Ihrem Leben Sinn und Erfüllung geben." (S. 223)

Das klingt fast zu schön, um wahr zu sein. Soviel Gutes private Spenden auch bewirken mögen, abschaffen können sie die extreme Armut nicht. Seit Erscheinen des Buchs stieg sie sogar stark an. Nach Schätzungen der Weltbank gerieten infolge der Wirtschaftskrise und der zunehmenden Spekulation mit Nahrungsmitteln weitere 50 Millionen Menschen in extreme Armut. Dieser Tatbestand spricht nicht gegen das Spenden, wohl aber gegen die Annahme, das Armutsproblem ließe sich allein durch ein großes Spendenprojekt lösen. Dafür wäre es unerlässlich, die Ordnung des Welthandels zu verändern. Singer klammert politische Fragen aus, weil er sich dem eigenen Anspruch nach auf die Frage beschränkt, was jeder Einzelne gegen das Elend der Dritten Welt tun kann. Gegen diese individualethische Perspektive ist nichts einzuwenden; sie rechtfertigt es jedoch nicht, politische Fragen komplett zu ignorieren: Eine Demokratie bietet jedem Bürger verschiedenste Gelegenheiten, auf die Weltwirtschaft Einfluss zu nehmen – beim Kauf von Importprodukten und Investmentfonds ebenso wie bei der Wahl der Volksvertreter. Dass Singer sich hierzu nicht ausspricht, ist der einzige Mangel seines brillanten Buchs.

Auswahlbibliographie zum Thema Würde

(Monographien und Sammelbände, Stand: Januar 2014)[1]

1. Allgemeine Darstellungen und Einführungen

Balzer, Philipp / Rippe, Klaus Peter / Schaber, Peter 1999. Menschenwürde vs. Würde der Kreatur. Begriffsbestimmung, Gentechnik, Ethikkommissionen. Freiburg: Alber.

Baumann, Eva 2001. Die Vereinnahmung des Individuums im Universalismus. Vorstellungen von Allgemeinheit illustriert am Begriff der Menschenwürde und an Regelungen zur Abtreibung. Münster u. a.: Lit.

Bayertz, Kurt 1996. Sanctity of life and human dignity. Dordrecht, Boston: Kluwer Academic.

Benda, Ernst 1975. Gefährdungen der Menschenwürde. Opladen: Westdeutscher Verlag.

Bielefeldt, Heiner 2011. Auslaufmodell Menschenwürde? Warum sie in Frage steht und warum wir sie verteidigen müssen. Freiburg: Herder.

Bieri, Peter 2013. Eine Art zu leben. Zur Vielfalt der menschlichen Würde. München, Wien: Hanser.

Böckenförde, Ernst-Wolfgang / Spaemann, Robert 1987. Menschenrechte und Menschenwürde. Historische Voraussetzungen – säkulare Gestalt – christliches Verständnis. Stuttgart: Klett-Cotta.

Böhr, Christoph / Schweidler, Walter (Hg.) 2012. Über Menschenwürde: Der Ursprung der Person und die Kultur des Lebens (Das Bild vom Menschen und die Ordnung der Gesellschaft). VS Verlag für Sozialwissenschaften.

Böttigheimer, Christoph / Fischer, Norbert / Gerwing, Manfred 2009. Sein und Sollen des Menschen. Zum göttlich-freien Konzept vom Menschen. Münster: Aschendorff.

Brose, Thomas / Lutz-Bachmann, Matthias 1994. Umstrittene Menschenwürde. Beiträge zur ethischen Debatte der Gegenwart. Hildesheim: Morus.

Brücher, Gertrud 2004. Menschenmaterial. Zur Neubegründung von Menschenwürde aus systemtheoretischer Perspektive. Opladen: B. Budrich.

Brudermüller, Gerd 2008. Menschenwürde. Begründung, Konturen, Geschichte. Würzburg: Königshausen & Neumann.

Brugger, Winfried 1997. Menschenwürde, Menschenrechte, Grundrechte. (Vortrag, gehalten am 18. Juli 1996.) Baden-Baden: Nomos-Verl.-Ges.

---

1 Diese Auswahlbibliographie ist nach Sachgebieten gegliedert. Einige Titel sind deshalb mehrfach genannt. Vollständigkeit wird nicht beansprucht. Für tatkräftige Hilfe bei der Literaturrecherche danken wir Herrn Jonas Dessouky, Münster.

Cattaneo, Mario A. 1999. Naturrechtslehre als Idee der Menschenwürde. Stuttgart: Steiner.

Christman, John 2009. The Politics of Persons. Cambridge: Cambridge University Press.

Collste, Göran 2002. Is human life special? Religious and philosophical perspectives on the principle of human dignity. Frankfurt am Main u.a.: P. Lang.

Dabrock, Peter (Hg.) 2010. Gattung Mensch. Interdisziplinäre Perspektiven. Tübingen: Mohr Siebeck.

Della Pico Mirandola, Giovanni / Gönna, Gerd von der 1997. Oratio de hominis dignitate. Rede über die Würde des Menschen. Lateinisch / Deutsch. Stuttgart: Reclam.

Dierken, Jörg / Scheliha, Arnulf von 2005. Freiheit und Menschenwürde. Tübingen: Mohr Siebeck.

Dillon, Robin S. (Hg.) 1995. Dignity, Character, and Self-Respect. New York, London: Routledge.

Elsner, Norbert 2003. Was ist der Mensch? Göttingen: Wallstein-Verl.

Eltzner, Erich 2002. Lebenswert und Menschenwürde. Bad Oeynhausen: Kirchenkreis Vlotho.

Fasselt, Gerd / Hampel, Klaus 2004. Menschenwürde am Ende des Lebens. Dokumentation einer Kooperationstagung der Akademie Franz-Hitze-Haus mit der Katholischen Universitätsklinikenseelsorge Münster am 8. November 2003 in der Akademie Franz-Hitze-Haus. Münster: Dialogverl.

Fischer, Michael 2004. Der Begriff der Menschenwürde. Definition, Belastbarkeit und Grenzen, Symposion „Der Begriff der Menschenwürde" … am 26/27. Mai 2003 im Bildungshaus St. Virgil. Frankfurt am Main u.a.: P. Lang.

Grasmück, Ernst Ludwig / Bucher, Rainer / Fuchs, Ottmar / Kügler, Joachim 1998. In Würde leben. Interdisziplinäre Studien zu Ehren von Ernst Ludwig Grasmück. Luzern: Edition Exodus.

Grimm, Christian 1982. Allgemeine Wehrpflicht und Menschenwürde. Berlin: Duncker & Humblot.

Gröschner, Rolf / Lembcke, Oliver W. (Hg.) 2009. Das Dogma der Unantastbarkeit. Eine Auseinandersetzung mit dem Absolutheitsanspruch der Würde. Tübingen: Mohr Siebeck.

Gröschner, Rolf / Kapust, Antje / Lembcke, Oliver W. (Hg.) 2013. Wörterbuch der Würde. Stuttgart: W. Fink.

Groschopp, Horst (Hg.) 2008. Humanismus und „Böckenförde-Diktum". Berlin: Humanistische Akad.

Gross, Walter 2000. Menschenwürde. Neukirchen-Vluyn: Neukirchener Verlag.

Habermas, Jürgen 1992. Faktizität und Geltung. Beiträge zur Diskurstheorie des Rechts und des demokratischen Rechtsstaats, Frankfurt a.M.: Suhrkamp.

Härle, Wilfried / Preul, Reiner 2005. Menschenwürde. Marburg: N.G. Elwert.

Härle, Wilfried / Vogel, Bernhard 2008. Begründung von Menschenwürde und Menschenrechten. Freiburg: Herder.

Herms, Eilert 2001. Menschenbild und Menschenwürde. Gütersloh: Kaiser, Gütersloher Verlagshaus.

Hilgendorf, Eric (Hg.) 2013. Menschenwürde und Demütigung. Die Menschenwürdekonzeption Avishai Margalits. Baden-Baden: Nomos.

Hill, Thomas E. 1995. Autonomy and Self-Respect. Cambridge u. a.: Cambridge University Press.

Hilligen, Wolfgang / Neumann, Franz 1980. Menschenwürde. Baden-Baden: Signal-Verlag Frevert.

Hofer, Walther 1962. Von der Freiheit und Würde des Menschen und ihrer Gefährdung. Bern: Scherz.

Holderegger, Adrian 1995. Grundlagen der Moral und der Anspruch des Lebens. Themen der Lebensethik. Freiburg, Schweiz, Freiburg i. B.: Universitätsverlag, Herder.

Jaber, Dunja 2003. Über den mehrfachen Sinn von Menschenwürde-Garantien. Mit besonderer Berücksichtigung von Art. 1 Abs. 1 Grundgesetz. Frankfurt a. M: Ontos.

Kaufmann, Matthias / Sosoe, Lukas K. 2005. Gattungsethik. Schutz für das Menschengeschlecht? Frankfurt am Main u. a.: P. Lang.

Kaufmann, Paulus et al. (Hg.) 2011. Humiliation, Degradation, Dehumanization: Human Dignity Violated. Dordrecht u. a.: Springer.

Knoepffler, Nikolaus / Siegetsleitner, Anne 2005. Menschenwürde im interkulturellen Dialog. Freiburg: Alber.

Knoepffler, Nikolaus / Kunzmann, Peter / O'Malley, Martin (Hg.) 2011. Facetten der Menschenwürde. Freiburg: Alber.

Kohl, Bernhard 2007. Menschenwürde: Relativierung oder notwendiger Wandel? Zur Interpretation in der gegenwärtigen Kommentierung von Art. 1 Abs. 1 GG. Münster u. a.: Lit.

Kress, Hartmut 1999. Menschenwürde im modernen Pluralismus. Wertedebatte, Ethik der Medizin, Nachhaltigkeit. Hannover: LVH.

Langthaler, Rudolf 2004. Was ist der Mensch? Frankfurt am Main u. a.: P. Lang.

Lebech, Mette 2008. On the problem of human dignity. A hermeneutical and phenomenological investigation. Würzburg: Königshausen & Neumann.

Lorenz, Rolf J. / Mieth, Dietmar / Müller, Ludolf 2003. Die „Würde des Menschen" – beim Wort genommen. Tübingen: Francke.

Marcel, Gabriel 1965. Die Menschenwürde und ihr existentieller Grund. Landau: Knecht.

Margalit, Avishai 1997. Politik der Würde. Über Achtung und Verachtung. Berlin: Suhrkamp.

Margalit, Avishai 1998. The Decent Society. Cambridge, MA.: Harvard University Press.

Moltmann, Jürgen 1979. Menschenwürde, Recht und Freiheit. Stuttgart, Berlin: Kreuz-Verlag.

Müller-Dietz, Heinz 1994. Menschenwürde und Strafvollzug. Berlin, New York: de Gruyter.

Negt, Oskar 2002. Arbeit und menschliche Würde. Göttingen: Steidl.

Nida-Rümelin, Julian 2002. Ethische Essays. Frankfurt am Main: Suhrkamp.

Oliveira, Carlos Josaphat Pinto de / Holderegger, Adrian / Imbach, Ruedi / Suárez Miguel, Raul de 1987. De Dignitate hominis. Mélanges offerts à Carlos-Josaphat Pinto de Oliveira à l'occasion de son 65e anniversaire = Festschrift für Carlos-Josaphat Pinto de Oliveira zu seinem 65. Geburtstag = saggi offerti a Carlos-Josaphat Pinto de Oliveira in occasione del suo 65o anniversario. Freiburg/Schweiz, Freiburg i. Br.: Universitätsverlag, Herder.

Oliveira, Carlos Josaphat Pinto de 1992. Ethique chrétienne et dignité de l'homme. Fribourg, Paris: Editions universitaires, Editions du Cerf.

Papetti, Renato / Rossi, Rodolfo 2007. „Dignitatis humanae". Brescia, Roma: Istituto Paolo VI, Studium.

Petri, Harald / Simm, Walter 1988. Die Würde des Menschen ist unantastbar. Bochum: N. Brockmeyer.

Picker, Eduard 2002. Menschenwürde und Menschenleben. Das Auseinanderdriften zweier fundamentaler Werte als Ausdruck der wachsenden Relativierung des Menschen. Stuttgart: Klett-Cotta.

Proff Irnich, Johanna von zu 2009. Kulturelle Freiheitsrechte und Menschenwürde. 'Körperwelten' in der Diskussion. Hamburg: Kovač.

Quante, Michael 2010. Menschenwürde und personale Autonomie. Demokratische Werte im Kontext der Lebenswissenschaften. Hamburg: Meiner.

Quante, Michael 2011. Einführung in die allgemeine Ethik. Darmstadt: WBG.

Rentzel-Rothe, Wolfgang 1991. Unvernunft und Menschenwürde. Internationales Kolloquium an der Universität Bremen am 4. Mai 1990. Bremen.

Rethmann, Albert-Peter 2001. Selbstbestimmung, Fremdbestimmung, Menschenwürde. Auskünfte christlicher Ethik. Regensburg: Pustet.

Rosen, Michael 2012. Dignity: Its History and Meaning. Cambridge, MA: Harvard University Press.

Sandkühler, Hans-Jörg 2007. Menschenwürde. Philosophische, theologische und juristische Analysen. Frankfurt am Main u. a.: P. Lang.

Sandkühler, Hans-Jörg 2014. Menschenwürde und Menschenrechte. Über die Verletzbarkeit und den Schutz der Menschen. Freiburg (i. Br.): Alber.

Schaber, Peter 2010. Instrumentalisierung und Würde. Paderborn: mentis.

Schaber, Peter 2012. Menschenwürde. (Grundwissen Philosophie) Stuttgart: Reclam.

Schäfer, Karl Heinrich / Sievering, Ulrich O. 2001. Strafvollzug und Menschenwürde. Gustav Radbruch, Wegbereiter des Strafvollzugs des Grundgesetzes. Frankfurt am Main: Haag & Herchen.

Schmitz-Moormann, Karl 1979. Menschenwürde. Anspruch und Wirklichkeit. Zürich, Osnabrück: Edition Interfrom, Vertrieb für die BRD A. Fromm.

Schreiber, Mathias 2013. Würde: Was wir verlieren, wenn sie verloren geht – Ein SPIEGEL-Buch. München: DVA.

Schweidler, Walter 2007. Postsäkulare Gesellschaft. Perspektiven interdisziplinärer Forschung. Freiburg: Alber.

Spaemann, Robert 1987. Das Natürliche und das Vernünftige. Aufsätze zur Anthropologie. München, Zürich

Spinner, Johannes 2005. Die Situation der Menschenwürde in der westlichen Kultur. Berlin: wvb.

Steinmann, Raphaela 2008. Über die Wahrung der Würde des Menschen. Frankfurt am Main u. a.: P. Lang.

Stoecker, Ralf 2003. Menschenwürde. Annäherung an einen Begriff. Vienna: Öbv & hpt.

Stosiek, Andrea 1993. Menschliche Würde und ihr transzendenter Grund. Ein Beitrag zu christlich fundierter Argumentation im philosophischen Diskurs. Vallendar: Schönstatt-Verlag.

156

Suchomel, Jan-Ulf 2010. Partielle Disponibilität der Würde des Menschen. Berlin: Duncker & Humblot.

Szostak, Ryszard 1996. Wert und Würde der Ergebnisse der Arbeit als Konsequenz der Würde des Menschen und der Würde der Arbeit. Regensburg: Roderer.

Teutsch, Gotthard M. 1995. Die „Würde der Kreatur". Erläuterungen zu einem neuen Verfassungsbegriff am Beispiel des Tieres. Bern: P. Haupt.

Thies, Christian 2009. Der Wert der Menschenwürde. Paderborn: Schöningh.

Tiedemann, Paul 2006. Was ist Menschenwürde? Eine Einführung. Darmstadt: WBG.

Tiedemann, Paul 2012. Menschenwürde als Rechtsbegriff. Eine philosophische Klärung. Berlin: Berliner Wissenschaftsverlag.

Uden, Ronald 2006. Wohin mit den Toten? Totenwürde zwischen Entsorgung und Ewigkeit. Gütersloh: Gütersloher Verlagshaus.

Wachtendorf, Thomas 2004. Die Würde des Menschen. Ontologischer Anspruch, praktische Verwendung und lebensweltliche Notwendigkeit. Marburg: Tectum.

Wagner, Hans 1992. Die Würde des Menschen. Wesen und Normfunktion. Würzburg: Konigshausen & Neumann.

Weilert, Anja Katarina 2009. Grundlagen und Grenzen des Folterverbotes in verschiedenen Rechtskreisen. Eine Analyse anhand der deutschen, israelischen und pakistanischen Rechtsvorschriften vor dem Hintergrund des jeweiligen historisch-kulturell bedingten Verständnisses der Menschenwürde = The prohibition of torture in different legal traditions : an analysis of German, Israeli and Pakistani law in light of their historical and cultural concepts of human dignity (English summary). Berlin, New York: Springer.

Wetz, Franz Josef 1998. Die Würde der Menschen ist antastbar. Eine Provokation. Stuttgart: Klett-Cotta.

Wetz, Franz Josef 2005. Illusion Menschenwürde. Aufstieg und Fall eines Grundwertes. Stuttgart: Klett-Cotta.

Wetz, Franz Josef (Hg.) 2011. Texte zur Menschenwürde. Stuttgart: Reclam.

Wolbert, Werner 1987. Der Mensch als Mittel und Zweck. Die Idee der Menschenwürde in normativer Ethik und Metaethik. Münster: Aschendorff.

2. Bioethik und Medizinethik

Árnason, Vilhjálmur 2005. Dialog und Menschenwürde. Ethik im Gesundheitswesen. Münster u. a.: Lit.

Baumann, Eva 2001. Die Vereinnahmung des Individuums im Universalismus. Vorstellungen von Allgemeinheit illustriert am Begriff der Menschenwürde und an Regelungen zur Abtreibung. Münster u. a.: Lit.

Benda, Ernst / Robbers, Gerhard 2005. Innere Sicherheit, Menschenwürde, Gentechnologie. Frankfurt am Main u. a.: P. Lang.

Beyleveld, David / Brownsword, Roger 2001. Human dignity in Bioethics and Biolaw. Oxford: Oxford University Press.

Birnbacher, Dieter 2001. Menschenwürde und Instrumentalisierung. Philosophische Anmerkungen zur Embryonen- und Stammzellforschung.
http://www.uni-duesseldorf.de/home/Jahrbuch/2001/PDF/pagesbirnbacher.pdf.

Böckenförde, Ernst W. 2008. Menschenwürde und Lebensrecht am Anfang und Ende des Lebens. Aufriss der Probleme. Freiburg: Herder (Stimmen der Zeit).

Borsi, Gabriele M. 1989. Die Würde des Menschen im psychiatrischen Alltag. Göttingen: Verlag für Medizinische Psychologie im Verlag Vandenhoeck & Ruprecht.

Braun, Kathrin 2000. Menschenwürde und Biomedizin: Zum philosophischen Diskurs der Bioethik. Frankfurt / New York: Campus Verlag.

Breuninger, Renate (Hg.) 2002. Leben, Tod, Menschenwürde. Positionen zur gegenwärtigen Bioethik. Ulm: Humbolt-Studienzentrum, Universität Ulm.

Brockhage, Dorothee 2007. Die Naturalisierung der Menschenwürde in der deutschen bioethischen Diskussion nach 1945. Münster u. a.: Lit.

Brücher, Gertrud 2004. Menschenmaterial. Zur Neubegründung von Menschenwürde aus systemtheoretischer Perspektive. Opladen: B. Budrich.

Brudermüller, Gerd 2005. Forschung am Menschen. Ethische Grenzen medizinischer Machbarkeit. Würzburg: Königshausen & Neumann.

Dabrock, Peter / Klinnert, Lars / Schardien, Stefanie 2004. Menschenwürde und Lebensschutz. Herausforderungen theologischer Bioethik. Gütersloh: Gütersloher Verlagshaus.

Damschen, Gregor / Schönecker, Dieter (Hg.) 2003. Der moralische Status des Embryos. Pro und contra Spezies-, Kontinuums-, Identitäts- und Potentialitätsargument. Berlin: de Gruyter.

Dreier, Horst 2013. Bioethik. Politik und Verfassung. Tübingen: Mohr Siebeck.

Eibach, Ulrich 2001. Biomedizin und Menschenwürde. Stellungnahmen. Bonn: ZEI.

Eibach, Ulrich 2005. Autonomie, Menschenwürde und Lebensschutz in der Geriatrie und Psychiatrie. Münster u. a.: Lit.

Fasselt, Gerd / Hampel, Klaus 2004. Menschenwürde am Ende des Lebens. Dokumentation einer Kooperationstagung der Akademie Franz-Hitze-Haus mit der Katholischen Universitätsklinikenseelsorge Münster am 8. November 2003 in der Akademie Franz-Hitze-Haus. Münster: Dialogverl.

Gerhardt, Volker 2004. Die angeborene Würde des Menschen. Aufsätze zur Biopolitik. Berlin: Parerga.

Geyer, Christian (Hg.) 2002. Biopolitik. Die Positionen. Frankfurt am Main: Suhrkamp.

Goebel, Bernd / Kruip, Gerhard 2003. Gentechnologie und die Zukunft der Menschenwürde. Münster u. a.: Lit.

Gounalakis, Georgios 2006. Embryonenforschung und Menschenwürde. Baden-Baden: Nomos.

Graf, Roland 2003. Klonen. Prüfstein für die ethischen Prinzipien zum Schutz der Menschenwürde. St. Ottilien: EOS Verl.

Groß, Dominik (Hg.) 2002. Ethik in der Medizin in Lehre, Klinik und Forschung. Würzburg: Königshausen & Neumann.

Habermas, Jürgen 2005. Die Zukunft der menschlichen Natur. Auf dem Weg zu einer liberalen Eugenik? Berlin: Suhrkamp.

Hahnen, Marie-Christin 2009. Autonomie, Würde, Patientenverfügung. Die Medizin am Lebensende im Spiegel der Gesellschaft. Wuppertal: Hospiz-Verlag.

Hoerster, Norbert 2002. Ethik des Embryonenschutzes. Ein rechtsphilosophischer Essay. Stuttgart: Reclam.

158

Höffe, Otfried et al. (Hg.) 2002. Gentechnik und Menschenwürde. An den Grenzen von Ethik und Recht. Köln: DuMont.

Honnefelder, Ludger / Taupitz, Jochen / Winter, Stefan F. / Arnold, Norbert 1999. Das Übereinkommen über Menschenrechte und Biomedizin des Europarates. Argumente für einen Beitritt. Sankt Augustin: Konrad-Adenauer-Stiftung, Referat für Publ.

Jens, Walter / Küng, Hans 2010. Menschenwürdig sterben: Ein Plädoyer für Selbstverantwortung. München: Piper.

Joerden, Jan C. / Hilgendorf, Eric / Thiele, Felix (Hg.) 2013. Menschenwürde und Medizin. Ein interdisziplinäres Handbuch. Berlin: Dunker & Humblot.

Kas, Leon R. 2002. Life, Liberty, and the Defense of Dignity: the challenge for bioethics. San Francisco: Encounter Books.

Kas, Leon R. (Hg.) 2002. Human Dignity and Cloning: The Report of the President's Council on Bioethics. Notre Dame.

Kettner, Matthias (Hg.) 2004. Biomedizin und Menschenwürde. Frankfurt: Suhrkamp.

Kipke, Roland 2001. Mensch und Person. Der Begriff der Person in der Bioethik und die Frage nach dem Lebensrecht aller Menschen. Berlin: Logos.

Klinnert, Lars 2009. Der Streit um die europäische Bioethik-Konvention. Zur kirchlichen und gesellschaftlichen Auseinandersetzung um eine menschenwürdige Biomedizin. Göttingen: Vandenhocck & Ruprecht.

Knoepffler, Nikolaus 2000. Menschenwürde und medizinethische Konfliktfälle. Stuttgart, Leipzig: Hirzel.

Knoepffler, Nikolaus 2013. Menschenwürde in der Bioethik. Berlin, New York: Springer.

Ko, Bong-Jin 2008. Menschenwürde und Biostrafrecht bei der embryonalen Stammzellenforschung. Frankfurt am Main u. a.: P. Lang.

Koenig, Christian / Koenig-Busch-Beer-Müller 2003. Das Übereinkommen zum Schutz der Menschenrechte und der Menschenwürde im Hinblick auf die Anwendung von Biologie und Medizin des Europarates und seine Zusatzprotokolle. Bestandsaufnahme und Handlungsbedarf im Rahmen des deutschen Rechts. Münster: Verl.-Haus Monsenstein und Vannerdat.

Kress, Hartmut 1999. Menschenwürde im modernen Pluralismus. Wertedebatte, Ethik der Medizin, Nachhaltigkeit. Hannover: LVH.

Lachwitz, Klaus 1991. Menschenwürde, Grundgesetz, geistige Behinderung. Eine Bilanz nach 40 Jahren Verfassungswirklichkeit. 4. Aufl., (7. – 10. Tsd.). Marburg: Bundesvereinigung Lebenshilfe für Geistig Behinderte, Bundeszentrale.

Ladeur, Karl-Heinz 2008. Die Funktion der Menschenwürde im Verfassungsstaat. Humangenetik – Neurowissenschaft – Medien. Tübingen: Mohr Siebeck.

Lanius, Frauke 2010. Menschenwürde und pflegerische Verantwortung. Zum ethischen Eigengewicht pflegebedürftiger Menschen im Spannungsfeld von moralischem Standpunkt und moralischem Status. Göttingen: V&R unipress.

Lenzen, Wolfgang 2004. Wie bestimmt man den „moralischen Status" von Embryonen? Paderborn: Mentis.

Lohner, Alexander Fr 2000. Personalität und Menschenwürde. Eine theologische Auseinandersetzung mit den Thesen der „neuen Bioethiker". Regensburg: Friedrich Pustet.

Meiser, Christian 2006. Biopatentierung und Menschenwürde. Baden-Baden: Nomos.

Mieth, Dietmar 2008. Grenzenlose Selbstbestimmung? Der Wille und die Würde Sterbender. Düsseldorf: Patmos.

Oduncu, Fuat S. 2007. In Würde sterben: Medizinische, ethische und rechtliche Aspekte der Sterbehilfe, Sterbebegleitung und Patientenverfügung. Göttingen: Vandenhoeck & Ruprecht.

Potthast, Thomas / Herrmann, Beate / Müller, Uta 2010. Wem gehört der menschliche Körper? Ethische, rechtliche und soziale Aspekte der Kommerzialisierung des menschlichen Körpers und seiner Teile. Paderborn: Mentis.

Proff Irnich, Johanna von zu 2009. Kulturelle Freiheitsrechte und Menschenwürde. 'Körperwelten' in der Diskussion. Hamburg: Kovač.

Quante, Michael 2010. Menschenwürde und personale Autonomie. Demokratische Werte im Kontext der Lebenswissenschaften. Hamburg: Meiner.

Radau, Wiltrud Christine 2006. Die Biomedizinkonvention des Europarates. Humanforschung – Transplantationsmedizin – Genetik – Rechtsanalyse und Rechtsvergleich. Berlin, Heidelberg: Springer.

Rentzel-Rothe, Wolfgang 1991. Unvernunft und Menschenwürde. Internationales Kolloquium an der Universität Bremen am 4. Mai 1990. Bremen.

Rösler, Roland 1997: Biologie im Horizont der Philosophie. Der Entwurf einer europäischen „Bioethik"-Konvention. Frankfurt a.M. u. a.: P. Lang.

Schockenhoff, Eberhard 1991. Im Laboratorium der Schöpfung. Gentechnologie, Fortpflanzungsbiologie und Menschenwürde. Ostfildern: Schwabenverlag.

Schockenhoff, Eberhard 1991. Sterbehilfe und Menschenwürde. Begleitung zu einem eigenen Tod. Regensburg: Pustet.

Schönberger, Rolf 1995. Würde im Sterben, Sterben in Würde. München: Atwerb-Verl.

Seifert, Ilja 2003. Lob der Unvollkommenheit. Essayistische Betrachtungen zu Biomedizin, Gentechnik, Menschenbild und Gesellschaftskonzeption. Berlin: Dietz.

Uden, Ronald 2006. Wohin mit den Toten? Totenwürde zwischen Entsorgung und Ewigkeit. Gütersloh: Gütersloher Verlagshaus.

Weigl, Adrienne 2007. Der preisgegebene Mensch. Überlegungen zum biotechnischen Umgang mit menschlichen Embryonen. Gräfelfing: Resch-Verlag.

Wetz, Franz Josef 2007. Haben Embryonen Würde? Der Wert menschlichen Lebens auf dem Prüfstand. Dortmund: Humanitas-Verlag.

3. Rechtswissenschaft

Bahr, Petra (Hg.) 2006. Menschenwürde in der säkularen Verfassungsordnung. Rechtswissenschaftliche und theologische Perspektiven. Tübingen: Mohr Siebeck.

Bielefeldt, Heiner / Brugger, Winfried / Dicke, Klaus (Hg.) 1992. Würde und Recht des Menschen. Würzburg: Königshausen & Neumann.

Böckenförde, Ernst Wolfgang 1991. Recht, Staat, Freiheit. Studien zur Rechtsphilosophie, Staatstheorie und Verfassungsgeschichte. Frankfurt: Suhrkamp.

Brems, Eva / Haeck, Yves (Hg.) 2014. Human Rights and Civil Liberties in the 21st Century. Dordrecht: Springer Netherlands.

Brugger, Winfried 1997. Menschenwürde, Menschenrechte, Grundrechte. (Vortrag, gehalten am 18. Juli 1996.) Baden-Baden: Nomos.

Burger, Klaus 2002. Das Verfassungsprinzip der Menschenwürde in Österreich. Frankfurt am Main u. a.: P. Lang.

Capps, Patrick 2009. Human dignity and the foundations of international law. Oxford, Portland, Or.: Hart.

Damm, Sven Mirke 2006. Menschenwürde, Freiheit, komplexe Gleichheit: Dimensionen grundrechtlichen Gleichheitsschutzes: Der Gleichheitssatz im Europäischen Gemeinschaftsrecht sowie im deutschen und US-amerikanischen Verfassungsrecht. Berlin: Duncker & Humblot.

Di Fabio, Udo 2000. Der Schutz der Menschenwürde durch allgemeine Programmgrundsätze. Rechtsgutachten. München: Fischer.

Dünkel, Frieder / Drenkhahn, Kirstin / Morgenstern, Christine (Hg.) 2008. Humanisierung des Strafvollzugs – Konzepte und Praxismodelle. (Tagung zum Thema „Humanisierung des Strafvollzugs – Konzepte und Praxismodelle" am 23. und 24. 11. 2007 in der Jugendanstalt Hameln.) Mönchengladbach: Forum-Verl. Godesberg.

Dürig, Günter / Maunz, Theodor u. a. 2009. Grundgesetz. Kommentar. München: C. H. Beck, Loseblattsammlung.

Enders, Christoph 1997. Die Menschenwürde in der Verfassungsordnung zur Dogmatik des Art. 1 GG. Tübingen: Mohr Siebeck.

Epping, Volker 2012. Grundrechte. Heidelberg u. a.: Springer Verlag.

Fischer, Michael / Strasser, Michaela (Hg.) 2007. Rechtsethik. Frankfurt a. M.: P. Lang.

Geddert-Steinacher, Tatjana 1990. Menschenwürde als Verfassungsbegriff. Aspekte der Rechtsprechung des Bundesverfassungsgerichts zu Art. 1 Abs. 1 Grundgesetz. Berlin: Duncker & Humblot.

Geiger, Willi / Leibholz, Gerhard 1974. Menschenwürde und freiheitliche Rechtsordnung. Festschrift f. Willi Geiger zum 65. Geburtstag. Tübingen: Mohr Siebeck.

Griffin, James 2009. On Human Rights. Oxford: Oxford University Press.

Gröschner, Rolf / Lembcke Oliver W. (Hg.) 2009. Das Dogma der Unantastbarkeit. Eine Auseinandersetzung mit dem Absolutheitsanspruch der Würde. Tübingen: Mohr Siebeck.

Härle, Wilfried / Vogel, Bernhard 2008. Begründung von Menschenwürde und Menschenrechten. Freiburg: Herder.

Jaber, Dunja 2003. Über den mehrfachen Sinn von Menschenwürde-Garantien. Mit besonderer Berücksichtigung von Art. 1 Abs. 1 Grundgesetz. Frankfurt a. M: Ontos.

Jarass, Hans Dieter / Pieroth, Bodo 2012. Grundgesetz für die Bundesrepublik Deutschland. Kommentar. München: C. H. Beck.

Kim, Il-Su 1983. Die Bedeutung der Menschenwürde im Strafrecht, insbes. für Rechtfertigung und Begrenzung der staatlichen Strafe.

Klein, Friedrich / Mangoldt, Hermann von / Starck, Christian (Hg.) 2010. Das Bonner Grundgesetz. Band 1. Präambel, Artikel 1–19. München: Vahlen.

Kohl, Bernhard 2007. Menschenwürde: Relativierung oder notwendiger Wandel? Zur Interpretation in der gegenwärtigen Kommentierung von Art. 1 Abs. 1 GG. Münster u. a.: Lit.

Lehnig, Kirsten 2003. Der verfassungsrechtliche Schutz der Würde des Menschen in Deutschland und in den USA. Ein Rechtsvergleich. Münster u. a.: Lit.

Leutheusser-Schnarrenberger, Sabine 2013. Vom Recht auf Menschenwürde: 60 Jahre Europäische Menschenrechtskonvention. Tübingen: Mohr Siebeck.

161

Lorz, Ralph Alexander 1993. Modernes Grund- und Menschenrechtsverständnis und die Philosophie der Freiheit Kants. Eine staatstheoretische Untersuchung an Massstäben des Grundgesetzes für die Bundesrepublik Deutschland. Stuttgart: R. Boorberg.

Luban, David 2007. Legal Ethics and Human Dignity. Cambridge: Cambridge Univ. Press.

Luhmann, Niklas 1993. Das Recht der Gesellschaft. Frankfurt a. M.: Suhrkamp.

Marhaun, André 2001. Menschenwürde und Völkerrecht. Mensch, Gerechtigkeit, Frieden. Tübingen: Köhler.

Mastronardi, Philippe 1978. Der Verfassungsgrundsatz der Menschenwürde in der Schweiz. Ein Beitrag zu Theorie und Praxis der Grundrechte. Berlin: Duncker & Humblot.

Meyer, Michael J. / Parent, William A. (Hg.) 1992: The Constitution of Rights, Human Dignity and American Values. Ithaca: Cornell Univ. Press.

Müller-Dietz, Heinz 1994. Menschenwürde und Strafvollzug. Berlin, New York: de Gruyter.

Patterson, Dennis. 1999. (Hg.) A Companion to Philosophy of Law and Legal Theory. Malden, MA. u. a.: Blackwell.

Pieroth, Bodo / Schlink, Bernhard 2012. Grundrechte (Staatsrecht II). Heidelberg: C. F. Müller.

Römelt, Josef 2006. Menschenwürde und Freiheit: Rechtsethik und Theologie des Rechts jenseits von Naturrecht und Positivismus. Freiburg: Herder.

Sachs, Michael (Hg.) 2011. Grundgesetz. München: C. H. Beck.

Sandkühler, Hans-Jörg 2007. Menschenwürde. Philosophische, theologische und juristische Analysen. Frankfurt am Main u. a.: P. Lang.

Schäfer, Karl Heinrich / Sievering, Ulrich O. 2001. Strafvollzug und Menschenwürde. Gustav Radbruch, Wegbereiter des Strafvollzugs des Grundgesetzes. Frankfurt am Main: Haag & Herchen.

Schmidt, Christopher P. 2013. Grund- und Menschenrechte in Europa. Baden-Baden: Nomos.

Seelmann, Kurt 2005. Menschenwürde als Rechtsbegriff. Tagung der Internationalen Vereinigung für Rechts- und Sozialphilosophie (IVR), Schweizer Sektion Basel, 25. bis 28. Juni 2003. Stuttgart: Steiner.

Stein, Ekkehard / Frank, Götz (Hg.) 2010. Staatsrecht. Tübingen: Mohr Siebeck.

Taupitz, Jochen 2001. Die Bedeutung der Philosophie für die Rechtswissenschaft. Dargestellt am Beispiel der Menschenrechtskonvention zur Biomedizin. Berlin, New York: Springer.

Teifke, Nils 2011. Das Prinzip Menschenwürde. Zur Abwägungsfähigkeit des Höchstrangigen. Tübingen: Mohr Siebeck.

Tiedemann, Paul 2012. Menschenwürde als Rechtsbegriff. Eine philosophische Klärung. Berlin: Berliner Wissenschaftsverlag.

Weilert, Anja Katarina 2009. Grundlagen und Grenzen des Folterverbotes in verschiedenen Rechtskreisen. Eine Analyse anhand der deutschen, israelischen und pakistanischen Rechtsvorschriften vor dem Hintergrund des jeweiligen historisch-kulturell bedingten Verständnisses der Menschenwürde = The prohibition of torture in different legal traditions: an analysis of German, Israeli and Pakistani law in light of their historical and cultural concepts of human dignity (English summary). Berlin, New York: Springer.

Winkeler, Frank 2007. Bedingt abwehrbereit? Die verfassungsrechtliche Zulässigkeit von Gefahrenabwehrmaßnahmen auf Kosten Unschuldiger am Beispiel des Luftsicherheitsgesetzes. Stuttgart u. a.: Boorberg.

4. Politische Philosophie, Politikwissenschaft und Ökonomie

Alexiadis, Stergios / Prittwitz, Cornelius / Manoledakis, Ioannis 1998. Strafrecht und Menschenwürde. Deutsch-Griechisches Symposium, Thessaloniki 1995. Baden-Baden: Nomos.

Barwig, Klaus (Hg.) 1987. Migration und Menschenwürde. Fakten, Analysen u. ethische Kriterien. Mainz: Matthias-Grünewald-Verlag.

Baumbach, Christine 2010. Würde. Die Menschenwürde im internationalen Vergleich. München: Utz.

Benda, Ernst / Robbers, Gerhard 2005. Innere Sicherheit, Menschenwürde, Gentechnologie. Frankfurt am Main u. a.: P. Lang.

Böckenförde, Ernst Wolfgang 1991. Recht, Staat, Freiheit. Studien zur Rechtsphilosophie, Staatstheorie und Verfassungsgeschichte. Frankfurt: Suhrkamp.

Böhr, Christoph / Schweidler, Walter (Hg.) 2012. Über Menschenwürde: Der Ursprung der Person und die Kultur des Lebens (Das Bild vom Menschen und die Ordnung der Gesellschaft.) VS Verlag für Sozialwissenschaften.

Böhler, Thomas 2009. Menschenwürdiges Arbeiten. Eine Herausforderung für Gesellschaft, Politik und Wissenschaft. Wiesbaden: VS Verlag für Sozialwissenschaften / GWV Fachverlage, Wiesbaden.

Brune, Jens Peter 2010. Moral und Recht. Zur Diskurstheorie des Rechts und der Demokratie von Jürgen Habermas. Freiburg, München: Alber.

Dierken, Jörg / Scheliha, Arnulf von 2005. Freiheit und Menschenwürde. Tübingen: Mohr Siebeck.

Fiechtner, Urs M. 2008. Folter: Angriff auf die Menschenwürde (Edition Grundrechte). Berlin: Horlemann Verlag.

Fischer, Michael (Hg.) 2008. Ethik im Sog der Ökonomie. Was entscheidet wirklich unser Leben? Frankfurt am Main u. a.: P. Lang.

Geiger, Willi / Leibholz, Gerhard 1974. Menschenwürde und freiheitliche Rechtsordnung. Festschrift f. Willi Geiger z. 65. Geburtstag. Tübingen: Mohr.

Grimm, Christian 1982. Allgemeine Wehrpflicht und Menschenwürde. Berlin: Duncker & Humblot.

Härle, Wilfried / Vogel, Bernhard 2008. Begründung von Menschenwürde und Menschenrechten. Freiburg: Herder.

Hartlieb, Michael 2013. Die Menschenwürde und ihre Verletzung durch extreme Armut. Eine sozialethisch-systematische Relektüre des Würdebegriffs. Paderborn: Schöningh.

Klecatsky, Hans R. / Adamovich, Ludwig Karl / Pernthaler, Peter 1980. Auf dem Weg zur Menschenwürde und Gerechtigkeit. Festschrift für Hans R. Klecatsky. Wien: W. Braumüller.

Koenig, Christian / Koenig-Busch-Beer-Müller 2003. Das Übereinkommen zum Schutz der Menschenrechte und der Menschenwürde im Hinblick auf die Anwendung von Biologie und Medizin des Europarates und seine Zusatzprotokolle. Bestandsaufnahme und Handlungsbedarf im Rahmen des deutschen Rechts. Münster: Verl.-Haus Monsenstein und Vannerdat.

Kohl, Bernhard 2007. Menschenwürde: Relativierung oder notwendiger Wandel? Zur Interpretation in der gegenwärtigen Kommentierung von Art. 1 Abs. 1 GG. 1. Münster u. a.: Lit.

Knoepffler, Nikolaus / Siegetsleitner, Anne 2005. Menschenwürde im interkulturellen Dialog. Freiburg: Alber.

Knorn, Peter 1996. Arbeit und Menschenwürde. Kontinuität und Wandel im Verständnis der menschlichen Arbeit in den kirchlichen Lehrschreiben von Rerum novarum bis Centesimus annus : eine sozialwissenschaftliche und theologische Untersuchung. Leipzig: Benno Verlag.

Lake, Marilyn / Reynolds, Henry 2008. Drawing the global colour line. White men's countries and the international challenge of racial equality. Cambridge: Cambridge University Press.

Lebech, Mette 2008. On the problem of human dignity. A hermeneutical and phenomenological investigation. Würzburg: Königshausen & Neumann.

Marcel, Gabriel 1965. Die Menschenwürde und ihr existentieller Grund: Knecht.

Margalit, Avishai 2012. Politik der Würde. Über Achtung und Verachtung. Berlin: Suhrkamp.

Marhaun, André 2001. Menschenwürde und Völkerrecht. Mensch, Gerechtigkeit, Frieden. Tübingen: Köhler.

Marks, Stephan 2010. Die Würde des Menschen. Oder: Der blinde Fleck in unserer Gesellschaft. Gütersloh: Gütersloher Verlagshaus.

Moltmann, Jürgen 1979. Menschenwürde, Recht und Freiheit. Stuttgart, Berlin: Kreuz-Verlag.

Müller-Dietz, Heinz 1994. Menschenwürde und Strafvollzug. Berlin, New York: de Gruyter.

Nicht, Manfred 2002. Person – Menschenwürde – Menschenrechte im Disput. Münster u. a.: Lit.

Schmitz-Moormann, Karl 1979. Menschenwürde. Anspruch und Wirklichkeit. Zürich, Osnabrück: Edition Interfrom, Vertrieb für die BRD A. Fromm.

Schweidler, Walter 2007. Postsäkulare Gesellschaft. Perspektiven interdisziplinärer Forschung. Freiburg: Alber.

Seelmann, Kurt 2004. Menschenwürde als Rechtsbegriff. Tagung der Internationalen Vereinigung für Rechts- und Sozialphilosophie (IVR), Schweizer Sektion Basel, 25. bis 28. Juni 2003. Stuttgart: Steiner.

Spinner, Johannes 2005. Die Situation der Menschenwürde in der westlichen Kultur. Berlin: wvb.

Stein, Tine 2007. Himmlische Quellen und irdisches Recht. Religiöse Voraussetzungen des freiheitlichen Verfassungsstaates. Frankfurt, New York: Campus.

Tiedemann, Paul 2012. Menschenwürde als Rechtsbegriff. Eine philosophische Klärung. Berlin: BWV.

Wallau, Philipp 2010. Die Menschenwürde in der Grundrechtsordnung der Europäischen Union. Göttingen: V&R unipress.

Weth, Rudolf (Hg.) 1996. Totaler Markt und Menschenwürde. Neukirchener Verlag.

Wissenschaftliche Arbeitsstelle des Oswald-von-Nell-Breuning-Hauses (Hg.). Arbeit und Menschenwürde. Standpunkte – Kontexte – Perspektiven. Bornheim: Ketteler.

Widera, Elena 2007. Außerrechtliche Argumente bei der Grundrechtsinterpretation. Eine Untersuchung am Beispiel der Arbeiten von Mary Ann Glendon und Ernst-Wolfgang Böckenförde. Leipzig: Leipziger Universitätsverl.

Woll, Judith 2007. Das Phänomen der Folter. Geschichte, Rechtsstaatlichkeit, Ursachen. Saarbrücken: VDM Verlag Dr. Müller.

Zaar, Peter 2005. Wann beginnt die Menschenwürde nach Art. 1 GG? Baden-Baden: Nomos.

5. Theologie

Bahr, Petra (Hg.) 2006. Menschenwürde in der säkularen Verfassungsordnung. Rechtswissenschaftliche und theologische Perspektiven. Tübingen: Mohr Siebeck.

Baumann, Eva 2001. Die Vereinnahmung des Individuums im Universalismus. Vorstellungen von Allgemeinheit illustriert am Begriff der Menschenwürde und an Regelungen zur Abtreibung. Münster u. a.: Lit.

Bielefeldt, Heiner 2011. Auslaufmodell Menschenwürde? Warum sie in Frage steht und warum wir sie verteidigen müssen. Freiburg: Herder.

Collmar, Norbert / Noller, Annette 2006. Menschenwürde und Gewalt. Friedenspädagogik und Gewaltprävention in Sozialer Arbeit, Diakonie und Religionspädagogik. Schriften der Evangelischen Fachhochschule Reudingen-Ludwigsburg im Verlag der Evangelischen Gesellschaft.

Collste, Göran 2002. Is human life special? Religious and philosophical perspectives on the principle of human dignity. Frankfurt am Main u. a.: P. Lang.

Eibach, Ulrich 2000. Menschenwürde an den Grenzen des Lebens. Einführung in Fragen der Bioethik aus christlicher Sicht. Neukirchener Verlagsgesellschaft.

Fasselt, Gerd / Hampel, Klaus 2004. Menschenwürde am Ende des Lebens. Dokumentation einer Kooperationstagung der Akademie Franz-Hitze-Haus mit der Katholischen Universitätsklinikenseelsorge Münster am 8. November 2003 in der Akademie Franz-Hitze-Haus. Münster: Dialogverlag.

Fischer, Michael 2004. Der Begriff der Menschenwürde. Definition, Belastbarkeit und Grenzen, Symposion „Der Begriff der Menschenwürde" … am 26/27. Mai 2003 im Bildungshaus St. Virgil. Frankfurt am Main u. a.: P. Lang.

Heinzmann, Richard / Selçuk, Muallâ / Körner, Felix 2007. Menschenwürde. Grundlagen in Christentum und Islam. Stuttgart: W. Kohlhammer.

Heuser, Stefan 2004. Menschenwürde. Eine theologische Erkundung. Münster u. a.: Lit.

Isensee, Josef 2005. Die bedrohte Menschenwürde. Betrachtungen zur höchsten Norm des Grundgesetz. Köln: Presseamt des Erzbistums Köln.

Kim, Yonghae 2005. Zur Begründung der Menschenwürde und der Menschenrechte auf einer interreligiösen Metaebene. Ein Vergleich zwischen dem Christentum und dem

Tonghak als Beispiel der ostasiatischen Vorstellungen. Frankfurt am Main: IKO, Verlag für Interkulturelle Kommunikation.

Knorn, Peter 1996. Arbeit und Menschenwürde. Kontinuität und Wandel im Verständnis der menschlichen Arbeit in den kirchlichen Lehrschreiben von Rerum novarum bis Centesimus annus : eine sozialwissenschaftliche und theologische Untersuchung. Leipzig: Benno Verlag.

Römelt, Josef 2006. Menschenwürde und Freiheit: Rechtsethik und Theologie des Rechts jenseits von Naturrecht und Positivismus (Quaestiones disputatate). Freiburg: Herder.

Sandkühler, Hans-Jörg 2007. Menschenwürde. Philosophische, theologische und juristische Analysen. Frankfurt am Main u. a.: P. Lang.

Schweitzer, Friedrich 2011. Menschenwürde und evangelische Bildung (Theologische Studien). Zürich: Theologischer Verlag Zürich.

Soulen, R. Kendall / Woodhead, Linda 2006. God and human dignity. Grand Rapids, Mich.: Eerdmans.

Spieker, Michael 2012. Konkrete Menschenwürde: Über Idee, Schutz und Bildung menschlicher Würde. Wochenschau-Verlag.

6. Medienwissenschaften

Dörr, Dieter / Cole, Mark D. 2000. Big Brother und die Menschenwürde. Die Menschenwürde und die Programmfreiheit am Beispiel eines neuen Sendeformats. Frankfurt am Main u. a.: P. Lang.

Proff Irnich, Johanna von zu 2009. Kulturelle Freiheitsrechte und Menschenwürde. ,Körperwelten' in der Diskussion. Hamburg: Kovač.

7. Historiographische Darstellungen und Geschichte der Geisteswissenschaften

Böckenförde, Ernst-Wolfgang / Spaemann, Robert 1987. Menschenrechte und Menschenwürde. Historische Voraussetzungen – säkulare Gestalt – christliches Verständnis. Stuttgart: Klett-Cotta.

Brockhage, Dorothee 2007. Die Naturalisierung der Menschenwürde in der deutschen bioethischen Diskussion nach 1945. Münster u. a.: Lit.

Brudermüller, Gerd 2008. Menschenwürde. Begründung, Konturen, Geschichte. Würzburg: Königshausen & Neumann.

Dietz, Günter 2000. Menschenwürde bei Homer. Vorträge und Aufsätze. Heidelberg: Universitätsverlag C. Winter.

Gröschner, Rolf / Kirste, Stephan / Lembcke, Oliver 2008. Des Menschen Würde. Entdeckt und erfunden im Humanismus der italienischen Renaissance. Tübingen: Mohr Siebeck.

Heinzmann, Richard / Selçuk, Muallâ / Körner, Felix 2007. Menschenwürde. Grundlagen in Christentum und Islam. Stuttgart: W. Kohlhammer.

Klein, Zivia 1968. La notion de dignité humaine dans la pensée de Kant et de Pascal. Paris: Vrin.

Löhrer, Guido 1995. Menschliche Würde. Wissenschaftliche Geltung und metaphorische Grenze der praktischen Philosophie Kants. Freiburg: Alber.

Lorz, Ralph Alexander 1993. Modernes Grund- und Menschenrechtsverständnis und die Philosophie der Freiheit Kants. Eine staatstheoretische Untersuchung an Massstäben des Grundgesetzes für die Bundesrepublik Deutschland. Stuttgart: R. Boorberg.

Martinet, Jean-Luc 2007. Montaigne et la dignité humaine. Contribution à une histoire du discour de la dignité humaine. Paris: Eurédit.

Pfordten, Dietmar v. d. 2009. Menschenwürde, Recht und Staat bei Kant. Paderborn: Mentis.

Rosen, Michael 2012. Dignity: Its History and Meaning. Cambridge, MA: Harvard University Press.

Sorgner, Stefan Lorenz 2010. Menschenwürde nach Nietzsche. Die Geschichte eines Begriffs. Darmstadt: WBG.

Spieker, Michael 2012. Konkrete Menschenwürde: Über Idee, Schutz und Bildung menschlicher Würde. Wochenschau-Verlag.

Wetz, Franz Josef (Hg.) 2011. Texte zur Menschenwürde. Stuttgart: Reclam.

Zwahlen, Regula M. 2010. Das revolutionäre Ebenbild Gottes. Anthropologien der Menschenwürde bei Nikolaj A. Berdjaev und Sergej N. Bulgakov. Münster u. a.: Lit.